Mit karikaturesken,
also verrückten, Kommentaren
versehen, starten wir morgens besser,
also lachend, in die Welt der anderen Verrückten.

Wir leben in einer kleinen, ineinander verstrickten menschenlastigen Kunstwelt, in der die einen versuchen, den Planeten zu retten und die anderen schon für den Krieg im Weltraum rüsten.

Im Prinzip ist alles Illusion. Deswegen sind auch Kriege und Umweltzerstörung Illusion. Wir müssen gar keine Angst haben. In unserer Vorstellung blüht und gedeiht alles. Das ist unsere Magie. In unserer Parallelwelt herrscht Frieden. In unserer Vorstellung existiert das Paradies und hat nie aufgehört zu existieren. Und solange wir es denken und im Herzen behalten, wird es auch nie aussterben.

Impressum

1. Auflage 2019

Satz: Hanna Krüger
Karikaturen: Frank Bahr
Fotos Umschlag: Bettina Oehmen
Portrait-Foto Bettina Oehmen: Dr. Thomas Wesseler
Druck: D+L Reichenberg GmbH, Bocholt

ISBN: 978-3-9820952-1-9

VOM WERT DER WAHREN ILLUSION

Erster Teil

DER KAPITALE IRRTUM

Die Menschheit wird sich in Beschleuniger und Entschleuniger teilen.

Wir leben in einer Welt, die sich zunehmend von uns entfremdet. Oftmals geschieht das für die meisten von uns nicht aus eigenem Zutun. Eine Minderheit entscheidet seit langem, was die Mehrheit zu wollen hat. Die Minderheit fungiert als Quelle des „Mainstreams“ (des zunehmend weltweit fließenden Hauptstroms samt Richtungsvorgabe für die gedankliche und emotionale Energie möglichst vieler Einzelwesen). Diese Minderheit, die „an der Quelle sitzt“, „setzt etwas in die Welt“, verbreitet es auf allen verfügbaren Kanälen und muss nicht lange auf den Erfolg warten.

In früheren Zeiten wurde Unfreiheit, wenn nötig, mit Druck durchgesetzt. Alle Sklaven wussten indes, dass sie unfrei waren. Heutzutage denken die meisten von uns, sie seien frei und sind es dennoch nicht. Es regiert eine Verschleierungstechnik, die bald den gesamten Globus umwickelt hat. Das Wissen der Psychologie, Neurobiologie, Gehirnforschung etc. wurde zweckentfremdet, um die Menschen derart umfassend zu beeinflussen und kontrollieren, dass sie sich sogar freudig unterordnen, wenn „Wissenschaft und Forschung“, „die Wirtschaft“, „namhafte Vordenker“ etc. ihnen sagen, was „richtig“ und wünschenswert sei. Je mehr Einzelwesen auf diesen Weg einlenken, desto mächtiger der Fluss des „Mainstreams“, der dann auch am Rande Stehende einfach mitspült, ob sie es wollen oder nicht.

Die Botschaft an uns eigentlich sehr reine und eigentlich von unserem Geist bestimmte Wesen lautet: „Geiz ist geil“. Lügen ist nicht nur erlaubt, sondern „clever“. Schulden machen, ist nicht länger verpönt, sondern erwünscht. Die eigenen Kinder selber zu erziehen, ist nicht mehr unbedingt erwünscht. Erwünscht hingegen sind berufstätige Menschen, gleich welchen Geschlechts. Indem Magellan und seine Gefährten „Asien von Osten erreichten und die Erde umrundeten, woben sie einen neuen Faden in das Netz der Kommunikation und des Kommerzes, das wir Menschen um den Globus gespannt haben und dem heute - anders als noch vor 500 Jahren - niemand mehr entrinnen kann“, schreibt der Historiker Christian Jostmann.

Natürlich müssen wir nicht das tun, was uns eingeflüstert oder zugeschrien wird. Reklame schreit uns oft an, entweder wortwörtlich und bildhaft im Fernsehen und Computer sowie durch großflächige, suggestive Plakate. Aber unser Gehirn wird im Zuge von Machtstreben und Egoismusbefriedigung zunehmend vernebelt. Die Politik verschanzt sich hinter Wirtschaftsinteressen, weil die einzelnen Volksvertreter derart unter Druck geraten sind, dass sich unabhängiges Denken und Aufrichtigkeit bald nicht mehr auszahlt. Die Politiker, die versuchen sauber zu bleiben, müssen nun doppelt so stark sein als zuvor. Sie müssen unbestechlich bleiben, geistig klar, herzlich, zugewandt, gelassen, sie müssen sich sowohl dem schnellen Erfolgszwang verweigern als auch der prompt auf neue Ideen folgenden Kritik, denn irgendwer wird immer irgendetwas auszusetzen haben.

Heutzutage sind Politiker sehr vorsichtig mit dem geworden, was sie überhaupt noch sagen können und wollen. Deshalb vermissen wir, das Volk, große Reden von mutigen Menschen. Den politisch Aktiven und denjenigen, die es vielleicht werden wollen, wird die Position durch die Aussicht vergällt, immer im Zentrum der extrem kritischen Öffentlichkeit zu stehen und für jede noch so kleine Randbemerkung an den Pranger gestellt zu werden. Wir brauchen aber besonders jetzt Menschen, die langfristig und vernetzt planen können und dafür auch die notwendige Zeit zur Verfügung gestellt bekommen, damit die Grundstrukturen in diesem Lande wieder reibungsloser funktionieren: Unterkunft, Bildung, Transport, Erhalt einer heilen Umwelt, Versorgung mit lebenswichtigen Gütern, Pflege, Immigration, Integration, Schutz unseres Staates und seiner Bewohner durch eine handlungsfähige und nicht überforderte Polizei, eine handlungsfähige, gerechte und nicht überforderte Gerichtsbarkeit und vieles mehr.

In der Bevölkerung wächst das Misstrauen gegen Großbaustellen, deren Kosten durch Fehlplanung und Korruption bis ins Unermessliche wachsen. Die Menschen verlieren das Vertrauen in die staatlichen Schulen, in die Führung von Krankenhäusern und Altersheimen, sie verbringen Stunden mit dem Warten auf Züge, die zu spät oder gar nicht kommen oder während der Fahrt zusammenbrechen. Es wurde auch hier zu viel gespart in Zeiten, wo man hätte investieren sollen. Und die Propaganda, alle Menschen sollten berufstätig sein, während die Kinder in den Kitas untergebracht und von Berufserzieher/innen erzogen werden, setzt sich nach einer anhaltenden Gehirnwäsche immer mehr in den Köpfen fest. Es geht ums Geld statt um Liebe und Zeit, die frau/man den eigenen Kindern widmen dürfen.

Kinder aber brauchen keine Markenanziehsachen, die oft auf Kosten einer ausgebeuteten Arbeiterschaft und Natur immer wieder neu und ein bisschen anders hergestellt werden, um Bedürfnisse zu befriedigen, die extra aufgereizt wurden. In den Kitas schreien die Kleinkinder nach ihren Müttern und treffen auf überforderte, mitleidige, aber gestresste Personen, die die Mütter nicht ersetzen können. Liebe, Zeit, Weisheit, Zuwendung und Mitgefühl - das sind Worte, die den Ökonomen nichts sagen, denn sie bringen kein Geld ein. Für sie stellen Kinder ein „Humankapital" dar, nicht mehr und nicht weniger. In diesem Zusammenhang werden Gefühlsregungen als Zeit- und Geldverschwendung angesehen. Es scheint im Sinne der Erfinder zu sein, dass die Mieten und Lebenskosten steigen, sodass die Mütter auch arbeiten müssen. Denn gestörte Kinder sind leichter manipulierbar und greifen mit größerer Wahrscheinlichkeit auf materielle Trostpflaster zurück.

Ökonomen schlugen kürzlich vor, die Bevölkerung aussterbender Dörfer in große Städte zwangsumzusiedeln, um das Geld für sinnlose Investitionen in verlustträchtige Gebilde zu sparen. Statt mit den dort Verbliebenen zusammenzuarbeiten und neue Ideen für die Belebung der Dörfer zu entwickeln, schlugen sie vor, die Menschen in die ohnehin überfüllten und überteuerten Großstädte zu verfrachten. Das erinnert an das Schicksal der Flussanrainer am asiatischen Mekong, dessen Wasserkraftpotential bei 50 Atomkraftwerken liegt. Viele Dorfbewohner beispielsweise in Laos und Vietnam wurden umgesiedelt, konnten sich nicht mehr von Fisch und selbst angebautem Gemüse ernähren und vegetieren in städtischen Betonsilo-Slums vor sich hin.

Die Vereinigten Staaten von Amerika sind Meister im Bereich der Konsumentenmanipulation. Die Bevölkerung wurde seit vielen Jahren darauf eingeschworen, Kaufen, Essen und Besitzen mache glücklich. Die Amerikaner machen im Schnitt keinen kollektiv glücklichen Eindruck, wobei natürlich nicht alle leiden und es einigen wenigen bestimmt sehr gut geht. Die Wegwerf-Becher für den „Coffee to go“ sind eine amerikanische Erfindung. Jeder Mensch, der flüchtig seinen gesunden Menschenverstand befragen würde, käme zu dem Resultat, dass es nicht nötig ist, beim Wandern durch die Stadt Kaffee zu trinken. Trotzdem hat sich diese umweltschädigende und sinnentleerte Sitte durchgesetzt. Das Geld, das hierbei verdient wird, wird auf Kosten kommender Generationen verdient. Ein Film, der mich beim Anschauen mit meinen Kindern sehr alarmierte, war der „Polarexpress“ aus dem Jahre 2004. Im ersten Teil wunderbar phantasievoll und gerade richtig „schräg“, kulminiert die Weihnachtserzählung in reinem, schrillem Kommerz, mit industriellen Laufbändern für die verkitschten Geschenke und einem Weihnachtsmann am Nordpol samt blinkendem, sinnentleerten Rummel. Das alles hat so wenig mit der Liebe eines Christuskindes und so viel mit dem blanken Materialismus einer dem freien Markt ausgelieferten Suchtgesellschaft zu tun, dass alles, was danach kam, nicht erstaunen musste.

Die Logistik, mittels der eine steigende Flut von Riesenlastern kreuz und quer durch Deutschland gespült wird, ist in Wahrheit eine himmelsschreiende „Un-logistik." Unternehmen geben inzwischen zu, dass viele der hin- und hergefahrenen Waren, teilweise sogar im Neuzustand, vernichtet werden. Der Wettbewerb bewirkt zudem, dass beispielsweise die Baden-Württemberger friesische Milch und die Friesen bayrische Milch trinken. Und sobald, es einzelnen Ketten gefällt, hier und da die Preise für dieses oder jenes zu senken und klammheimlich die Preise für dieses oder jenes anzuheben, um keine echten Einbußen hinzunehmen, fahren die Leute, denen man beigebracht hat, Geiz sei „geil", kreuz und quer, um zwei Cent pro Liter zu sparen. Die Straßen kollabieren, die Nerven der Autofahrer sirren, der Stresspegel steigt, und alle wissen, dass es anders und logischer laufen sollte. Daran ändern auch lustige und teilweise auch wieder wahre Sprüche auf den LKW nicht, wie „Wir buddeln uns durch den Stau, damit Sie Ihre Blumenbeete haben." Daher erleben die Anbieter regionaler Produkte eine ansteigende Nachfrage.

Der Konsum von Wirtschaftsgütern ist den Ökonomen und den hinter ihnen residierenden Nutznießern ebenso wichtig wie die Herstellung von Wirtschaftsgütern. Alles kann verkauft und gekauft werden, man muss nur den Markt dafür schaffen, indem man den Konsumenten eine Notwendigkeit vorgaukelt. Diese Notwendigkeit muss nicht auf logischen Argumenten aufbauen, sondern eher auf der Gier, der Eitelkeit, dem Egoismus, dem Konkurrenzdrang, dem Neid, dem unsozialen Denken, dem Mangel an Mitgefühl, dem Nichthinschauen und Nichtwissen und vielen anderen netten Gefühlen, die wir ursprünglich im Seelenkoffer hatten liegenlassen wollen, um stattdessen Liebe, Mitgefühl, Humor und Warmherzigkeit herauszuklauben. Doch mit Liebe kann man weniger verkaufen. Man schafft keine Notwendigkeit, sondern Erfüllung. Der Mensch, der liebt und sich geliebt fühlt, braucht weniger Dinge, weniger Nahrung, weniger bis gar keine Drogen, die ihn trösten sollen. Eine dysfunktionale Gesellschaft neigt zu weniger echter Kommunikation und übermäßigem

Konsum, wenn Geld verfügbar ist. Eine funktionale Gesellschaft neigt zu weniger Konsum und mehr echter Kommunikation, die sich definiert über: Miteinander von Mensch zu Mensch reden und etwas gemeinsam unternehmen. Die Devise kann lauten: Gemeinsam statt einsam. Liebende Menschen werden einander weder überflügeln noch übervorteilen wollen; sie wollen weder auftrumpfen noch betrügen. Liebende Menschen geben Raum statt anderen den Raum wegzunehmen.

Um dem natürlichen Drang der Menschen nach Vorsorge einen Riegel vorzuschieben, schafft die Europäische Zentralbank „Kauf- und Investitionsanreize". Dafür macht sie das Geld so billig wie nie zuvor. So entsteht das Paradoxon, dass Geld im Überfluss da zu sein scheint, es aber realerweise nicht ist. Sparen lohnt sich nicht mehr, sondern wird bestraft. Durch diese der Logik widersprechenden Schritte entsteht das Paradoxon des Gespenstes einer Altersarmut, vor der hysterisch gleichzeitig gewarnt wird. Die Rentner können also nicht sparen, da sie entweder mit Null- oder Negativzinsen gebremst werden. Sie können natürlich Geld abheben und in den Sparstrumpf stecken, wo es dann auch schleichend an Wert verliert. Sollen sie, wenn sie mehr oder weniger Geld besitzen, Goldbarren kaufen, um ihre Rente zu sichern? Gold, das eventuell unter schmutzigen Umständen und auf Kosten von Mensch und Umwelt irgendwo geschürft wird?

Zum Nachdenken geschweige denn zum Widerstand kommen wir kaum, weil man uns pausenlos beschäftigt. Indem technische Geräte unseren Planeten, unsere Gehirne und Herzen fluten, sodass kaum noch Raum übrig ist zum Denken und Fühlen, versuchen andere konsequent, die Herrschaft über uns zu übernehmen. Sie denken für uns beziehungsweise lassen denken. Hier stehen sowohl mächtige Einzelwesen als auch Gruppen in Konkurrenz miteinander. Das Ziel lautet: Wer ist schnell genug, sich die Vorherrschaft über den Inhalt und die Kapazität der menschlichen Gehirne zu sichern?

China, Russland, die USA, kriminelle Organisationen, die Muslimbrüder und viele andere bieten sich da an. Unsere anfängliche Gegenwehr gegen potentielle Überwachung durch offenliegende Datenmengen ist in sich zusammengefallen. Zu groß die Verlockung, einem technischen Gerät während der Ferien in der Karibik zu Hause zu befehlen, die Lampen anzuknipsen und die Heizung anzumachen.

Der Physiker Wolfgang Ertel verteidigte die Vorteile der Geräte mit den Worten: „Künstliche Intelligenz ist nie betrunken oder spielt am Smartphone." So wird das Ganze auf den Kopf gestellt. Erst werden Geräte erfunden, die die Menschen süchtig machen. Dann bescheinigt man den Geräten im Vergleich zum Menschen eine überlegenere Kompetenz. Demnächst können die kleinen Stromfresser und Ressourcenvernichter sogar unsere Gedanken lesen. Ein Facebook-Manager verkündete kürzlich, bald bräuchten die Nutzer nur noch an ein Foto oder einen Satz zu denken, und schon sei das Gedachte verschickt. Auf die Wirtschaft bezogen hieße das: Die Kunden müssen nur noch an das denken, was sie haben wollen, und schon ist es bestellt! Diese Szenerie lässt an ein Märchen samt Wunscherfüllergeist denken oder eher an eine Gruselgeschichte. Denn natürlich muss bezahlt werden, und das nicht nur mit Geld, sondern mit dem Totalverlust der Freiheit.

Das einzige Gegenmittel, das es gibt, ist das sture Selberfühlen, Selberdenken, Selbererleben, Selbermachen. Dies beinhaltet die Weigerung, technische Geräte und die Steuerungsmechanismen samt Programmierern, Verwaltern und Beherrschern zu unseren Königen zu machen. Denn eine Demokratie sind wir so nicht mehr. Für die Kinder bedeutet es: Handys weg, weniger oder keine Computerspiele mehr, weniger, am besten kein Chatten, weniger, am besten kein Facebook, kein wahlloses „Surfen", sondern nur gezieltes Suchen nach echten Inhalten, am besten mit Hilfe von erwachsenen Begleitpersonen. Für die Erwachsenen bedeutet es: Handys weg, weniger oder keine Computerspiele mehr, weniger, am besten kein Chatten, weniger, am besten kein Facebook, kein wahlloses „Surfen", sondern nur gezieltes Suchen nach echten Inhalten.

Es gibt im Fernsehen sehr gute Sender, zum Beispiel Arte, 3Sat oder Bayern mit echten, wertvollen Inhalten und ohne hypermanipulierende Werbepausen. Werbepausen sind nämlich in Wirklichkeit keine Pausen, sondern der pure Stress! Sie repräsentieren den totalen Kampf um Aufmerksamkeit, sind gekennzeichnet durch psychologische Manipulation hoch zehn, aktivieren die Neid-, Geiz- und Gierfaktoren, lassen verdummen und an „Autoritäten" glauben, die keine sind und auf Wissen bauen, das kein Wissen ist.

Also, am besten enthalten wir uns der intelligenten und selbststeuernden Wohneinrichtungsgeräte, selbstfahrenden Autos, solange man es uns noch erlaubt, unseren Weg selber zu steuern, und künstlichen Internetwährungen. Selbermachen ist Trumpf. Es gibt in diesem Zusammenhang viele erstaunlich langlebige und gut funktionierende mechanische Geräte, die uns vom Strom unabhängig machen und nicht in Gefahr bringen, von wem auch immer durchleuchtet zu werden.

Weiter im Text: Wenn andere für uns denken, brauchen wir auch nichts mehr zu schreiben. Aber es kann dann vorkommen, dass wir leer sind. Frage: Wer kann noch mit einem Stift schreiben? Bei all den Sprachmeldungen, die nun schon um den Globus zischen, ist Schreiben bald Geschichte. Wir wissen, wie wichtig Schreiben für unsere Selbstfindung, unsere Selbstreflektion ist. Was wir schreiben, mussten wir vorher denken. Diktieren wir dem Handy unsere Botschaft, kann diese viele Unwichtigkeiten enthalten. Eine gesprochene Botschaft muss keinen Kriterien mehr entsprechen. Wir können sprechen, „wie uns der Schnabel gewachsen ist". Wir müssen nicht nachdenken. Falls uns der Faden verlorengeht, können wir einfach abschalten und eine neue Botschaft beginnen. Der Hörer muss sich alles anhören und aussuchen, was wirklich wichtig ist.

Das, was uns guttut, ist das, was wir wirklich lieben und was sich infolgedessen gut anfühlt. Technik kann uns immer nur vorübergehend glücklich machen. Sie ist tot. Wir sind lebendige, geistbetonte Herzwesen. Deshalb machen uns andere Menschen glücklich. Und uns alle macht die Natur glücklich, dieses Weben und Walten, die großen Zyklen, die Unregelmäßigkeiten, die das große Ganze ausmachen und definieren, die göttliche Hyperintelligenz, die alles aufeinander abgestimmt hat, sodass ein noch so kleines Eingreifen am Nordpol eine Reaktion am Südpol hervorruft. Der Mikrokosmos wirkt auf den Makrokosmos, der wiederum wirkt auf den Mikrokosmos und so weiter. Und so bewirkt ein Fehlen jeglicher Liebe oder auch nur ein Mangel derselben ein Erkalten gesellschaftlicher Strukturen, während die Liebesfülle eine Erwärmung gesellschaftlicher Strukturen bewirkt.

Jeder Mensch hat und ist Kultur. Die individuelle Kultur eines jeden von uns ergibt sich aus unserer einzigartigen Sicht der Menschen, Dinge und Situationen. Jede/jeder von uns ist anders. Das bedeutet, es gibt circa 8 Milliarden Sicht- und Gestaltungsweisen. Jede/jeder dieser 8 Milliarden Menschen hört, sieht, riecht, schmeckt, denkt, fühlt, spricht, handelt, gibt, empfängt und schöpft anders. Es wäre vollkommen sinnlos, dieses ungeheure Potential aufzugeben und stattdessen Maschinen damit zu beauftragen, für uns zu sorgen, uns alles abzunehmen, zu perfektionieren und die Fehlerquote zu senken, ohne die wir als menschgewordene Geistwesen nicht auskommen wollen, weil wir ja gerne lernen, indem wir ausprobieren, irren und korrigieren. Überspitzt gesagt scheint es so, als seien wir alle Kinder, und einer kleinen Gruppe Pseudoerwachsener gefiele es, uns zu dominieren, uns das freie Spielen zu verwehren und uns herumzukommandieren:

„Macht dies, macht das, das nicht, das ist verboten. Das hier braucht ihr nicht, das kann die Maschine besser. Das hier könnt ihr haben, das ist nicht weiter wichtig und schadet uns nicht. Nein, denken braucht ihr nicht, das ist gefährlich (für uns), ihr Dummköpfe! Arbeitet, kauft und haltet den Mund.“

Wenn ein Kind über Bauchschmerzen klagt, dann hat es ein Problem. Wenn man nun dem Kind sagt: „Stell dich nicht an. Das tut doch gar nicht weh", lernt das Kind, dass seine Schmerzen nicht wichtig sind und unterdrückt werden müssen. Nimmt man das Kind aber auf den Schoß und fragt, welches Problem es habe, sagt es vielleicht: „Angst vor der Mathearbeit am nächsten Tag." Dann kann man dem Kind erklären, wie brauchbar Mathematik im täglichen Leben sei, es müsse ja sein Geld zählen können, das es später verdiene; und dass die Angst vor der Arbeit die Bauchschmerzen verursache; und dass die Zensur nicht im Entferntesten so wichtig sei wie das Wissen, das es sich aneigne; je mehr es wisse, desto besser komme es im Leben zurecht, denn jedes Wissen bahne einen neuen Weg im Kopf. Je weitverzweigter das Straßennetz im Kopf, desto mehr Wege könne es beschreiten. All das lernt ein Kind, dem man erklärt, warum Sorgen und Ängste Bauchweh verursachen.

Das Paradies, das uns die Techniker vorschlagen, ist (im Gegensatz zum echten Garten Eden) wirklich langweilig. Unser vorläufiges Paradies, der Garten „Erde", in dem wir experimentieren dürfen, ist immerhin voller Abenteuer. Das sollten wir uns nicht nehmen lassen. Natürlich mussten Menschen Jahrtausende lang Entbehrungen ertragen. Allzu verständlich sind die glücklichen Kommentare der damaligen Zeitgenossen, als die Technik sich immer mehr verfeinerte und mit Befreiung und ultimativer Glückseligkeit winkte, die sie gar nicht zu geben imstande war und ist.

„Die größte Förderung verdankt das menschliche Geschlecht der Technik, das heißt der Kunst, Körper und ihre Bewegungen zu messen, schwere Lasten zu bewegen, zu bauen, Schifffahrt zu treiben, Werkzeuge zu jeglichem Gebrauch herzustellen, die Bewegungen am Himmel, die Bahnen der Gestirne, den Kalender und so weiter zu berechnen," verlautbarte der Philosoph Thomas Hobbes im 17. Jahrhundert.

Ja, das ist auch wirklich wunderbar. Wir staunen über die Prägnanz und Schnelligkeit, mit der sich die technischen Zeitalter Bahn brachen. Wir genießen inzwischen eine Freiheit und Beweglichkeit, die ihresgleichen sucht. Wir Europäer und speziell wir in Deutschland Lebenden führen ein oft relativ sorgenfreies Leben, sparen ungemein viel Zeit wegen der Erfindung technischer Geräte, die uns die Arbeit abnehmen, haben ein Dach über dem Kopf und genug zu Essen und Trinken, reisen um den Globus und kommunizieren in Echtzeit - all das leisteten sich noch nicht einmal die Kaiser und Könige vergangener Zeiten, aus dem schlichten Grunde, weil sie es nicht konnten.

Wir dürfen aber nicht übersehen, was uns diese immer rasanter voraneilende Entwicklung gekostet hat: Die Schrecken der oft lebensfeindlichen Industrialisierung, die Ausbeutung und Verschmutzung der Natur, die zügellose Auslebung der Gier einiger Machtinhaber oder nach Macht Strebender auf Kosten vieler Armer, wie der brasilianische Fotograf Sebastião Salgado noch 1986 mit verstörenden Bildern aus einer Goldmine demonstriert, zudem der Horror industrialisierter Kriege mit einer extensiven Tötungsmaschinerie. Kriege wurden immer geführt und gaben Impulse für Höchstleistungen. Der karthagische Heerführer Hannibal brachte es im zweiten Punischen Krieg 218 vor Christus fertig, mit Soldaten, Pferden und Elefanten über die Alpen zu gelangen, um den Römern zuvorzukommen, die einen Angriff in Nordafrika und Spanien geplant hatten, und das im Herbst, was immer noch als logistische Meisterleistung angesehen wird. Karl der Große zog im Jahre 773 mit einem großen Heer zu Pferd und zu Fuß über den 2081 Meter hohen Alpenpass Col du Mont Cenis, um seine Herrschaft in Italien zu sichern. Heute könnten wir theoretisch Drohnen mit gezieltem Tötungsauftrag losschicken und müssten nicht mehr das Leben Abertausender aufs Spiel setzen. Das ist aber ein schwacher Trost im Angesicht der menschlichen Fehlbarkeit, die Kriege immer wieder möglich werden lässt.

Zuviel ist zuviel. Unsere Gesellschaft wird nicht an der Technik gesunden, an immer mehr Tempo, an immer mehr Entmündigung, indem man uns alle Tätigkeiten abnimmt, sondern an der Tätigkeit, die selbstständig und freudig ausgeübt wird, an den Gedankengängen, die selbsttätig und freudig ausgeübt werden und an den Liebestaten, die direkt aus unseren Herzen stammen. Die Zukunft gehört eher der Mechanik in Kombination mit mentaler Kraft. Denn ein einziger Stromausfall in größerem Ausmaß, und schon fallen wir, überspitzt gesagt, in den Zustand der Neandertaler zurück.

Im Silicon Valley, der Wiege der technologischen Revolution „zum Wohle der Menschheit", dürfen die Bewohner derzeit, also im November 2019, die Auswirkungen des Klimawandels und einen „Blackout" hautnah durchleben. Die anhaltenden Waldbrände, teilweise durch defekte und schlecht gewartete Stromleitungen ausgelöst, ließen die Stromabschaltung einiger Bezirke notwendig werden. Vorhersehbar sind allerorten Probleme aufgetreten. Die E-Autos können nicht aufgeladen werden. Die „Benziner" können nicht tanken, da die Zapfsäulen nicht mechanisch funktionieren. Die Beleuchtung funktioniert nicht mehr, die Wasserversorgung ist lahmgelegt, das Kommunikationsnetz ist tot. Die regionalen Behörden verfügen über Stromgeneratoren, sodass die Verwaltung vielleicht noch funktioniert. Vielleicht aber auch nicht. Dafür wird berichtet, dass die Kinder wieder auf der Straße spielen und die Menschen miteinander reden.

Wir sind müde. Beinahe täglich erhöht sich das Tempo in allen Lebensbereichen. Auch die Kinder bleiben davon nicht verschont. Ihnen wird keine Zeit mehr zugestanden, die Natur und ihre eigenen Kräfte zu erforschen. Zu viele Pflichten strömen überwältigend auf sie ein, zu viele Vorsichtsmaßnahmen, zu viele Angebote, zu viele Ablenkungen vom Wesentlichen, zu viele schlechte Vorbilder, zu viel geistiger, seelischer und materieller Müll. Es naht die Zeit, in der die Menschen sich an den technischen Geräten regelrecht „überfressen" haben. Und genauso, wie dem Überfressenen schlecht wird, der weitere Nahrung sieht, wird all denjenigen schlecht werden, wenn sie ein Handy oder Tablet zu Gesicht bekommen, selbst wenn der Strom, den wir unserem Planeten abringen, noch fließt.

Auch die Mutter Erde ist müde. Das sagte Anfang September 2019 auf einer Eil-Konferenz südamerikanischer Staatenlenker der brasilianische Amazonas-Indianer, dessen Heimat durch Brandstiftung an tausenden Stellen abbrannte. Der Präsident von Ecuador sang ein rührendes Lied über die Liebe zu den Bäumen, und alle Anwesenden klatschten. Doch ist diese Liebesbekundung etwas wert? Ist sie in irgendeiner Form relevant, sobald Wirtschaftsvertreter noch mehr Holz und Bodenschätze unter dem Waldboden für sich fordern? Sie fordern sie ja „zum Wohle" von uns allen, denn, so lautet die Beschwörungsformel: Nur, wenn wir konsumieren, halten wir unser Wohlstandsniveau; nur, wenn wir ausbeuten, bekommen die zu viel, die schon zu viel haben und die zu wenig und schließlich gar nichts mehr, die arm sind. Am Ende aber sind wir alle arm, denn dann ist die Erde ausgeschlachtet wie ein altes Radio und fliegt als Weltraumschrott im All herum, während die letzten Exemplare des Homo Stupidens auf der Suche nach einem neuen Planeten eben dort herumirren und aufpassen müssen, nicht mit den ausgedienten Satelitten zu kollidieren.

Die Menschheit wird sich in Beschleuniger und Entschleuniger teilen. Wir werden immer besser erkennen, dass es die vornehmste Aufgabe der Welt ist, uns Zeit für uns selber, den Partner, die Kinder, Familienangehörige und Freunde zu nehmen. Warum lassen wir uns in ein System des unternehmerischen Hetzens einspannen? Für wen? Für was? Die Maschinenmenschen sind gerade dabei, die Welt auszuverkaufen. Wir setzen dem unsere mächtige Liebeskraft entgegen, unsere Ruhe, Gelassenheit, Kraft, die sich aus der Wahrnehmung des Schönen ergibt.

Wir können jetzt gemeinsam für ein selbst gelebtes und erlebtes Leben einstehen. Wir können und sollen wachsam bleiben, eigene Entscheidungen treffen, die nicht allein von Wirtschaftlichkeit, sondern vor allem von der Logik des Geistes und des Herzens bestimmt werden. Lasst uns langfristig denken und planen und endlich die sinnlosen, Menschen- und Geld fressenden globalen Ausbeutungsprojekte beenden. Lasst uns Sinnvolles beschließen und durchführen, damit unsere Kinder und Kindeskinder weiterhin diese schöne Welt genießen dürfen.

Echte Nahrung nennen wir nicht Nahrungsmittel, sondern Lebensmittel. Lebensmittel entstehen durch die geheime Verwandlung des Samens, der durch Einwirkung von Erde, Wasser und Licht zu dem wird, was ein hohes Bewusstsein an Form, Farbe, Geschmack und Gehalt von vorneherein in ihnen angelegt hat. Wer sich dieses Zaubers bewusst ist, wird sich nichts mehr einverleiben, was des Zaubers entbehrt; es sei denn, er ist fähig, ihn immer und überall selber herzustellen. Wie zaubert man echte Nahrung? Indem man betet und die Nahrung mit Liebe, Dankbarkeit und Demut anreichert.

AUFRUF AN DIE KINDER

Wenn ihr eure freie Zeit mit Computerspielen und dem Herumtippen auf elektronischen Geräten verbringt, verpasst ihr das Beste, was euch überhaupt passieren kann: Euer Leben. Jeder Tag schenkt euch unendlich viele Abenteuer. Während ihr auf die kleinen und großen Bildschirme starrt und eure Gehirne das denken, was andere euch denken lassen wollen, verliert ihr alles, was euch einzigartig sein lässt. Befreit euch! Werdet Königinnen und Könige in eurem eigenen, komplett selbstgesteuerten System. Erfindet eure eigenen Spiele. Draußen in der Natur, im Wald, auf den Feldern und Wiesen gibt es ganz viel zu entdecken. Es gibt immer jemanden, mit dem ihr spielen könnt. Es gibt immer etwas, womit ihr spielen könnt. Überall sind Geheimnisse verborgen. Selbst in den kleinsten Dingen, Lebewesen und Pflanzen steckt ganz viel Zauberei! Wenn es regnet, gibt es ganz viel, was ihr drinnen machen könnt: Spiele spielen, neue Spiele erfinden, Basteln, Buden bauen, Verstecken, Holzeisenbahnen durchs ganze Zimmer legen, singen oder musizieren, lesen, im Haushalt helfen, backen und kochen und ganz viel mehr.

Was die Schule angeht: Benutzt den Computer in eurem Kopf und entdeckt seine vielfältigen Fähigkeiten. Euer Gehirn ist ein Supercomputer! Er kann viel mehr, als ihr ahnt. Und: Er braucht keine Steckdose. Das ist umweltfreundlich und verlässlich. Sollte der Strom ausfallen, funktioniert euer Supercomputer immer noch. Deswegen rate ich euch: lernt so viel wie möglich. Speichert alles auf eurem Gehirncomputer. Wenn ihr ihm nicht sagt: „Das behalte ich sowieso nicht", sondern „Dieses Wissen abspeichern", dann speichert er es. Euer Gehirn ist nun mal ein Computer. Er kann damit nichts anfangen, wenn ihr sagt: „Das kann ich nicht." Er kann etwas damit anfangen, wenn ihr sagt: „Das kann ich. Das hier speichere ich, dies hier programmiere ich." Gebt dem Computer Anweisungen. Er macht alles, was ihr ihm als Information und Kommandos eingebt. Darauf könnt ihr IMMER und ÜBERALL zurückgreifen. Damit seid ihr die Helden der Zukunft.

DER PRINZ UND DIE PRINZESSIN

Der „Geschichter“ Luca, gerade sieben Jahre alt geworden, verarbeitet und transformiert die Gegebenheiten seines und unseres Lebensumfeldes folgendermaßen:

„Es war einmal ein Prinz und eine Prinzessin. Die lebten in einem großen Schloss. Leider hatten sie kein Diener und keinen König. Dafür gingen sie jeden Tag zum Markt und kauften sich Sachen, denn sie waren ja reich.

Vor drei Jahren hatte sie mit ihrem Prinz ein Piratenschiff erobert. Zum Glück waren keine Piraten an Bord. 3000 Goldmünzen und noch mehr lagen da drinne. Sie hatten die ganze Schatzkammer gestohlen mit den drei Schatzkisten. Als die Piraten zurückkamen, war der Schrei so laut, als sie auf die Schatzkammer starrten. Den Schrei hörte man im ganzen Dorf.

Die Prinzessin und der Prinz hatten es auch gehört. Sie hatten sich mit den Schatzkisten was ganz Besonderes gekauft: Ein König und einen Diener. Und der König hatte noch ein Schloss, da hatten sie eine Mauer, da konnte niemand einbrechen. Und dann waren die Piraten auf Jagd gegangen zu dem großen Schloss, weil sie den Schatz wiederhaben wollten. Aber der Burggraben war so groß, dass der erste einfach reinplumpste. Aber er konnte sich zum Glück an einem Felsvorsprung festhalten. Dann ist er wieder hochgeklettert und hatte eine gute Idee: „Wir bauen eine Leiter und klettern rüber!“ Aber das war doch keine gute Idee, denn als er auf der ersten Stufe in der Luft war, machte es KARUMS und der erste war in den Burggraben gefallen. Und dann hatte der König eine ganz gute Idee: „Warum schießen wir nicht die Kanonen ab?“ Und schon rollten 13 Kanonen vom Turm und dann sagte der König: „Feuer frei!“ und alle plumpsten gleichzeitig in die Schlucht. KARUMS!

Und wenn sie nicht gestorben sind, dann leben sie noch heute.“

JEDEN TAG GEBURTSTAG

Ich werde jeden Morgen mit guter Laune geboren

Wenn wir morgens aufwachen und uns nicht gut fühlen, werden wir meistens diesem Gefühl nachgeben und sein Sklave werden. Das Gefühl kann sich aus den unterschiedlichsten Quellen speisen: einem konkreten Fall oder einem schon lange vorhandenen Grund, der einem das Leben in schattenhafteren Farben malt oder gar alle Farben herauslaufen lässt. Das Grau in Grau, das schon am Himmel schlecht zu ertragen ist und manch einem die Laune verschlechtert, hat im Inneren dieselben Folgen: wir bleiben selber verschattet, unser originales Strahlen und Leuchten, welches uns die Babys und Kleinkinder noch so unverstellt zeigen, verwandelt sich zu einem schwachen Glimmen, mit dessen Hilfe man keinen Weg mehr zu sich selbst oder zu anderen finden kann.

Aus dieser inneren Dunkelheit heraus treffen wir manches Fehlurteil. Das eigene Verhalten wird kritischer betrachtet und gewogen, wir finden uns unvollkommen, ungeschickt, hässlich, dumm, missgünstig oder nutzlos. Je mehr wir uns diesen Gefühlen hingeben, desto stärker werden sie, im Hänsel-und-Gretel-Zusammenhang, gemästet von der Hexe in uns, sprich unserer Selbstablehnung/unserem Selbsthass, und desto kraftloser wird unsere Ausstrahlung. Beim Zusammentreffen mit anderen Menschen werden wir geneigt sein, Blicke, Worte oder Handlungen ungünstig zu deuten, da wir uns ohnehin ungeliebt fühlen. Ein kritisch gedeuteter Blick des Gegenübers - und schon rutschen wir noch eine Etage tiefer. So können wir uns immer tieferschaukeln und aus der verdüsterten Sichtweise heraus Unruhe schüren und Kleinkriege heraufbeschwören, die es eigentlich nicht hätte geben müssen, wären wir uns treu und in unserer spontanen bedingungslosen Liebe wohnen geblieben.

Wenn wir um uns schauen, sehen wir ganz häufig diese Gesetzmäßigkeit ins Wirken treten. Der schlecht Gelaunte tritt auf, zieht ein grantiges Gesicht, strahlt eine verärgerte, traurige, hoffnungslose Frequenz aus; möglicherweise sind Schuldzuweisungen darin enthalten oder Opfergefühle, die auf die Frequenzen der Mitmenschen treffen und dort etwas auslösen. Da es selten vorkommt, dass jeder in sich ruht, glücklich und gelassen sein Leben lebt und so viel Genuss wie möglich aus dem Augenblick zieht, multiplizieren sich negative Frequenzen schnell zu einer kollektiven schlechten Stimmung.

Wie empfindliche Instrumente sind wir: Violinen, Bratschen, Celli, Gitarren, die sich verstimmen, sobald das Klima zu kalt oder zu heiß wird. Der, der Schuldzuweisungen in seiner Frequenz versendet, trifft womöglich auf jemanden, der sein Leben lang unter Schuldzuweisungen litt und deshalb extrem verletzt oder wütend reagiert. Der, der Opfergefühle versendet, trifft vielleicht auf jemanden, der sich ebenfalls immer zurückgesetzt fühlt, obwohl er doch unter Aufbietung aller zunehmend versagender Kräfte schon so lange so vieles für andere gemacht hat, und empört sich über den anderen, der so tut, als leide er genauso oder gar noch mehr. „Jammern kann sie/er, aber niemand fragt, wie es mir geht" ist eine häufige Reaktion auf die nonverbale Botschaft: „Ich bin so allein, keiner ist für mich da, niemand will wissen, wie es mir geht."

Das Jetzt ist der Tempel, in dem wir beten können, denn das Über-All ist überall zu finden. Wer genau hinschaut, kann Glück aus all dem schöpfen, das sich ihm täglich darbietet. Wieder sind es die Kleinkinder, die uns die Glücksfähigkeit vorleben oder uns an unsere intensiven Erfahrungen aus der Kindheit erinnern. Das grandiose Schauspiel einer Ameisenstraße, eines Wasserstrahls, einer Reflexion des eigenen verwunderten Gesichts in der Pfütze kann uns den ganzen Tag versüßen, wenn wir es aus eigenem Impuls heraus nicht geschafft haben, uns innerlich aufzubauen und den Tag sowieso als positive Herausforderung begrüßen zu lassen. Lustig geformte Wurzeln im Wald, ein verspielter Hund, ein Maulwurfsgrabarm, der plötzlich aus der Erde auftaucht, das Eichhörnchen, das kopfabwärts den Stamm herunterrast - das alles kann sofort die Stimmung heben, wenn wir es zulassen. Ein Brummer, eine Rose im Winter, die Schneeglöckchendecke im Wald, die sich Jahr für Jahr immer hemmungsloser ausgebreitet hat und von der zarten und zugleich unabänderlich starken Macht des Frühlings kündet.

Tod und Wiederauferstehung in verwandelter, geläuterter Form - das ist die Geschichte unseres Lebens auf der Erde; wobei der Tod als Illusion uns voranbringt und dazu anhält, immer wieder unsere Lebensführung zu überprüfen und uns zu fragen: „Liebe ich genug? Achte ich die Menschen, das Leben, die Natur und, über allem, die Schöpferweisheit genug? Klingt mein Lachen warm oder schrill, wohnen in meinem Herzen Missgunst, Groll, Zweifel, Verzweiflung und/oder Kritisiersucht?

Man kann unser System zu dem der Erde in Bezug setzen. Auch wir können uns nachhaltig vergiften, genau wie wir es mit dem Planeten im Begriff sind zu tun. Die Frage könnte also lauten: Ist mein Herz frei von „Klimakillern", die sonst mein Ökosystem kippen lassen würden? Leben und lieben - diese beiden Komponenten können eine reflexhafte Koalition eingehen. Vielleicht müssen wir nur noch ein wenig üben. Aber wir bekommen ja jeden Morgen das Geschenk des Tages. Wir sind reich beschenkt; Hauptsache, wir bemerken es und nehmen uns die Zeit, die Geschenke auszupacken. Dann ist jeden Tag Weihnachten oder anders ausgedrückt: Geburtstag der Liebe.

ECHT WERDEN

Man nimmt uns Kindern das, was wir auch als Erwachsene am meisten brauchen: unseren Plan A.

Ein knapp fünfjähriges Kind von Verwandten brachte ganz klar zum Ausdruck, wie Prägung und Erziehung sich auswirken. Der Nachbar hatte aus Norwegen einen Troll mitgebracht, ein hässliches, stark behaartes Wesen. Der kleine Junge saß am Kaffeetisch in großer Runde und wurde gefragt:

„Sag mal, wie gefällt dir denn der Troll?"

Der Kleine antwortete diplomatisch:

„Ich bin zu klein für den Troll, weil ich nicht weiß, ob der schön ist."

Oft stellen wir uns die Frage: Wie werde ich wahrgenommen, werde ich gesehen, wie ich wirklich bin? Auch in unseren Herkunftsfamilien wurde diese Frage gestellt, von unseren Eltern, Großeltern, Tanten und Onkels, denn in jeder Generation war es schwierig, sich selbst zu leben. Selbst in reichen Kreisen, wo es nicht nur um das reine Überleben ging, war es im Prinzip nicht erlaubt, das zu tun, was man für richtig hielt. Man sollte das tun, was die Verwandtschaft, Bekanntschaft, Gesellschaft guthieß und was sich womöglich als nützlich in Bezug zu Machterhalt oder Machtzuwachs erwies. Es gab immer auch Ausreißer, Gott sei Dank. Denn ohne Ausreißer wäre uns die Möglichkeit entfallen, echt sein zu können.

Oft blieb also infolge der frühkindlichen Erfahrungen das Echte auf der Strecke. Entweder blieb es den Kindern, Jugendlichen und schließlich Erwachsenen selber verborgen oder quälte sie von innen heraus. Oder es brach sich Bahn und riss den originellen Menschen mit sich, der sich nicht mehr im Zentrum, sondern oft genug am Rande der Gesellschaft wiederfand. War dieser Mensch stark genug, konnte sie/er aus dem Anderssein eine Kunst entwickeln und sich zur Führungspersönlichkeit entwickeln, die der Gesellschaft etwas schenkte, was diese in ihrer „deckelnden" Eigenschaft nicht kampflos zulässt, dann aber besonders verehrt.

Menschen, die nicht echt sein durften, konnten selbstverständlich auch ihre eigenen Kinder nicht „wahr-nehmen." Deshalb gibt es in jeder Generation nicht nur die „Vorstellung" von dem, was als richtig oder falsch erachtet wird, sondern auch die „Verstellung", gewissermaßen eine „Verrückung" aus dem eigenen Gleichgewicht, wie bei den sogenannten „Verrückten", die nicht irre sind, sondern „verrückt" wurden und sich deshalb nicht an ihrem eigentlichen, wahrhaften und folglich ausbalancierten Platz befinden. Und so wird aus dem Wahrhaften das Wahnhafte, was heutzutage mehr denn je und vor allem auch auf der Führungsebene zu beobachten ist.

Das „sich Verstellen" hat eine ähnliche Auswirkung wie das „verrückt" worden sein. Man verstellt ein Kind, sodass es einen neuen, nicht von ihm selbst gewählten Platz bekommt. Von diesem Platz aus sieht alles anders aus, die Welt stellt sich gewissermaßen anders dar. Verstellte sehen nicht mehr aus ihrem originalen Winkel. Sie sehen alles verzerrt.

Sowohl Eltern als auch Großeltern haben in der Regel nicht ihr wahres Leben gelebt, sondern das dargestellt, was sie vorspielen bzw. vorstellen sollten. Der Mensch, der zum Darsteller wird, kann nicht echt sein. Ein Darsteller ist ein Schauspieler, der Rollenangebote annimmt. Er macht sich die Charaktere, die er verkörpern soll, zu eigen und erweckt eine Vorstellung der Person. Die Vorstellung einer Person ist aber nicht die Person selber. Sie ist stattdessen die Projektion einer Person. Je öfter projiziert wird, desto schwieriger wird es für eine echte Person, nicht „etwas" darzustellen, sondern „sich" authentisch zu „geben," was als Geschenk zu betrachten ist.

Deshalb sollen wir überprüfen, wann wir uns unwohl oder „verrückt" fühlen, wann und wie sehr wir uns verstellen und wo sich unser ursprünglicher Platz befindet. Sobald wir uns durch beliebige Ereignisse unwohl und ferngesteuert fühlen und somit bemerken, dass wir nicht frei sind, setzen sich in unserem Gehirn Gedankenschleifen in Gang. Die Fragen, die sich drehen und drehen, lauten oft so:

„Warum bin ich bloß so unfrei? Wieso fällt es mir so schwer, echt zu sein? Wieso verkrampfe ich mich? Wieso habe ich ständig ein schlechtes Gewissen? Wieso halte ich mich für dumm? Warum bin ich so schüchtern? Wieso kann ich noch nicht mal unbefangen durch einen Raum gehen? Woher kommt die Angst, die Scham, die Wut, die Verzweiflung? Wer ist daran schuld?"

Wenn wir nach und nach erkennen, dass wir uns als „unbefangene" Kinder ganz anders und viel freier durch unser Leben bewegen würden, gilt es, den nächsten Schritt zu tun. Es soll auf keinen Fall einen Rückschritt geben. Ein Rückschritt wäre es zum Beispiel, im Einzelnen zu ermitteln, wer woran „schuld" war und sich darin zu verbeißen. Ein Fortschritt wäre es, nicht nach dem/den Schuldigen zu fahnden, sondern nach den Ursachen für unseren Zustand. Nur eine neutrale Analyse ohne Verbitterung, Rachegefühle und Überheblichkeit führt zu einer Lösung. Es gilt zudem, dass wir uns nach und nach von einem schuldbehafteten, selbstzweiflerischen Denken lösen und uns samt unserem Alltag so gestalten lernen, wir wir uns das aus unserem tiefsten Inneren heraus wünschen.

Bei der Rückeroberung unserer wahren Erscheinung und einer echten Positionierung sollten wir immer viel Geduld und Liebe aufbringen, sowohl für uns selber als auch für unser Umfeld. Die Menschen um uns herum sind inzwischen an uns als Darsteller gewöhnt. Uns als echte Menschen wahrzunehmen, kann sie kurzzeitig überfordern. Außerdem sind sie oft selber Darsteller in ihrem Leben und geraten aus dem Tritt, wenn plötzlich jemand den vorgeschriebenen Text ändert und nicht mehr das ausführt, was im Drehbuch vorgesehen ist. Sie verstehen nicht, warum die Veränderungen gerechtfertigt sein könnten. Doch nach einiger Zeit, wenn sie sehen, wie positiv und stärkend sich das echte Verhalten auf alle auswirkt, lenken sie ein und folgen sogar; dies geschieht nicht in allen Fällen, aber häufig genug.

Das Tasten nach der eigenen inneren Wahrheit ist ein sensibler Prozess. Es ist sehr empfehlenswert, dabei nicht zu schnell vorzugehen. Denn die Suche nach dem wahren Selbst soll nicht in einen Wettlauf ausarten, obwohl wir vielleicht der Meinung sind, wir hätten schon zu viel Zeit „verloren." Wir verlieren aber keine Zeit, wir lernen in jeder Sekunde das, was wir unbewusst für richtig und wichtig halten. Nahezu jede erlebte Erfahrung bringt uns etwas bei. Wir sind hinterher immer schlauer als vorher, dies natürlich nur, wenn wir selber handeln und uns nicht von irgendetwas berieseln lassen, das uns die Handlungen anderer auf einem Bildschirm zeigt.

Wir können behutsam und gezielt fragen: „Was ist geschehen? Wann ist es geschehen? Wer hat mich beeinflusst? War es ein guter oder schlechter Einfluss? Wie kann ich heil werden? Muss ich alles loswerden, was mich belastet oder kann ich auch heil werden, wenn ich einen Teil der Verantwortung weitertrage?"

Behutsam sollen wir unsere Prägung und Erziehung untersuchen.* Keinesfalls soll diese Analyse in Schuldzuweisungen ausarten, sondern eher in die Erkenntnis führen, dass jede/r im Prinzip sein Bestes zu geben versucht und dort Schwachstellen hat, wo seelische Verletzungen vorliegen. Wichtig ist also auch Güte und Barmherzigkeit, wenn klar wird, dass vielleicht Mutter und Vater nicht alles so vorgelebt oder beigebracht haben, wie es für uns individuelle Wesen richtig gewesen wäre. Da nahezu jeder Mensch in jeder Generation irgendwann etwas Unangenehmes erlebt, sollen wir stets milde bleiben und niemanden verurteilen. Spätestens wenn wir selber Eltern werden, erkennen wir, wie schwierig es ist, jedem Kind den richtigen Rahmen zu geben.

Wenn jemand sich wirklich schuldig an anderen macht, sollen wir natürlich einschreiten, uns aber niemals über den anderen erheben. Und auch wenn uns klar wird, dass wir im späteren Lebensverlauf von Freundinnen, Freunden oder Partnern unangemessen behandelt und eingeschätzt werden, bleibt immer noch die Handlungsgewalt bei uns. Wir sind diejenigen, die unseren Körper bewohnen. Wir sind diejenigen, die mittels des Geistes die Befehle in unserem Reich geben. Es sind unsere Herzen, die sich erwärmen oder abkühlen, je nachdem, welche Aufträge wir ihnen mehr oder weniger bewusst erteilen.

„Wer von euch ohne Schuld ist, der werfe den ersten Stein", sagt Jesus zu den Pharisäern, die eine beim Ehebruch ertappte Frau steinigen wollen. Ein Priester nach dem anderen verlässt daraufhin beschämt den Tempelvorplatz, denn jeder begreift, dass es unmöglich ist, auf der Erde ohne Schuld zu bleiben. Wer weiß, was sie selber schon verbrochen haben? Außerdem: Was dem einen guttut, ist vielleicht schlecht für den anderen. Nie können wir es jedem Recht machen. Deshalb werden wir es immer auch jemandem Unrecht machen, wenn wir etwas sagen oder tun oder nicht sagen und nicht tun, selbst wenn es uns und letztlich auch die anderen womöglich wachsen lässt. Das ist die schreckliche Regel auf der Erde, die nicht wirklich durchbrochen werden kann, denn selbst ein Guru, der sein ganzes Leben lang meditiert, wird sich dem Vorwurf seiner Familie aussetzen, er habe sich nicht um sie gekümmert und dem Vorwurf der Menschen, er habe sich nicht aktiv politisch für ihre Belange oder religiös für ihr Seelenheil eingesetzt. Selbst wenn die Familie oder Gesellschaft reif genug ist, ihm dies nicht vorzuwerfen, bleibt der Schmerz der Eltern und Geschwister.

Da wir es nicht allen Recht machen können, (wobei „Recht" auch in diesem Zusammenhang ein dehnbarer Begriff ist), versuchen wir es besser auch gar nicht erst. Und wenn wir schon in frühen Kinderjahren damit angefangen haben, es allen Recht zu machen, versuchen wir, dies zurückzubauen und in den Zustand unserer Wahrheit zurückzufinden - unserer arglosen Kinderwahrheit, die das zum Ausdruck bringt, was geschieht und wie es geschieht und wie wir es als erwachsenes Kind auffassen und wie wir darauf reagieren wollen.

Wir haben alle Zeit der Welt für diesen Prozess. Wir müssen uns nicht hetzen. Denn jeder Augenblick birgt eine ganz eigene Qualität, die es zu entdecken gilt; würden wir uns abhetzen, hätten wir gar keine Zeit mehr hinzuschauen und das wirklich Wichtige im Leben zu erkennen.

Das
Einzige,
was wir besitzen
können und dürfen,
sind wir selbst.
Deshalb
können
auch
nur
wir
uns
ändern,
niemand
anderer kann
und darf es
für uns
tun.

SAUBER BLEIBEN

Im Bösen ruht das Gute, und im Guten ruhen wir.

Wenn wir auf dem Rückweg in unser heiles und klares Kindsein „sauber“ bleiben, also niemanden hasserfüllt zur Rechenschaft ziehen wollen, wenn wir bewusst darauf verzichten, in den Schuldzuweisungen steckenzubleiben und zu ersticken, dann erfüllt uns ein immer größerer Friede. Dieser Friede ergibt sich aus unserer Güte, die verzeiht, was andere aus Unwissenheit und Überschwang taten. Die Güte speist sich aus der Erkenntnis, dass nahezu jeder Einzelne von uns in seinem Leben bereits etwas aus Unwissenheit und Überschwang tat.

Ich nenne es deshalb „sauber“ bleiben, weil Hass, üble Nachrede, Missgunst und Wut uns vergiften und verunreinigen. In unserem Körper bilden sich dann schädliche Säuren und toxische Stoffe, die uns buchstäblich auch physisch vergiften und krankmachen. Sauber und gesund bleiben wir, wenn wir unsere Gedanken und Gefühle immer nach dem ausrichten, was wir uns selber auch von den anderen wünschen. Dazu gehört der Verzicht auf Klatsch und Tratsch.

Der Japaner Masaru Emoto setzte seit Beginn der neunziger Jahre Wasser verschiedenen Emotionen aus. Später ging er dazu über, dem Wasser Musik vorzuspielen, harmonische oder disharmonische Musik, Volksmusik, klassische Musik, Rock und Pop. Die Untersuchung der daraufhin gefrorenen Eiskristalle ergab eine Angleichung der molekularen Struktur an den jeweiligen Inhalt der Gedanken, Gefühle und musikalischen Äußerungen. Schöne, harmonische Musik und schöne, harmonische Emotionen ergeben unzählige Abwandlungen wunderschöner, blumiger Strukturen. Negative und disharmonische Einwirkungen ergeben zackige, spitze und eher unschöne Strukturen. Wie kann das geschehen? Jeder ist mit jedem verbunden. Wir alle sind Teil des universellen Schwingungsfeldes, in dem jede Regung verzeichnet, gesendet und empfangen wird.

Da unsere Körper vorwiegend aus Wasser bestehen, ist nun auch leicht nachvollziehbar, wie zerstörerisch negative Gedanken sich in uns auswirken. Wir können uns mittels unserer Gedanken und Gefühle entweder aufbauen oder zerstören. Beim missgünstigen Tratsch entwickeln sich zum Beispiel unangenehme, spitzige Felder, die den wässrigen Anteil in unseren Adern, Zellen und Organen in einen Dornenwald verwandeln. Hass läuft wie ein Lauffeuer durch unseren Körper, erhitzt ihn unmäßig und schafft hässliche, ausufernde Formen. Verzweiflung lässt uns in unklaren Formen veröden. Fransige und leicht gespenstische Formen treten an die Stelle der Wassermoleküle, die vielleicht gerade noch, als wir zum Lachen gebracht wurden, wie Blumen aufgeblüht waren.

Manchmal müssen wir erst in die Irre gehen, um das Wahre zu entdecken. Das Gleichnis vom verlorenen Sohn im Lukas-Evangelium erzählt die Geschichte von zwei Söhnen. Der eine ist bodenständig, verlässlich und treu, der andere lässt sich vom Vater das Erbe auszahlen, verprasst es, fällt ins Elend und wird schließlich Schweinehirte, der sich, seiner Ehre und Selbstachtung beraubt, das Futter mit den Tieren teilt. Als er schließlich, abgerissen und stinkend, zum Vater zurückkehrt und als Tagelöhner bei ihm eingestellt werden will, lehnt dieser ab, schlachtet ein Kalb und richtet ein Festmahl her. Der ältere treue Sohn beschwert sich, der Vater habe nie für ihn ein Tier geschlachtet, um ein Festmahl vorzubereiten, obwohl er immer treu zu ihm gestanden habe. Doch der Vater erklärt ihm, dass er seine Treue wohl achte und wertschätze, dass die Rückkehr des gefallenen Bruders aber zugleich ein Freudenfest wert sei.

Anders ausgedrückt bedeutet dies: Egal, wie weit wir uns von uns selber entfernt haben, egal, was wir anstellen, um zu uns und unserer Wahrheit zu gelangen, es wird uns vergeben. Ob wir einen externen Gott annehmen, der uns vergibt und die Rolle des weisen Vaters einnimmt, ob wir uns die weise Mutter und ihren Trost vorstellen oder einen internen Aspekt der Weisheit in jedem Einzelnen von uns, bleibt unwichtig. Denn um uns gut zu fühlen, frei und glücklich, brauchen wir auch die Vergebung, die Korrekturmöglichkeit und den Neubeginn.

Letztlich geht es also bei dem Gleichnis darum, dass wir selber uns verzeihen sollen, falls ein Teil von uns den Pfad der Liebe, der gesunden Demut, der Angemessenheit verlassen hat. Beharren wir mit dem moralischen Anspruch des Anteils in uns, der stets bemüht war, alles richtig zu machen, auf unserer Schuld, beargwöhnen wir uns selber und glauben wir nicht an unsere Rückkehr zu unserer Wahrheit, können wir nicht glücklich werden. Wir werden dann stets zwei Söhne/Aspekte in uns beherbergen, die sich gegenseitig das Leben schwermachen. Der Vater/geistige Aspekt in uns muss dann ein Machtwort sprechen und uns zur Ordnung rufen. Die Verzeihung ist unabdingbar, um wieder heil zu werden. Sie gehört zu den Verhaltensweisen einer höheren, edlen Ordnung und ist zentraler Bestandteil wahrer Religionen.

Wo wir bedingungslos
hassen, beweisen wir
unsere Fähigkeit,
bedingungslos
zu lieben.
Die Kräfte in uns
sind an sich neutral,
es liegt in unserem Ermessen,
ob wir sie als Schwerter bündeln
oder als
Garben.

LOSLASSEN

Geh immer auf den Wegen des Herzens, dann wirst du nicht enttäuscht.
Denn Liebe ist das Einzige, was nicht auf Täuschung beruht.

Natürlich kann es sein, dass wir im Leben so voranschreiten und uns so verändern, dass alte Freundschaften nicht mehr aufrechterhalten werden können. Manchmal werden sogar Familienbande durchtrennt, was besonders schmerzhaft ist. Doch die Wandlung ist wichtig für unser Fortkommen. Wir alle streben nach Licht, Vollkommenheit, Reinheit, Klarheit und Zielgebung. Das Licht repräsentiert die Reinheit der Liebe, die nicht durch „niedere" (niederfrequente) Gedanken und Gefühle verschmutzt ist.

Beim Streben nach Wahrheit und Klarheit ist es unerlässlich, sich von den Opfergefühlen zu trennen. Opfergefühle werden in unserer Gesellschaft eher positiv bewertet. Opfergefühle scheinen zur Anklage zu berechtigen. Letztlich ist aber das Opfer in einem stagnierenden Zustand gefangen. Da es den Täter und das von ihm begangene Unrecht braucht, um eine vorgetäuschte Sicherheit zu bekommen, kann es passieren, dass es sich durch eine nicht erkannte Bequemlichkeit, Selbstüberhebung und Undankbarkeit dem Wunder der Schöpfung und den Mitmenschen gegenüber verwehrt und sich verschattet. Manchmal ist der Schatten ein Ruheort und schützt vor zu viel Licht. Zu viel Schatten aber lässt unsere Farben verstummen. Unsere Schwärzen steigen und wachsen, und irgendwann verdämmern wir im farbleer dunklen Raum.

Im Rahmen eines Veränderungswunsches kann es gut sein, sich von Altbekanntem zu trennen: Von Menschen, von Gegenständen, von Orten. Oft ist es aber auch gut, genau an den Orten, an denen die von uns als kontrovers oder andersartig empfundenen Menschen und Gegenstände sich befinden, für einen emotionalen Ausgleich zu sorgen, indem wir uns ihnen viel bewusster als zuvor zuwenden, ihnen besser zuhören, zusehen und zielführende Fragen stellen. Das, was wir von Geburt an kennen, wertschätzen wir oft nicht in ausgewogenem Maße. Wir nehmen es als garantiert und gottgegeben hin und suchen nach etwas Fremdem, das uns wichtiger vorkommt und mehr interessiert, weil wir es nicht kennen. Dabei geht uns der Blick auf das Echte in dem abhanden, das uns seit langem umgibt. Eine Rückkehr in die Heimat, die in der modernen Gesellschaft oft als Schwäche ausgelegt wird, muss nicht falsch sein, sondern kann das Beste und Wahrste in uns herausbilden. Nicht nur die/das Fremde hilft uns bei der Selbstfindung, auch das als neu und fremd empfundene Bekannte ist ein guter Lehrer.

Wir werden immer wieder mit der Notwendigkeit konfrontiert, jemanden oder etwas loszulassen und neu zu beginnen. Der Vorteil liegt darin, dass wir uns bei jedem Neuanfang besser definieren lernen. Wer sich wirklich kennenlernen will, probiert sich in unterschiedlichen Situationen aus und versucht, so angemessen, weise und liebevoll wie möglich zu reagieren. Auch wenn eine Krise über uns hereinbricht, die wir uns natürlich nie wünschen, können wir aus ihr lernen und das Beste daraus machen.

Wenn ein Paar sich auseinandergelebt hat oder einer der beiden den Bund verlässt, brechen oft starke Ängste in den Menschen auf und lassen sie irrational agieren. Manche fühlen sich hintergangen, verraten, ausgenutzt, jahrelang falsch behandelt und missverstanden. Sie fragen sich, wieso sie unterschwellige Trennungsabsichten nicht eher bemerkt haben oder wieso sie sich nicht schon längst getrennt haben, obwohl die Ehe/Partnerschaft schlecht lief. Bei Trennungen geht es dann bevorzugt um Geld, und das Geld ist, wie wir alle wissen, nicht das beste Fundament für faire und sachliche Trennungen. Die ehemals ineinander Verliebten neigen dazu, die Rolle des Geldes misszuverstehen, überzubewerten und wirklich an die Entschädigungsqualität dieses materiellen Stoffes zu glauben, wenn ihrer Meinung nach oder auch ganz objektiv zu wenig Liebe im System war. Liebe ist nicht Geld. Geld kann ein Ausdruck von Liebe sein, ist es aber häufig nicht. Nur Liebe ist

Liebe. Und nur auf sie ist Verlass. Ich kann in diesem Zusammenhang also nur Folgendes raten:

„Bleibt bei euch und versucht, so ausgeglichen wie möglich zu handeln. Egal, was bei der Scheidung herauskommt, bleiben die Kinder eure Kinder, ihr bleibt Mutter und Vater. Je weiser ihr euch verhaltet, desto besser können sie sich anders und bestenfalls noch stärker in sich selber verankern. Denn wir sollen die Kinder nicht unterschätzen: Sie sind ebenso autarke geistige Wesen wie wir. Wir meinen oft, diese machtvollen, unverwüstlichen Riesen schützen zu müssen und vergessen, dass sie häufig vor Liebe strahlend, weise, kraftvoll und manchmal sogar ungestüm gekommen sind, um zu lernen, sich weiterzuentwickeln und etwas möglichst Sinnvolles zur menschlichen Gesellschaft beizutragen. Aus eigener Erfahrung wissen wir, dass auch wir am schnellsten durch Krisen lernen. Machen wir uns also nicht zu große Sorgen, was die Zukunft betrifft, am besten gar keine. Vertraut auf eure und ihre Stärke.

Stärkt überdies das Gute, Gerechte, Liebevolle im anderen, das ihr ja auch kennen- und lieben gelernt habt, indem ihr es euch immer wieder vor Augen stellt und den Partner in dieser Weise kontaktiert. Solltet ihr euch reflexhaft auf die Ebene der Beschuldigungen einlassen, wird es schnell „hässlich", der eine kramt dann alles heraus, was sich je Schlechtes in seinem Leben ereignet hat und projiziert es auf den anderen. Der andere schlägt zurück. Die Wahrheit ist dort nicht mehr länger zu finden, denn die Wahrheit gestaltet sich in jedem persönlichen Universum ein wenig anders. Darum gibt es nur eine relative Wahrheit."

Mit diesem Wissen ausgerüstet, kann eine Trennung „sauber" bleiben. Wenn jeder sauber agiert und nicht auf die Rache-, Hass-, Betrugs- und Beleidigungsebene zurückgreift, wo sich die Seele schmutzig macht, wird die Trennung in der Reinheit der einstigen Gefühle vollzogen. Außerdem wird der gelebten Liebe, die sich in den Kindern widerspiegelt, Ehre erwiesen.

Wenn es dazu kommt, dass Kinder ihre Eltern fallenlassen, ist das sehr schmerzhaft für die Eltern, es sei denn, sie haben es darauf ankommen lassen und wollen sich ihrerseits von den Kindern distanzieren. Das kommt vor, wenn auch selten. Im anderen Falle brauchen die Kinder unbedingt mehr ehrliche Informationen. Dazu gehört die Erklärung der Eltern-Position. Kinder sind noch keine Eltern, sehen alles also aus einer einseitigen Perspektive. Hilfreich kann in diesem Zusammenhang folgende mündliche oder schriftliche Botschaft sein:

„Liebe Tochter/lieber Sohn, du kannst es dir vielleicht noch nicht vorstellen, wie es ist, wir zu sein, deshalb wollen wir es dir erklären: Wir sind Menschen, die versuchen, so viel Liebe wie möglich zu geben und das Leben so gut wie möglich in richtige, also harmonische Bahnen zu lenken. Wir sind auch Eltern. Du wirst auch dereinst Mutter/Vater sein. Dann erst verstehst du, was es heißt, nicht mehr allein und in seinem eigenen Mittelpunkt und dem der Eltern zu stehen, sondern plötzlich für einen oder mehrere Kinder den Mittelpunkt darzustellen. Alles verändert sich. Die Eltern stehen plötzlich in einer großen Verantwortung und handeln im Normalfall immer in Bezug auf die Kinder. Das verstehen die Kinder aber meistens erst, wenn sie sich selber in dieser Lage befinden. Bitte versteh trotzdem jetzt schon, dass wir seit deiner Geburt in dieser Weise immer für dich da sind. Verzeih uns unsere Fehler. Wir haben sie nicht absichtlich begangen. Offensichtlich ist es der Lauf der Welt, dass Fehler gemacht werden. Wir sind nicht allwissend. Aber wir sind wohlmeinend. Wir können in Ruhe über alles reden. Wir werden versuchen, deine Position besser verstehen zu lernen. Du kannst auch versuchen, uns zu verstehen. Keiner von beiden Seiten muss Recht behalten. Jeder ist sowieso grundverschieden. Selbst wenn wir uns in Manchem ähnlich sind, sind wir nicht identisch. Die Zeit schreitet voran. Irgendwann wirst du vielleicht deinem Sohn oder deiner Tochter in dieser Weise schreiben und auf die Liebe hoffen dürfen, die euch verbindet."

Da, wo es sich um Trennungen anderer Art handelt, zum Beispiel die Trennung von einstigen Freunden, ist es genauso wichtig, menschlich und nahbar zu handeln. Wenn wir mit den ehemaligen Sandkastenfreunden, den Freunden aus Kindergarten, Schule und Studium aus irgendwelchen Gründen nicht mehr ausreichend harmonieren, oder wenn wir uns gar miteinander langweilen, dann kann jeder seiner Wege gehen, ohne dass Verletzungen zugefügt werden. Wenn wir als Grund für eine Trennung sagen: „Du hast mich wahnsinnig enttäuscht“, dann ist das eine heikle Aussage. Der Mensch, der sich mit diesem Vorwurf konfrontiert sieht, kann darauf nicht angemessen reagieren. Jeder sieht im anderen immer auch das, was sie/er sehen will. Versuchen wir, dem anderen etwas vorzuspielen, wird das auf Dauer scheitern. Die Täuschung des anderen kann nur gelingen, wenn wir uns nicht zu erkennen geben. Die Fassade wird aber immer mehr bröckeln. Das Wahre wird zutage treten.

Warum glauben wir von vorneherein so wenig an unser Wahres, sodass wir meinen, es verbergen zu müssen? Wahrscheinlich wurde in Kindheitstagen unser Wahres für unwichtig oder unzureichend gehalten. Irgendwann glauben wir dann nicht mehr an uns in unserer Echtheit. Wir Menschen sind unsichere, verletzliche Wesen, die von unsicher gemachten, verletzten Wesen unsicher gemacht und verletzt worden sind. Nur in der sicheren Ruhe des von unserem Geist gesteuerten Seins kann sich unser Lebensglück voll entfalten.

Wir alle haben unsere Phasen und leben unsere Zyklen. Das ist normal und überhaupt nicht schlimm. Man muss das niemandem übelnehmen. Der eine will nach rechts gehen, der andere wendet sich nach links, der dritte wandert geradeaus, der vierte steigt auf einen Baum, der fünfte breitet die Flügel aus und fliegt davon. Das alles ist erlaubt und von höherer Stelle und in uns abgesegnet. Lebenslange Freundschaften bleiben auf jeden Fall erhalten, denn sie gründen auf Liebe. Liebe gründet auf der Erkenntnis des Gegenübers, auf Gemeinsamkeit oder gegensätzlicher Vielfalt im Denken und Fühlen und beinhaltet

Treue, Sorgfalt und Mitgefühl. Verbindungen dieser Art halten sich meistens ein ganzes Leben lang. Andere Beziehungen sind zyklischer Art und erweisen sich für einen oder mehrere Schritte im Leben als wichtig. Daraus ergeben sich wieder andere Wege und Fortbewegungsarten zusammen mit anderen Menschen. Wären wir in dieser Hinsicht nicht flexibel genug und würden uns immer an das klammern, was wir schon kennen, wäre selbst der kleinste Fortschritt unmöglich.

Erstarrte Gesellschaften bringen nichts Lebenswertes hervor. Man kann dies an autokratischen Systemen studieren. Albanien, dessen Herrschaftsclique sich in den Machtzentren quasi festgeschweißt hatte, hinterließ ein in Armut erloschenes Volk, das sich nach seiner viel zu späten Befreiung hemmungslos der Wohlstandsgier ergab. Den Schleusern, die den Glückssuchern versprachen, in Deutschland brauche man nur zur Bank zu gehen, um mit Taschen voller Geld wieder herauszuspazieren, kam diese Sehnsucht nach dem Ersatz für Entgangenes sehr entgegen. Sie hatten leichtes Spiel mit ihren ahnungslosen, lebenshungrigen Landsleuten. Noch jetzt ist echte Entwicklung in diesem schönen Land sehr problematisch und wird nicht wirklich von politischer Seite unterstützt. Ähnliches gilt für China, Nordkorea, weite Teile der russischen Föderation, viele arabische Staaten, den Nahen und Fernen Osten, viele südamerikanische und afrikanische Staaten. Um wachsen zu können, müssen wir uns von dem trennen, was uns am Wachstum hindert. Wir lassen das hinter uns, was uns zu klein oder unpassend geworden ist und nehmen das, was jetzt besser zu uns passt. Das ist nicht herzlos und pragmatisch gemeint, sondern entspricht den Gesetzen unseres Werdens. Wenn ein Baum immer größer wird, entfernt er sich mit der Krone immer weiter vom Erdboden, doch die Wurzeln stecken immer noch am selben Ort und breiten sich komplementär zur Krone aus. Unsere Herkunft ist genauso wichtig wie unser Wachstumsziel; beides dürfen wir ehren. Trotzdem wachsen wir und werden groß, und trotzdem entsteht ein Abstand zu unserem Herkunftsort. Und nur derjenige steht uns immer nahe, der ebenfalls wächst.

ANSPRÜCHE

Wer seine Ansprüche senkt, erhebt Anspruch auf das Notwendige.

Wir leben in einer sehr verwöhnten Welt. Alles ist greifbar und käuflich. Wer kein Geld hat, fühlt sich ausgeschlossen. Es wird nicht mehr gefragt, was wir brauchen, sondern was wir haben wollen. Oft wollen wir das haben, was die anderen auch haben. Oder wir wollen mehr als die anderen haben, um damit anzugeben, wie erfolgreich wir sind. Erfolg war vielleicht schon unseren Eltern wichtig. Wir können bei ihnen damit punkten und womöglich doch noch ihre Liebe erringen oder ihnen dort helfen, wo sie weniger erfolgreich waren.

Die Menschen, die weniger haben, wollen das haben, was die Menschen besitzen, die mehr haben. Der Kompromiss ist inzwischen keinem mehr gut genug. Mit dem Zweitbesten vorliebnehmen will keiner mehr. Jeder, der über einen Internetzugang verfügt, kann sehen, wie echter Reichtum aussieht. Also weg mit den Behelfslösungen, her mit der Perfektion oder wenigstens mit etwas, das so aussieht, als sei es perfekt. Wenn die anderen sie bekommen, dann wollen wir sie auch haben. Nicht auszudenken, dass die anderen mehr haben und bessergestellt sind.

Die, die viel haben, kümmern sich oft recht wenig um die, die wenig haben. Dabei ist das Geld kein Qualitätsnachweis für eine gute und aufrechte Persönlichkeit. Es kann sein, dass ein Mensch reich, aber geizig und lieblos ist. Es kann sein, dass ein Mensch arm, aber freigebig und herzlich ist. Es kann sein, dass ein Mensch reich, herzlich und freigebig ist. Es kann sein, dass ein Mensch arm, geizig und lieblos ist. Doch die Formel: Arm, aber herzlich, trifft auf immer weniger Menschen zu. Wir schließen daraus:

Eine gesunde Bescheidenheit ist gut für uns, ebenso eine Wertschätzung dessen, was wir bereits haben. Es ist nicht gut, zu viel zu haben. Doch das, was wir haben, soll gut sein.

Es ist gut, Dinge zu haben, die solide gebaut und nicht einfach „hingekleckert“ sind. Es ist gut, auf gute Inhaltsstoffe zu achten. Wie beim Essen, Reisen, Bauen ist es wichtig, nachhaltig zu denken und handeln. „Geiz ist geil“ ist ein verheerendes Motto. Die Deutschen sind insgesamt nicht besser dadurch geworden. Wer sein Glück daraus bezieht, Geld eingespart zu haben, weiß nicht, wie sich echtes Glück anfühlt. Das echte Glück entwickelt sich jenseits der Materie, es ist ein eher geistiger Vorgang, der uns das wertschätzen lässt, was wir oft gar nicht selber herstellen können wie Berge und Täler, Meere und Strände, Tiere und Pflanzen. Echtes Glück entsteht vor allem dort, wo Menschen wertschätzend miteinander umgehen, wo sie lachen, reden, diskutieren, einander lieben.

Die Kriegsgenerationen in aller Welt mussten sich oft mit dem Nötigsten begnügen. Sie verloren alles und waren auf die Kunst der Improvisation angewiesen, um nicht zu verhungern und verdursten, um ein Dach oder einen behelfsmäßigen Schutz über dem Kopf zu behalten oder neu herzustellen. Die Armen dieser Welt befinden sich in derselben Situation. Sie wissen das zu schätzen, was wir oft als Müll betrachten.

In Korogocho beispielsweise, einem gefährlichen Slum nahe der Millionenstadt Nairobi, wachsen die rauchenden, hoch giftigen Deponien auf die Häuser der Menschen zu, so als würde sich ein Riesentsunami in Zeitlupe vorwärtsbewegen und alles nach und nach unter sich begraben. Trotzdem begeben sich viele Arme mitten ins Zentrum des verglühenden Giftmülls, hustend und halb blind, nur um den Müll einzusammeln, den sie eventuell verkaufen können. Für die „Lizenz“, Müll dort einsammeln zu dürfen, müssen sie auch noch Geld an kriminelle Banden bezahlen. Sie leben in winzigen Behausungen, für die sie unverhältnismäßig hohe Mieten entrichten und sterben im Schnitt mit 36 Jahren. Ihre Ansprüche an ein glückliches Leben reduzieren sich auf ein (in unseren Augen) Minimum, das jedem Menschen automatisch zustehen sollte: Saubere Luft zum Atmen, saubere Erde zum Bewohnen und Bearbeiten, somit saubere Nahrung, die heilt und nicht krankmacht, einen Platz zum Leben und genügend Mittel, um die Bedürfnisse nach Kleidung, Fortbewegung und Ausbildung zu garantieren.

Wir besitzen schon so viel. Das ist schön. Wir sollten es Sekunde für Sekunde genießen. Wir brauchen nicht mehr. Wir sollten dies im Kopf behalten. Neulich ging ich in einen Kaffeeladen, um mir Kaffeebohnen zu kaufen. Die Verkäuferin ließ das braune Gold in die Mahlmaschine klimpern, unten rauschte die duftende pudrige Masse heraus, alles wurde schön vakuumverpackt und mir überreicht zusammen mit der Aufforderung, ein Los zu ziehen. Um sie, da sie so eifrig war, nicht zu enttäuschen, nahm ich folgsam das Los, öffnete es und erfuhr, bei meinem nächsten Einkauf 5 Euro zu sparen, falls die Summe 25 Euro übersteige. Ich lachte, doch die Verkäuferin hatte noch einen weiteren Pfeil im Köcher. „Wenn Sie sich im Internet eintragen, können Sie mit Glück sogar ein Auto gewinnen. Eine Kundin hat neulich eine Kaffeemaschine gewonnen!"

Ich schaute sie nachdenklich an und entgegnete: „Ich habe schon eine Kaffeemaschine. Ein Auto haben wir auch. Ich brauche also weder ein Auto noch eine Kaffeemaschine, selbst wenn ich eins von beiden vielleicht und mit Glück geschenkt bekäme. Das ist Luxus. Ich bin dafür dankbar und mit dem zufrieden, was ich habe." Ich unterbrach mich kurz und fügte leichthin und hoffentlich nicht belehrend hinzu: „Wollten wir nicht alle mit dem Verzichten anfangen?"

Sie starrte mich an. Ich hatte sie mit meiner Ansprache, die sich eher nach einer Kirchenkanzelaussage anhörte, völlig aus dem Konzept gebracht. Dann lächelte sie zögernd. Ich lächelte zurück und verabschiedete mich. Da ich wahrscheinlich eine Person von hundert bin, die so reagiert, reicht es noch nicht zum gesellschaftlichen Umdenken. Ein Biobauer verlautbarte indes jüngst in einer großen Zeitung, wir hätten schon vor 50 Jahren (also 1970) genug gehabt. Auf dem damaligen Stand und vor der Riesenwelle des Überangebots von Nahrung, Kleidung und Luxusgütern könnten und sollten wir uns wieder verorten; zumal das Angebot zwar in der Fülle immer noch da ist, in der Qualität aber stark nachgelassen hat. Im Kleidungssektor zum Beispiel hat sich die Ölindustrie breitgemacht, Polyester Marke Shell bemächtigt sich der Reiche natürlicher Fasern. Die Kleidersammler müssen inzwischen kostenpflichtig bis zu 90 % der Sammlung zur Müllverbrennungsanlage bringen, weil niemand mehr etwas mit der Billigkleidung, die auf Kosten der Umwelt hergestellt wurde und uns teuer zu stehen kommen wird, anfangen kann. Auch viele Empfängerländer lehnen Altkleider inzwischen ab, weil sie selber schon genug Müllprobleme haben.

In anderen Bereichen ist die Bereitschaft zum Verzicht auch schon deutlich erkennbar, doch längst nicht in allen. Kürzlich ergab eine Untersuchung, dass trotz der Aufforderung an die Kunden, mehr Mehrwegflaschen in den Getränkemärkten zu kaufen, die Kunden genau das Gegenteil taten: sie kauften mehr Einwegflaschen. Auch der Fleischkonsum scheint eine heilige Kuh zu sein, die wir schlecht „vom Eis bekommen". Seltsamerweise steht das Land nicht pausenlos Kopf, obwohl immer noch männliche Küken geschreddert und Tiere ohne Betäubung kastriert und reihenweise abgeschlachtet werden, nachdem man sie unter unwürdigen Bedingungen mit überdüngtem und pestizidverseuchtem Futter gemästet und mit Medikamenten kümmerlich am Leben gehalten hat. Deswegen weniger Fleisch zu essen oder wenigstens darauf zu achten, dass man die Tiere würdigt, scheint der Mehrheit noch nicht wichtig genug zu sein, obwohl dieselbe Mehrheit dies wahrscheinlich theoretisch für wichtig erachten würde. Der Anspruch, täglich oder mehrmals in der Woche Fleisch auf dem Teller zu haben, ist größer als die Bereitschaft zum Verzicht, auch wenn dieser Verzicht lebensverlängernd ist. Denn Vegetarier oder Menschen, die nur ab und zu gutes Fleisch essen, leben definitiv gesünder und länger. Es geht aber bei den Ansprüchen nicht um Logik, sondern um Trotz und Wut.

„Ich will das auch haben!"

„Mein ganzes Leben lang habe ich nur verzichtet, wenigstens das steht mir zu!"

„Man will mir das jetzt auch noch wegnehmen, wo ich doch sonst nichts habe!"

In den USA und Südamerika ist oft zu hören:

„Es ist unmännlich, kein Fleisch zu essen."

Letztlich geht es darum:

„Ich bin nicht genug geliebt, geachtet, nicht gut genug behandelt worden, deshalb brauche ich einen Ersatz. Dieser Ersatz kann Besitz oder eine gehobene Lebensführung sein. Das Fleisch, das ich täglich auf dem Teller sehe, kann mir niemand nehmen. Es liegt da und wird nicht weglaufen, wie es meine Frau/mein Mann könnte. Es wird sich nicht plötzlich in Luft auflösen, wie es mein Geld könnte. Es wird mich, da ich mich an den faden Geschmack gewöhnt habe, nicht enttäuschen, wie es meine Kinder könnten. Es wird mich nicht entlassen, wie es mein Chef könnte. Es wird mir keine Liebe verweigern oder entziehen, weil es das nicht kann. Dafür wird es mir für einige Sekunden lang ein gewisses Maß an Sicherheit und Befriedigung geben."

Ansprüche haben oft mit Liebesersatz zu tun. Ein Mensch, der sich nicht geliebt fühlt und dann auch noch auf Komfort verzichten muss, fühlt sich vollends verraten. Ein Mensch, der sich nicht geliebt fühlt, aber einen Porsche fährt und in die Karibik zum Surfen fliegt, fühlt sich entschädigt, auch wenn er viel Geld dafür bezahlt. Darf der Porsche aus Umweltgründen nicht mehr fahren und das Flugzeug nicht mehr fliegen, fühlt sich der Mensch verraten und wird wütend und trotzig. Selbst wenn dieser selbe Mensch noch gestern sein Gewissen flüstern hörte und gelobte, nunmehr sehr umweltfreundlich durchs Leben zu wandeln, kann sich dieser Vorsatz innerhalb von Sekunden in nichts auflösen, sobald sich ein schmerzend sehnsüchtiges Loch in der Seele auftut.

Sogenannte „schlechte" Zeiten schrauben die Ansprüche sukzessive herunter. Haben alle weniger, ist es weniger schlimm, als wenn einige viel haben und andere nicht. Eifersucht und Ungerechtigkeitsgefühle vergiften die Fähigkeit, sich zu beschränken, selbst wenn es sich um ein vernünftiges Maß der Beschränkung außerhalb einer Notsituation handelt. Echter, innerer Verzicht aus einer höheren Einsicht heraus funktioniert nur freiwillig. Es muss gute Gründe für einen Verzicht geben. Alle sollten mitmachen. Die Menschen müssen stolz auf den Verzicht sein können.

Der Verzicht kann in einem solchen Falle das Beste im Menschen herausfiltern. Dann hilft nämlich der eine dem anderen, es wird Wissen und Material getauscht, ein soziales Gefüge des Miteinanders entsteht. In einer Welt des Überflusses braucht niemand niemanden mehr. Wer dann nicht bewusst genug ist, um ein menschliches Miteinander zu pflegen, leistet der Vereinsamung Vorschub. Es entsteht die Gesellschaft der vereinsamten Niemande. Die Vereinzelung der Menschen füttert den Egoismus, denn je seltener wir miteinander in Kontakt kommen, desto weniger wissen wir voneinander. Je weniger wir voneinander wissen, desto mehr Wissen erfinden wir, projizieren, unterstellen und vermuten, statt einfach hinzugehen, zu fragen und miteinander zu reden.

Und so kommt es, dass in der Wohlstandsgesellschaft wir Menschen, falls wir nichts dagegen unternehmen, materiell zwar gut gestellt sind, psychisch und seelisch jedoch verarmen. Wir sind dann anspruchsvoll unglücklich und rennen so lange hinter dem materiellen Ersatz hinterher, bis wir erkannt haben, dass der Anspruch auf Glück nur durch die Liebe erfüllt wird, die wir zu geben bereit sind.

WIR LEBEN GERNE ECHT

Der Planet Erde ist ein anstrengendes Terrain, hier wird einem nur etwas geschenkt, wenn man beharrlich und großzügig das verteilt, was viele oft verwehren. Liebesknauserigkeit ist ein echtes Problem. Auch uns selbst gegenüber handeln wir oft nach dem grässlichen Prinzip „Geiz ist geil," obwohl wir extrem liebeshungrige Wesen sind. Da wir im idealen Falle die Einzigen sind, die in uns wohnen, sind wir auch die Einzigen, die verlässlich für uns da sind, weil wir uns als Tröster, Berater und Unterstützer immer dabeihaben.

Wenn der Mensch sich seine Liebe auch noch dort, in seinem tiefsten Inneren, in seinen Gedanken und Gefühlen verwehrt, wird es eng. Wie in einem universalen Puzzle fehlt ein Teil, sobald sich auch nur ein einziger Mensch sich ablehnt, zurückzieht, verbirgt und quasi selbst auslöscht, weil er sich nicht gesehen und respektiert fühlt, weil er denkt, er sei überflüssig, unbegabt, dumm, hässlich, ungeliebt. Sobald das Bewusstsein erwacht, dass jeder Mensch unverwechselbar ist und ohne ihn etwas fehlen würde, geht er sorgsamer mit sich um, ist auch mal stolz auf das, was gelungen ist und erlaubt sich Extravaganzen. So kann sie/er sich besser ausprobieren und das erleben, was sonst nur die Menschen auf der großen Leinwand oder in den Büchern sich leisten. Man kann es auf die einfache Formel bringen: Der Mensch, der sich liebt, ist glücklich; der Mensch, der sich ablehnt, ist unglücklich.

Warum lieben sich so viele Menschen nicht? Weil sie als Kinder zu oft kritisiert und von dem abgehalten wurden, was sie besonders interessierte und ihnen Spaß machte. Ihre ernsthaft gemeinten Fragen wurden nicht ernst genommen, als lästig empfunden und nicht oder nur nachlässig beantwortet. Sie wurden zu oft vor Gefahren gewarnt, die manchmal nur im Kopf angstvoller Erziehungspersonen herumgeistern. Sie wurden zu oft angetrieben, wo sie ganz viel selbstbestimmte Zeit brauchten, um in Ruhe etwas zu erforschen, zum Beispiel das Verhalten eines Tieres, das Zusammenspiel von Wasser und Sand, die Haltbarkeit von Materialien, physikalische, chemische, soziale, kulturelle Ereignisse, die es im ruhigen, erlebbaren Zeitverlauf zu erforschen gilt!

Wie klingt meine Stimme unter Wasser? Wieviel Druck muss ich auf Gegenstände ausüben, bis sie brechen? Wieso kann ich Zerrissenes nicht einfach wieder zusammenfügen? Warum klebt die Klette an meinem Ärmel? Wie lange braucht eine Ameise, um ein Ästchen in den Bau zu schaffen? Wie beharrlich sucht sie ihren Weg, wenn ein Hindernis in ihren Weg gelegt wird? Ab wann läuft Wasser in meine Gummistiefel, wenn ich durch den Bach wate? Wie lange kann ich die Kälte aushalten, wenn ich im Winter in eine Schneewehe gefallen bin? Wie dick muss ein Ast sein, damit ich an ihm hangeln kann? Was will mir der Vogel sagen, der mir so tief in die Augen schaut? Warum ist der Wolkendrache plötzlich eine Maus und dann wieder eine galoppierende Reiterhorde? Wieso blühen Blumen? Warum wird aus dem leuchtenden Rot eines Mohnblütenblatt auf meinem Zeichenblatt ein undefinierbares Matschbraun? Wieso streiten sich Menschen? Wenn Gott der liebe Gott ist, zu dem ich beten soll, warum gibt es dann Krieg? Warum lügen Menschen? Wieso hat mir das Nachbarskind mein Feuerwehrauto kaputtgemacht und behauptet, es sei schon vorher kaputt gewesen? Je weniger wir erproben dürfen, desto uniformer verhalten wir uns notgedrungen. Wir müssten uns schon zur offenen Rebellion entschließen, um gegen die Gleichmacherei der gesellschaftlichen Normen bestehen zu können. Rebellion ist anstrengend und frisst die Kraft, die wir zum Schöpfen brauchen. Wenn aber alle Stricke reißen, gibt es die stille Rebellion. Ich erkenne, dass ich anders bin und stehe dazu. Ich unterwerfe mich den Normen nicht und mache still und beharrlich und durchaus auch im öffentlichen Raum das, was ich für richtig und echt halte. Je mehr ich mich zur meiner Echtheit bekenne, desto größer ist mein Geschenk an die Gemeinschaft. Uniforme Menschen haben der Gesellschaft nichts zu schenken, sie bringen nichts Neues hervor. Nur der authentische Mensch erblüht zu seinem ihm innewohnenden Potential. Last uns einander auf diese Weise verschenken.

ANGST

Aus lauter Angst vergessen wir zu leben,
obwohl die Angst uns eigentlich nur am Leben halten will.

Seit es Menschen gibt, gibt es die Angst. Oder - wenn wir auf die biblische Version zurückgreifen: Es gibt die Angst erst, seit wir, aus dem Paradies vertrieben, mit den Unbilden der Zeitenläufe im ungeschützten Terrain konfrontiert wurden. Die Bedingung, der Eva und Adam ausgesetzt waren, lautete: Entweder beschränkt und beschützt oder unbeschränkt und vogelfrei. Sie, oder sagen wir: Der weibliche Aspekt im Menschen wählte die zweite Version. Womit ich eine womöglich unhaltbare Theorie wieder aufstelle, die auch mein Vater schon vertrat: Er hielt die Männer für prinzipientreu und somit staatstragend und die Frauen für anarchistisch.

Bei allen Vorteilen wie relativer Freiheit und relativer Selbstbestimmung, hagelt es seit dieser Zeit Ängste: Angst vor der Zukunft, vor Einsamkeit, Armut, Zurückweisung, beruflichem Misserfolg, Währungskrise, Überfremdung, gesellschaftlichem Absturz, Arbeitslosigkeit, Krieg. Dazu kommt die Angst vor der Unfähigkeit, die Angst zu besiegen, und die Angst vor dem eigenen Unverständnis, warum diese Angst so groß sein und so viel Macht ausüben kann. Und schließlich die Angst vor der Angst, wenn man sie vielleicht überwunden glaubte, sich aber im Vertrauen auf das Vertrauen noch nicht sicher fühlt.

Zuerst einmal ist es wichtig, sich nicht für die Angst zu schämen. Wenn wir etwas spüren, sollten wir hinschauen und das Gespürte nicht verdrängen; auch dann nicht, wenn wir meinen, es sei nicht gesellschaftsfähig. Wir haben gelernt, nicht auf uns zu hören, sondern das Meiste davon zu verdrängen oder so anzupassen, dass keiner uns kritisieren möge. Diese Strategie klappt zwar nicht immer, aber zu oft, um abgeschafft zu werden. Wir, die wir als kleine Kinder noch strahlend selbstbewusst, aufrichtig, kraftstrotzend, humorvoll und supertolerant ins Leben gestartet waren, haben gelernt zu lügen und uns zu verstellen. Weil es die Gesellschaft so will. Die Gesellschaft besteht aus uns Einzelwesen. Ihre Gesetze, die sich aus dem herauskristallisiert haben, was wir für lebenserhaltend hielten, wurden durch Mutter und Vater vermittelt oder durch Personen, die sich für unsere Erziehung verantwortlich fühlten und diese Gesetze ebenfalls gelernt haben.

Das Prinzip „Kindermund tut Wahrheit kund", das vielen „Erwachsenen" ein schallendes Gelächter entlockt, wenn das Kind noch klein genug ist, erweist sich schnell als Nachteil für den Minipropheten. Denn je älter das Kind wird, desto unlustiger nimmt man die Wahrheiten auf, die aus dem Kindermund quellen. Deshalb wird alles getan, um sie zu unterbinden. Sprüche à la „Das sagt man nicht", „Sag es nicht weiter" oder „Was sollen die Nachbarn sagen?" markieren da nur die Spitze des Eisbergs im Polarmeer der Anleitung zu Unaufrichtigkeit und Anpassung. Manche Erziehungsberechtigten gehen sogar noch weiter und fordern: „Das denkt man nicht" und „Was sollen die Nachbarn denken?"

Wir gewöhnen uns also schon in der Kindheit daran, nicht nur nicht zu sagen, was wir fühlen und denken – was zu ungeheuer vielen Missverständnissen und Konflikten führt – sondern auch unsere Ängste, unsere Wut, unsere Zweifel wegzudrängen und auf die Frage: „Wie geht's?" „Gut" zu antworten, damit bloß keiner auf die Idee kommt, nachzubohren und die Wahrheit ans Tageslicht zu holen, denn vielleicht geht es uns ja gar nicht gut. Vielleicht haben wir Angst vor der Mathearbeit, einem prügelnden Mitschüler, einer verächtlich blickenden Mitschülerin, weil wir nicht die richtige Jeansmarke tragen?

Was wäre denn so schlimm an dieser Wahrheit? Müssen wir uns wirklich bis zur Unkenntlichkeit verbiegen, nur damit man von uns sagt: „Toll gemacht! Was bist du bloß für ein Tausendsassa! So möchte ich auch sein!", während in uns vielleicht die Ängste bis zum Halse stehen und uns zu ertränken drohen? Müssen wir uns in den Burn-Out, immerhin eine inzwischen „anerkannte“, eher bekannt gewordene Krankheit, flüchten, damit endlich alle erkennen, dass etwas nicht stimmt? Was stimmt denn nicht? Warum haben denn so viele Menschen so viele Ängste? Es gibt mehrere Gründe dafür. Hier einige wichtige Ursachen:

Erstens ist es die Urangst des Körpers vor dem Tod. Das Lichtwesen, das den jeweiligen Körper bewohnt, hat ursprünglich keine Angst vor dem Tod, weil es unsterblich ist. Oder genauer: Es hat solange keine Angst, bis es vergisst, dass es unsterblich ist. Der Körper kann ohne das ihn bewohnende Lichtwesen nichts bewegen. Stirbt der Mensch oder besser: löst sich das Lichtwesen aus der Materie, geht im Körper das Licht aus, er verwandelt sich binnen kurzem in ein dunkles, schweres, kaltes Überbleibsel. Deshalb funkt der Körper unablässig lebenserhaltende Ängste, damit auch ja nichts passiert, was ihm schaden könnte.

Dazu kommt unsere Alptraumangst: Nicht geliebt zu sein. Wir könnten auf das meiste, außer Atmen, Essen, Trinken und Schlafen, verzichten, wenn wir nur Liebe bekämen. Ohne sie verkümmern wir und sind bereit, uns bis zur Unkenntlichkeit anzupassen, nur um sie zu „verdienen.“ Deshalb horchen, schauen und fühlen wir in die anderen Menschen hinein und fragen uns: „Mögen sie mich oder habe ich etwas falsch gemacht? Was könnte ich tun, damit ich die Gunst wiedererlange?“

Diese Furcht ist für uns aber noch greifbarer als die Ängste, die uns von Kriegsgeneration zu Kriegsgeneration weitergegeben wurden. Wir sollten uns dabei in Erinnerung rufen, dass Kriege seit Tausenden von Jahren auf diesem Planeten „geführt“ werden. Wenn die Oma also furchtbare Ängste ausstand, weil ihr Mann und ihre Söhne in den Kampf zogen und sie in einem extrem unsicheren Umfeld für die kleineren Kinder sorgen musste; und wenn diese selbe Oma Zerstörung erlebte, Vertreibung, den Verlust der Heimat, nicht selten Vergewaltigung, die Verletzung oder den Tod ihrer Liebsten, dazu Hunger und Kälte – dann würden wir sagen: „Ja, sie darf Ängste haben. Das ist normal."

Diese Oma aber hatte sich meistens extrem zusammengerissen und nicht über das als traumatisch Erlebte gesprochen, damit die Kleinen sich nicht noch mehr fürchteten. Stattdessen packte sie an, ohne zu klagen und verschloss das Grauen in ihrem Herzen, das daraufhin belastet war, denn ein Herz möchte offen sein dürfen. An die Stelle der mütterlichen Liebe trat nun die Sorge.

Die Kinder wuchsen auf, der Krieg war vorbei, doch die Angst der Mutter war noch da. Sie sorgte sich um die Kinder, hatte Angst, dass ihnen etwas auf der Straße passierte, beim Klettern, bei kaltem oder heißem Wetter, in der Schule, bei der Arbeit, beim Reisen und so weiter. Für sie waren diese Ängste überlebenswichtig, denn ihrer Kriegserfahrung nach konnte immer etwas passieren, plötzlich und unerwartet und aus jeder Ecke kommend. Die Kinder integrierten diese Ängste als Bestandteil des normalen menschlichen Verhaltens. Sie akzeptierten die Sorge anstelle der Liebe oder die Sorge, die sich mit der Liebe vermischte. Aber sie litten darunter, meist wortlos und beschämt, weil sie sich einerseits undankbar fühlten und sich andererseits nach einem Mehr sehnten, von dem sie annahmen, es im Angesicht der vergangenen Schrecken und der eigenen Unzulänglichkeit nicht verdient zu haben. Dieser Akt des zunächst notwendigen sich Zusammenreißens und der folgenden Hinnahme des Ersatzes der Liebe durch die ängstliche Sorge führte oft auch zur emotionalen Verhärtung oder Teilverhärtung der Familiensysteme. Die Kinder aus diesen Familien übertrugen all das ihrerseits auf ihre Kinder.

Im Männerbereich war es ähnlich: Wie viele von ihnen kehrten vom Schlachtfeld zurück und sprachen nicht über das Erlebte! Sie weigerten sich, über den Krieg zu sprechen, weil es sie überforderte und weil sie davon ausgingen, dass sowieso keiner der Zivilisten und Familienmitglieder dessen Brutalität und messerscharfe Unromantik abseits jeglichen Heldenträumens nachvollziehen konnte und wollte. Es herrschte ein großes dunkles Schweigen im Gebiet der konkreten Angst. Die verdrängte konkrete Angst nach dem Krieg gebar die diffuse, scheinbar grundlose Angst im Frieden. Und damit sowohl die Angst vor dem Sein als auch vor dem Nicht-Sein, also vor Leben und Tod gleichermaßen. Der innere Konflikt eines Hamlet „Sein oder nicht Sein – das ist die Frage“ begleitet uns, seit wir Menschen/Krieger/Opfer sind.

Wir sind noch nicht am Ende. Dazu kamen nämlich äußere, gesellschaftlich sehr ungünstige Umstände. Kinder und Frauen wurden lange unterdrückt. Einige Wissenschaftler und Pädagogen gingen davon aus, Säuglinge seien weder imstande, körperlichen noch seelischen Schmerz zu spüren. Sie würden deswegen auch nicht leiden, wenn man sie schreien ließe. Sie seien von Grund auf kleine Wilde, denen man das Menschsein am besten einprügeln musste, wenn sie nicht „brav“ waren. Es hieß: „Wer sein Kind liebt, züchtigt es.“ Dieser Kelch ging auch an den Frauen nicht vorbei. „Wenn du zum Weibe gehst, vergiss die Peitsche nicht“, sprach der talentierte, aber verbitterte Nietzsche, der auf Frauen nicht gerade romantisierend wirkte. Arthur Schopenhauer verbreitete seit 1855 mit vorgeschobener Brust folgende These: „Schon der Anblick der weiblichen Gestalt lehrt, dass das Weib weder zu großen geistigen noch körperlichen Arbeiten bestimmt ist.“

Der Nervenarzt Paul Möbius verfasste 1901 ein Buch mit dem Titel: „Über den physiologischen Schwachsinn des Weibes.“

Der Berliner Kunstkritiker Karl Scheffler erläuterte im 1908 erschienenen Buch „Die Frau und die Kunst“, die Frauennatur sei ein zu sehr in sich geschlossener Organismus, als dass sie vom universalen Lebensgefühl, das aus den Erlebnissen aller Sinne zugleich entstehe, genügend loskomme, um in abstrakten Kunstformen denken zu können. Da die Frau selbst die Harmonie verkörpere, könne eine Künstlerin nur etwas Entartetes, ein „unleidliches Zwittergeschöpf“, quasi „ein drittes

Geschlecht sein". Beim Manne hingegen sei es anders: „Die Kunst ist vom Mann für den Mann gemacht; sie konnte nur entstehen, weil die männliche Einseitigkeit ihrer als Medium zur Harmonie bedarf."

Diese Behauptung zeugt keineswegs von einem intakten männlichen Selbstbewusstsein, sondern von krassen Vorurteilen, die beide, Frauen und Männer, in ihrer natürlichen Entfaltung hemmten. Die sogenannten irrationalen Ängste selbst überdurchschnittlich Begabter haben darum immer auch eine logische Ursache. Viele Frauen haben in diesem Zusammenhang unbewusst die Ängste, nicht gut genug zu sein, von ihren Großmüttern und Müttern übernommen. Die Männer nicht weniger. Auf ihnen lastete ein ungeheurer Erfolgsdruck. Sie sollten sich männlich, erfolgreich, nicht gefühlig, wissend, bestens ausgebildet und moralisch einwandfrei darstellen. Vieles im Leben, das dann trotzdem gelebt werden wollte, wurde heimlich getan.

Auch das ist eine Bürde für die Nachfahren. Da nie alles, was erlebt, gedacht, gefühlt, getan wird, auch besprochen und verarbeitet wird, geistert es in den Gemütern weiter umher. Daher sind wir auch immer wieder neu mit Schriften und Filmen konfrontiert, die das Grauen darstellen. Seit vielen Jahren verfolgt uns das Krimi-Genre, als gäbe es keine anderen Geschichten mehr außer brutalen Morden und anschließender Vertuschung. Die Fassade der Gesellschaft ist inzwischen derart eingerissen, dass die Menschen insgesamt schon dem Guten misstrauen und nur auf den Zeitpunkt warten, bis es sich doch als Böses entlarvt. Dazu kommen Gewalt- und Horrorfilme, das Pornogenre samt Pädophilie, das ungezügelte Internet, dazu die echten Kriegsschauplätze, wo sich all das vereint und wiederbelebt wird, was das Grauen in den von Krieg und Gewalt erschütterten Gemütern ausgelöst hatte.

Das erzeugt neue Angst.

Was tun mit der Angst, konkret oder nicht konkret?

Auch hier sind wir persönlich und gesellschaftlich gefragt.

Wichtig ist zunächst, die Angst nicht prinzipiell zu verdammen, sondern ihr den angestammten Platz zuzuweisen, nämlich den der Gefahrenvermeidung. Ängste sind dazu da, ernstgenommen zu werden. Die Angst vor der schwindelerregenden Höhe, der klaffenden Tiefe, dem unkontrollierten Feuer, der schneidenden Kälte, der brüllenden Hitze, der aufblitzenden Aggression eines Menschen, der hungergesteuerten Aggression eines Tieres dient dazu, uns vor Verletzung oder Tod zu bewahren.

Die psychischen Verwerfungen, bei denen kein Bezug zur konkreten Gefahrenvermeidung hergestellt werden kann, sind schwieriger offenzulegen. Dabei sind die bereits offengelegten Ängste natürlich leichter zu bearbeiten als die verdrängten. Ein Mensch, der Angst vor dem Versagen hat und dies auch äußert, ist eben schon einen Schritt weiter gegangen als der Mensch, der sich noch abhetzt und unter Druck setzt, um vor dem Angstgefühl des Versagens zu flüchten.

Indem wir die Angst nicht nur spüren, sondern auch anerkennen und ihr auf den Grund gehen, ordnet sie sich als Erfahrungsschatz ein und kann uns reicher, sprich weiser machen. Die Frage im persönlichen Zusammenhang muss also lauten: „Woher kommt meine Angst, welche konkreten Ursachen sind im Familienerleben zu finden, welche angstauslösenden Erfahrungen habe ich gemacht? Wie habe ich darauf reagiert? In welchem Bezug steht meine Reaktionsform als Kind zu der Reaktionsform des Erwachsenen?"

Wenn wir uns unsere Antworten geben konnten, gehen wir den nächsten Schritt. Eine effektive Möglichkeit besteht darin, die einzelnen Ängste aufzuschreiben und daneben zu notieren, wie wir demnächst damit umgehen möchten. Mittels unseres Zauberschlüssels, des freien Willens, können wir uns neu und lösungsorientiert „programmieren."

Wir beschließen in einer Krisensituation nicht zu sagen: „Vorsicht! Achtung! Gefahr! Das klappt bestimmt nicht! Ich schaffe das nicht!“, einer Ansage, die die Angst im System wachsen lässt. Wir geben stattdessen die hoffnungsfrohe und stärkende Devise aus: „Es gibt immer eine Lösung. Das wird schon klappen. Ich schaffe das.“

Die Angst verringert sich sofort, und wir haben halb gewonnen. Ganz gewonnen haben wir, wenn wir diesen Gedanken solange in uns tragen, bis die Lösung gefunden ist. Im Grunde ist das ein wissenschaftlicher Ansatz. Wenn sich Forscher nach einer Niederlage verletzt und entmutigt zurückziehen würden, gäbe es keinen Fortschritt.

Viele Ängste ranken sich um Beziehungsfragen. Haben wir Angst, verlassen zu werden, geraten wir meistens in Panik oder Lethargie. Unsere geistige Kommandozentrale, deren klarsichtige Vorsitzende wir eigentlich sein sollten, stößt Sätze aus wie: „Oh Gott, sie/er wird sichergehen. Es ist aussichtslos. Ich bin einfach nicht liebenswert. Ich kann nichts machen. Ich bin vollkommen zerstört. Ich werde nicht ohne sie/ihn zurechtkommen.“

Unser System Seele-Körper geht folgerichtig zu Boden. Alles wird sich zum Schlechtmöglichsten verwickeln. Auch am Boden sind natürlich Erfahrungen zu finden, an denen wir wachsen. Wir können aber entscheiden, schmerzloser zu lernen.

Wir können uns nämlich daran erinnern, dass wir geistgesteuerte und sehr intelligente Wesen sind, die nicht auf ihren Untergang hinarbeiten wollen, sondern auf persönliches und im besten Falle auch überpersönliches Glück hinarbeiten. Und so denken wir die Sätze: „Sie/er ist ein freies Wesen, genau wie ich. Ich liebe sie/ihn und wünsche mir, dass wir zusammenbleiben. Ich werde mein Bestes geben und beim anderen das Beste ansprechen. Wir werden eine Lösung finden. Selbst, wenn wir nicht zusammenbleiben können, werden wir in würdige Form auseinandergehen. Besteht aber noch eine Chance dadurch, dass wir einen Kompromiss finden, weil ich mich womöglich in den Bereichen ändere, in denen ich mich unsozial und lieblos verhalte, werde ich diese Chance ergreifen."

Daraufhin wird im System Seele-Körper das Material zur Verfügung gestellt, welches wir für lösungsorientiertes Handeln benötigen. Wenn sich unser Geist weiterhin dazu entschließt, bei seinem erstellten Konzept zu bleiben und es nicht sofort aus dem Fenster zu werfen, sobald sich eines öffnet, wird sich alles zum Bestmöglichen entwickeln.

Haben wir Angst, gekündigt zu werden, können wir nach diesem Prinzip vorgehen und denken: „Ich bin ein freier Mensch. Ich liebe diese Arbeit und werde sie weiter ausüben. Hier oder anderswo. Ich werde nicht untergehen!"

Das ist angstfreies, kraftvolles Denken. Wir müssen also nur das eine aufgeben und das andere wieder zu uns nehmen. Den Wunsch, jemand anderer möge für uns handeln, uns retten, uns sagen, was wir tun sollen, dürfen wir frohgemut aufgeben. Unsere frühkindliche Kraft aber, unsere Wachheit und Präsenz, unser Selbstvertrauen, unseren Erfindungsreichtum, unsere Lockerheit und Risikobereitschaft sollten wir wieder zu uns nehmen, um dann unsere Ziele zu setzen und darauf zuzusteuern. Mit anderen Worten geht es darum, mutige, humorvolle und lösungsorientierte Präsenz im Augenblick zu zeigen, ohne uns von einem Gestern oder Morgen einschüchtern zu lassen. Im spirituellen Sinne hieße das: Das reine Sein in entspannter Aktion.

BESSERWISSEREI

Während wir etwas besser zu wissen glauben,
ahnen wir zugleich das, was wir besser wissen sollten.

Deutschland war einst eine Besserwisser-Nation. Das hat nachgelassen, auch aus dem Grunde, weil das Bildungsvolumen, wie Studien schon ergeben haben, in vielen Köpfen insgesamt sinkt, während das verfügbare Wissen im Internet insgesamt steigt, wobei das Internet keine Gewähr für Wissen und Wahrheit übernimmt, weil nicht alles wahr ist, was dort zu lesen ist. Auch haben in der Vergangenheit viele Menschen viel oder etwas gewusst, von dem sich später herausstellte, dass es nicht mit dem übereinstimmte, was wirklich vorgegangen war; oder sie wussten etwas, von dem jemand anderer wollte, dass sie es als Wahrheit abspeicherten, obwohl klar war, dass das, was die anderen die anderen glauben machen wollten, erlogen und manipulativ war. Wissen relativiert, transformiert und erneuert sich. Immer wieder neu und an unverhofften Orten finden wir zum Beispiel den ersten, aufrecht schreitenden Homo Sapiens. Die Vorstellung des Klassizismus, die Antike sei hehr und rein gewesen entsprach ebenso nur einem „frommen Wunsch" wie der Glaube, romanische Kirchen seien schlicht und unbemalt gewesen. Ebenso der Glaube, die eine Volksgruppe sei besser als die andere, ein Glaube sei wahrer als ein anderer, der Mann sei klüger als die Frau und vieles mehr.

Was aber ist Wissen und was Wahrheit?

Das fragte sich nicht nur Pontius Pilatus, bevor er, wider besseren Wissens, das Urteil sprach und seine Hände in Unschuld wusch. Inzwischen wird sogar die Existenz dieses Pontius Pilatus bezweifelt, weil man nicht weiß, ob dem römischen Geschichtsschreiber Tacitus zu trauen ist, der diesen Mann nur beiläufig erwähnte. Aber wer will schon auf die beeindruckende Geschichte einer widerwilligen Verurteilung eines durch und durch von Liebe durchdrungenen Propheten verzichten? Obwohl wir ja auch nicht mit Sicherheit sagen können, ob diese Kreuzigung stattgefunden hat.

Wer sich also auf das Besserwissertum einlässt, hat einen mächtigen Gegner: Die relative Wahrheit. Sie passt sich, wie Wasser, überall dem an, der sich ihrer, im Prinzip, bedient. Wir werden durch den Segen und Fluch weltweiter digitaler Kommunikation überschwemmt von einem Durcheinander nützlicher und kontraproduktiver Berichte, einem Mix aus Klugheit und Dummheit, Cleverness und Unverschämtheit, Gutwilligkeit und Neid, Marktschreierei und Wissen.

Gut, dass es die Wissenschaft gibt. Wenigstens ergibt eins und eins zwei. Wenn es sich dabei um einen Apfel und eine Birne handelt, müssen wir natürlich schon differenzieren. Und da es sich bei den Früchten um verderbliche Ware handelt, wird aus eins und eins eine relative Null, wenn man lange genug gewartet hat. Oder differenzierter gesprochen: Jedes der beiden Einser verwandelt sich in Kompost, zerbröckelt, diffundiert gewissermaßen, verschmilzt mit dem anderen und wird, strenggenommen, nicht null, sondern eins, ohne dass man exakt nachweisen kann, dass, wie und in welcher Form es vorher zwei waren. Aus der Sicht der reinen, wissenschaftlichen Rechnung wäre das trotzdem eine erschreckende Null, denn wenn sich eine Zwei in eine Eins verwandelt und mathematisch gesehen in eine Null, da die Gegenstände sich, so wie sie vorher waren, aufgelöst haben und nicht mehr berechenbar sind, dann ist das der Supergau des reinen Verstandes. Ohne Philosophie und Religion kommen wir oft nicht weiter.

Der aktuell noch amtierende amerikanische Präsident hat aus dem Umgang mit relativer Wahrheit eine regelrechte Kunst gemacht. Seine schnellststerblichen, wissensfernen und jeglicher Grundlage entbehrenden Eintagsfliegen-Tweets haben schon manchem Zeitgenossen die Gehirnwindungen zusätzlich verwickelt. Womöglich ist dieser Held mit der gelben Zeichentrick-Föhntolle prominentes Opfer des Opioid-Skandals, und hat, wie viele seiner zum Teil sehr jungen Landsleute, schon zu lange jene Schmerzmittel konsumiert, die von der amerikanischen Pharmaindustrie als vollkommen harmlos eingestuft worden waren; ähnlich harmlos übrigens, wie das hochtoxische, weltweit landwirtschaftlich genutzte „Round-Up" von Monsanto. Oder genauer: Es wurde solange als harmlos eingestuft, wie es sich noch in amerikanischen Händen befand. Mögen sich nun die Deutschen durch ihre arglose Übernahme der Firma samt endlosen Millionen-Schadensersatzklagen durch den Bayer-Konzern die Zähne an der Unwahrheit ausbeißen, die schon viele Geschädigte in Krankheit oder Tod getrieben haben. Nicht, dass sie nicht gewarnt worden wären.

Besserwisserei entsteht aus dem Kampf um Respekt und Positionierung, Machtwillen und Übermachtsfantasien. Sie war deshalb so lange so tief in unserer Gesellschaft verwurzelt, weil die Systeme hierarchisch aufgebaut waren. Es galt, dass derjenige über uns immer bessergestellt war und mehr wusste bzw. wissen musste als wir. Zuerst galt dies für Vater und Mutter und insgesamt für alle Erwachsenen, die Lehrer, Ausbilder oder Professoren, schließlich die „Brötchengeber." Über allem schwebte die Staatsführung, König, Königin oder sonstige weltliche und kirchliche Adelige mit ihren ausführenden Organen, die auch wieder mehr zu wissen und können hatten, als die unter ihnen Stehenden. Dass auch damals eine hohe Position nicht unbedingt auf einen Wissensvorsprung zurückzuführen war, ist leider allzu häufig durch die Geschichte erwiesen.

Ein gut ausgebildeter Besserwisser war König Karl XII. von Schweden. Dieser Spross aus hohem Adel wurde von seinem Vater praktisch seit seiner Geburt in den Fächern Reiten, Fechten, Jagen unterrichtet, von der Mutter umfassend und allgemein gebildet, später von ausgesuchten Lehrern in Staatsführung, Naturwissenschaften, Literatur und Geschichte unterwiesen und übernahm sein erstes Regiment mit sieben. Dass er sich von niemandem mehr etwas sagen ließ, ist klar. Ungestüm wie er war, beging der Junge viele mutwillige Bubenstreiche, warf den Bürgern die Fensterscheiben ein, jagte Bären mit Gabelstöcken und wagte immer wieder sein Leben und das seiner Gefährten. Später verstrickte er das ihm anvertraute Land samt Bürger in lebenslange Kriegshandlungen. Diese waren aufgeflammt, als der Vater im Jahre 1697 plötzlich starb. Um regieren zu können, übte der 15jährige Druck auf den schwedischen Reichstag aus, der ihn folgsam für volljährig erklärte. Eigenhändig setzte sich Karl die Krone auf, ein eindrucksvoller und nie gesehener Akt der Selbstermächtigung, den der Preußenkönig Friedrich I. wenig später imitierte.

Die Herrscher von Russland, Dänemark und Sachsen, die bei sich gedacht hatten, diesen Knirps leicht überwältigen zu können und sofort angriffen, hatten mit Karls Eigensinn und Stärke nicht gerechnet. Schweden ging allerdings, nach anfänglichen Erfolgen, aus den langjährigen Kampfhandlungen geschwächt und hochverschuldet hervor. Karl hatte sein Bestes gegeben. Wissen hatte er ja ausreichend angesammelt. Er konnte zum Beispiel mühelos große Summen im Kopf multiplizieren, sprach fließend Latein und Deutsch und verstand Französisch. Und doch nützte es ihm und seinem Volk nichts. Viele Schweden lebten im Elend, und keine hundert Jahre später hatte das Mutterland alle seine Besitzungen außerhalb des Ostseeraums, Finnland eingeschlossen, verloren.

Voltaire verfasste eine damals viel beachtete Biographie über den Schwedenkönig und schrieb darin: „Er steigerte alle Heldentugenden bis zu einem Grade, dass sie ebenso gefährlich wurden, wie die entgegengesetzten Laster." Zu Wissen und Idealismus muss unbedingt Reife, Weitblick, Großherzigkeit und Toleranz kommen. Karl hingegen war unbeherrscht, besserwisserisch, rachsüchtig und verschwenderisch. Verzichten konnte er indes gut. Wenn es um seine Ideale ging, legte er keinen Wert auf Luxus. Als während einer Belagerung ein schwedischer Soldat zu ihm kam, sich über die mangelhafte Verpflegung beschwerte und ihm zum Beweis einen Kanten schimmeliges Brot gab, aß der König das Brot und meinte dazu: „Gut ist es nicht, aber man kann es doch essen."

Was wir aber wirklich und wahrhaftig brauchen, sind keine besserwisserischen Helden, die uns ins Unglück stürzen, sondern angewandtes echtes Wissen. Echtes Wissen ergibt sich aus dem Leben und aus dem neugierigen und geduldigen Studium dessen, was andere uns im Zusammenhang mit ihrem Leben auf Erden hinterlassen haben. Daraus eine Konkurrenzsituation zu schmieden ist zwar typisch menschlich, deshalb aber auch nicht besser. Wie schön wäre eine wissensdurstige Menschheit, die untereinander alles austauschte, ohne dem anderen neidisch oder böswillig etwas vorzuenthalten! Das Internet sollte eigentlich diese globale Wissens-Plattform werden, wurde aber infiltriert von Böswilligkeit, Engstirnigkeit und Fehlinformationen.

Also hilft nichts: Wir sollen zurück zu eigenem Erleben gehen, eigenem Erfahrungsaustausch, eigenem Studium und dem darauffolgenden Abspeichern von echtem, möglichst gelebtem oder angewandtem Wissen im Gehirn. In diesem Zusammenhang nützt es wenig, auf das Wissen im Netz zu verweisen und deshalb nichts mehr im Kopf zu speichern. Wenn der Strom ausfällt, ist kein Wissen mehr da, und wir fallen zurück in die Steinzeit. Genug Wölfe im Wald sind zumindest schon wieder da, um uns das Prinzip des Jagens und Gejagtwerdens wieder nahezubringen. Dann können wir unsere Besserwisserei wieder darin ausleben, wer die bessere Falle baut und in der Beantwortung der Frage wetteifern, ob Fliegenpilze essbar sind. In diesem Falle ist es natürlich lebensnotwendig, etwas besser zu wissen.

Wissen ist Macht. Besserwisserei ist Ohnmacht. Denn Wissen muss erarbeitet werden. Früher profitierten die Besserwisser davon, dass ihre Behauptungen nicht sofort überprüft werden konnten. Insofern haben sie es mittlerweile schlechter, da sie durch einen Griff zum Handy entlarvt werden könnten. Ihre Gegenwehr kann dann in der Bezichtigung der Wahrheit des anderen als „falsche Wahrheit“ sein (Fake News).

IDEALISMUS

Ohne das Eingehen von Risiken lebt es sich gefährlicher.

Idealismus ist uns lieb und teuer. Wer würde nicht von sich behaupten, das Ideal einer heilen Umwelt, eines harmonischen Zusammenlebens und allgemeiner Ziele wie Liebe, Respekt, Toleranz, Weitsicht, Vernetzung und soziales füreinander Einstehen anzustreben? Wie die Ideale im Einzelnen in Handlung umgesetzt werden, spaltet sich bei jedem Einzelnen in ebenso viele Äste und Zweiglein auf wie bei einem Baum. Selbst bei prinzipieller Übereinstimmung kommt es zu mannigfachen Abweichungen. Deshalb ist es auch so schwierig, eine Gruppe auf ein gemeinsames Vorgehen einzustimmen. Auch wenn es beispielsweise beim Chorsingen oder Orchesterspiel zeitweilig gelingt, die Gemeinschaft auf das einzuschwören, was zur Herstellung allgemeinen Wohlklanges unerlässlich ist, fällt ebenso schnell alles wieder in das alltägliche Hickhack auseinander.

„Du hast zu hoch gesungen."

„Warum hat er so spät eingesetzt?"

„Der Dirigent versteht mal wieder sein Handwerk nicht."

„Mein Solo wurde verschleppt..."

So sind wir Menschen. Eben noch feiern wir Harmonie und ultimative Schönheit, und schon produzieren wir wieder die Dissonanzen, die zwar keiner mag und anstrebt, aber trotzdem durch Gedanken, Gefühle, Worte und Taten nährt.

Was wäre wenn? Wenn wir zum Beispiel alle fürsorglich und warmherzig geliebt und individuell angemessen ins Erwachsenenalter begleitet worden wären, wären wir dann jetzt bessere Menschen? Wären wir alle liebevoll, herzlich, sozial, gerecht und uneigennützig? Wahrscheinlich nicht. Wir sind individuelle Wesen mit sehr eigenen Herangehensweisen. Obwohl wir uns als Kinder mehr oder weniger stark an die vorgefundenen Gegebenheiten anpassen, gehen wir doch sehr unterschiedlich damit um.

Aber: Selbst wenn wir als Kinder keine optimalen Bedingungen vorfinden, können wir doch immer etwas dazulernen. Was wir lernen, wie wir damit umgehen, welche Ziele und Verwirklichungsmethoden zur Erreichung dieser Ziele wir entwickeln, ist sehr subjektiv.

Die gute Nachricht: Wir passen uns zwar an, verfügen aber über ein autonomes Gehirn und Herz, die uns beide gemeinsam sicher aus einer empfundenen Überfremdung herausführen können, wenn wir dies wollen und tätig anstreben. Auch wenn es Mühe und Ehrlichkeit kostet, uns samt unserem authentischen Verhalten wiederzufinden, ist es doch möglich. Wie idealistisch das Wesen sein wird, das bei der Rückverwandlung in die eigene Wahrheit herauskommt, wird sich zeigen.

Nur in Krisensituationen lässt sich herausfinden, wessen Idealismus der Realität standhält. Sobald äußere Ordnungen zusammenbrechen, zum Beispiel bei Revolutionen, Bürgerkriegen und Naturkatastrophen, erweist sich das Ausmaß an Liebe, die jeder zu geben imstande ist. Im relativ abgesicherten Alltag, im Wohnzimmer eines Hauses, im Büro, am Cafétisch oder an der Theke der Lieblingskneipe lässt sich Idealismus gut verlautbaren. Im Chaos eines Zusammenbruchs geht es nicht mehr um Worte, sondern um Taten.

In diesem Zusammenhang wird auch klar, dass sich Liebe nicht verhandeln lässt. Ideale Liebe kennt keine Bedingungen.

Die Formel: „Wenn du tust, was ich will, schenke ich dir meine uneigennützige Liebe", verfängt nicht, weil jeder zu schlau dafür ist und den Widerhaken nicht schlucken will.

Dafür funktioniert Folgendes, weil es nicht verlogen, sondern unverstellt pragmatisch und unidealistisch daherkommt: „Wenn du das tust, was ich will, gebe ich dir dies und das dafür."

Das ist die gute, alte Basis der gegenseitigen Verpflichtung. Freiwillige Gaben ohne Gegenleistung kommen nur bei Liebenden vor. Ist der eine eher liebend und uneigennützig, der andere eher nicht, entsteht ein Gefälle, eine nicht weg zu diskutierende Ungleichgewichtung. Wenn nun eine Notsituation eintritt, kann es die verpflichtende und die freiwillige Verpflichtung geben. Ich kann jemandem helfen und auf eine Gegenleistung pochen. Dann bin ich hilfreich und eigennützig zugleich. Ich kann aber auch uneigennützig handeln und einfach nur helfen wollen. Bekomme ich dann eine Gegenleistung, ohne diese erwartet zu haben, sozusagen eine uneigennützige Gegenleistung, ist dies schön und erfreut das Herz. Wenn alle wenig haben und trotzdem teilen, ist das erfreulich und wohltuend. Das Herz verkrampft sich indes, wenn Eigennutz, Eifersucht, Hass und Vorteilssuche das Handeln des Menschen bestimmen.

Idealismus ist schwer zu verwirklichen. Am nächsten kommt man ihm, wenn man zur eigenen Basis zurückkehrt. Was wäre für mich als Kind ideal? In der ZEIT vom 12.9.2019 beantwortete die siebenjährige Annie folgende Fragen:

1. Glücklich macht mich: „Geschenke."

2. Dieses Ereignis in der Welt beschäftigt mich: „Plastikmüll."

3. Die Erfindung wünsch ich mir: „Zimmeraufräummaschine."

4. Das kann man abschaffen: „Hendys."

5. Das würde ich meinen Eltern gerne beibringen: „Ohne Hendys leben."

Da kommen wir einem Ideal schon konkret näher. Was brauchen Kinder also am allermeisten?

1. Sie lieben natürlich Geschenke. Ein Geschenk ist eine Zuwendung. Es ist das Symbol für die Liebe, die wir idealerweise zusammen mit einem Gegenstand verschenken. Wir würden die Liebe auch ohne Gegenstand verschenken. Der Gegenstand ist nicht wirklich wichtig. Hätte die kleine Annie die Wahl zwischen Mutter/Vaterliebe und Geschenk, würde sie, vielleicht nach einem Zögern, die Liebe nehmen.

2. Kinder brauchen idealerweise eine gesunde Umwelt, in der kein Müll herumliegt. Ich komme gleich darauf zurück.

3. Sie wünschen sich weniger Pflichten und mehr Zeit zum Spielen, Experimentieren, Träumen. Zimmeraufräumen ist natürlich lästig. Jeder hat sowieso sein eigenes Ordnungsprinzip, auch wenn andere, zum Beispiel Mütter, dies nicht einsehen wollen. Doch eine irdische Grundstruktur gehört zu einem Ideal, das nicht zu verachten ist. Kinder, die sich schon früh eine solche Struktur geben konnten, finden es später leichter, Strukturen herzustellen. Der Zwang zum Zimmeraufräumen darf aber nicht ausarten. Ein gesunder Mittelweg kann immer gefunden werden.

4. und 5. Die letzten beiden Punkte bringen es auf den Punkt. Das Kind wünscht sich liebevolle Hinwendung und Zeit von seinen Eltern. Das Handy ist somit der natürliche Feind des Kindes. Dem Kind auch noch im frühen Alter ein Handy zu schenken, gleicht einem Massaker an seiner Lebensführung. Die Eltern, die dies tun, meinen es nicht böse. Oft können sie sich dem Strom der Zeit und der Gesellschaft nicht widersetzen. Ihre Kinder wollen auch nicht die einzigen Kinder sein, die kein Handy besitzen dürfen. Und trotzdem ist dieses kleine technische Gerät für die Kinder reines Gift!

Auch wir brauchen Liebe und Zeit, denn wir waren ebenfalls diese Kinder, die vielleicht nicht das Ideal, sondern, aus durchaus nachvollziehbaren Gründen, zu wenig Liebe und Zeit bekommen konnten. Wir sind ja sogar immer noch diese Kinder, die vielleicht zu wenig Liebe und Zeit bekommen, weil wir sie uns selber nicht mehr zugestehen. Aber wir hatten, im Gegensatz zu den armen handysüchtigen Kleinen unserer Zeit, noch die Natur, in der wir herumtoben, bauen, forschen, rennen, buddeln, Sachen suchen, gestalten konnten. Und wir wissen aus glückshafter, idealer Erfahrung, wie viel Erholung und Kraft uns die Natur zur Verfügung stellen kann, wenn wir uns ihr anvertrauen, indem wir wandern, radfahren, bergsteigen und vieles mehr.

Kinder bleiben wir bis ins hohe Alter. Nicht umsonst gibt es nur wenig Menschen, die sich so alt fühlen, wie sie den Jahren nach sind. Viele fühlen sich viel, viel jünger und schauen erstaunt und ungläubig in den Spiegel, der die gelebten Momente im Gesicht festgehalten hat. Diese Momente ergeben in ihrer Summe viele Jahre, in der Essenz jedoch gerinnen sie immer zum gelebten Augenblick, zum allgegenwärtigen und unschlagbaren JETZT.

Hier, in diesem JETZT entfalten sich die wahren Glücksmomente. Ideale Situationen sind diejenigen, in denen wir intensiv einer Beobachtung oder einer Beschäftigung nachgehen, uns „im Freien" aufhalten, etwas lesen, verstehen, musizieren, malen, tanzen, ein Problem lösen, uns mit Menschen zusammenfinden, die uns nahestehen und vieles mehr. Und auch eine Gruppe kann ideal sein, wenn eine harmonische, respektvolle Grundstimmung vorherrscht, auf kritische und verletzende Bemerkungen verzichtet und jedem Einzelnen der notwendige Entfaltungsraum gegeben wird. Viele Menschen kennen und lieben Gruppen dieser Art. Sie geben ihnen ein Heimatgefühl und vermitteln den Mitmenschen den Eindruck, wichtig und einzigartig zu sein. Um eine ideale Gruppendynamik zu erreichen, ist der Wille zur Liebe und Güte, zum Mitgefühl, zur Kompromissfähigkeit und Integration des womöglich Widerständigen, Sonderbaren, Schroffen unerlässlich. Alle Gruppenmitglieder wachsen an der Verwirklichung dieser Ideale.

UMWELT

Umwelt ist Welt unter bedrohten Vorzeichen

Inzwischen produziert schon allein Deutschland so viele Überschüsse, dass Milliarden von Waren, die nicht verkauft wurden, oft sogar im Neuzustand entweder verbrannt oder geschreddert werden. Mensch und Umwelt werden gnadenlos ausgebeutet - für nichts und wieder nichts. Ölfirmen scheinen nach neuen Feldern Ausschau zu halten, um sich auszutoben. Daher stammt wohl auch der Berg von Plastikkleidung mit Nachweis-Zettelchen, die beispielsweise auf Shell verweisen. Kordmäntel sind inzwischen nicht nur vom Innenfutter her aus Polyester, sondern komplett aus Plastik im Stil à la Kord. Auch die großen Mode-Designer scheuen inzwischen nicht vor der Billigfertigung mit minderwertigen Stoffen zurück, mit denen die Altkleiderhändler nichts mehr anfangen können, da sie für die Entsorgung dieses Müllaufkommens, das diese Pseudostoffe darstellen, viel Geld bezahlen müssen. Der sehr lehrreiche und prophetische Film „Wall.e - Der letzte räumt die Erde auf“ sollte in allen Schulklassen vorgeführt werden.

Der industrielle Fischfang räumt nach wie vor mit riesigen Schleppnetzen alle Fische samt Meeresboden ab, sodass irreparable Schäden entstehen. Die Supermärkte in den traditionellen Fischerregionen sind voll, da schon seit langem Fische verschoben werden; dort, wo es noch welche gibt, verschiebt man sie dahin, wo sie rar geworden sind.

Es gibt unzählige Beispiele.

„Wenn du nichts tust, tu ich auch nichts,“ ist eine beliebte Formulierung und Handlungsweise der Eigennützler. Der Nachbar fährt jeden Morgen mit dem Auto zum Bäcker an der nächsten Ecke? Was der kann, kann ich auch. Nachbar A spritzt mit Glyphosat? Wenn der es noch tut, tu ich es auch, solange, bis es verboten wird, sonst hat der am Ende noch eine bessere Ernte. Die Bienenvölker, die dann abkratzen, kann ja der Imker drei Häuser weiter immer wieder neu kaufen, die gibt es quasi im Supermarkt. Nachbarin B putzt täglich mit scharfen Chlormitteln? Da will ich nicht zurückstehen, es soll niemand behaupten, sie hätte es sauberer als ich. Ehepaar C spekuliert an der Börse und hilft so bei der Preistreiberei von Rohstoffen? Da bin ich dabei. Wenn sie es schaffen, eine Yacht zu kaufen, dann schaffe ich es auch. Wenn ich dann noch ein bisschen Geld überhabe, kümmere ich mich um mein Umweltverhalten.

Auch wenn jemand es im Prinzip für einen richtigen Weg hält, mehr Verzicht zu üben und die Umwelt zu schonen, kann es sein, dass sie/er auf umweltschonendes Verhalten kritisch reagiert:

„Du kaufst beim Einzelhandel, um ihn zu unterstützen? Reine Dummheit.

Du kaufst Bio, um die Gesundheit aller zu fördern? Reine Naivität.

Du verzichtest auf Einweg-Plastikflaschen, um den Müll zu reduzieren? Bringt eh nichts.

Du verschenkst etwas, das du hättest verkaufen können? Ja, wer's hat...

Du stiftest Geld für einen guten Zweck. Ja, wenn das mal nichts Erlogenes ist.

Du gibst einem Bettler Geld oder Nahrung? Das sind doch alles Banditen.

Du fliegst keine weite Strecken mehr? Schlägt sich eh nicht in der Bilanz nieder.

Du schaffst den SUV ab? Reine Propaganda."

Ideal und unerlässlich für unser Wohlergehen ist eine schöne Umgebung. Schön ist eine Umgebung dann, wenn die Gesetze der Ästhetik wirken dürfen. Eine Landschaft ist dann schön, wenn sie aus sich heraus gestaltet wurde, also nach den urtümlich ästhetischen Naturgesetzen oder wenn ein ästhetisches Einwirken durch Tier oder Mensch stattgefunden hat. Über Geschmack lässt sich streiten, doch wir können uns darauf einigen, dass das Ideal einer harmonischen Umgebung sicher nicht in zugepflasterten und baumlosen Betonwohneinheiten mit 40 Etagen zu finden ist, auch nicht in giftfarbengeweißten Schuhschachtel-Einfamilienhäusern mit Kiesbeet und Riesencarport für die viel zu großen Autos. Verschandelte Städte, Industriegebiete, zugemüllte Landschaften, vergiftete, fischlose, umgeleitete, in Rohre verlegte Flüsse, gefällte, abgebrannte oder in Reih und Glied aufgeforstete Wälder, pestizidverseuchte Monokulturplantagen - all das würden wir nicht als harmonische Umgebung bezeichnen. Deshalb fühlt sich der Mensch dort auch nicht wohl. Welche Ideale soll ein Kind entwickeln, das in einer solchen Umgebung aufwächst? Es wird sich an einen schöneren Ort träumen.

In Korogocho, einem Slum von Nairobi, träumen sich die Kinder des Jugendorchesters „Ghetto Classics" an einen solchen idealen Ort. Die Musik gibt ihnen Halt, selbst wenn sie im Angesicht der giftig qualmenden Müllhalden Geige oder Flöte üben. In diesen Augenblicken sei er weit, weit von Korogocho entfernt, sagt ein Junge, in diesen Augenblicken glaube er an das Gute und an eine Zukunft. Das Ideal heißt Sauberkeit, Schutz, Nahrung, Unterkunft, ein Ziel, das glücklich und erfüllt sein lässt. Die klassische Sängerin aus Nairobi, die das Orchester gründete, schenkte diesen Kindern aus Idealismus ihre Liebe und Zeit.

Wenn wir uns nun darauf einigen können, dass wir eine unversehrte Natur als Ideal empfinden, können wir, jede/r Einzelne von uns, darauf zuarbeiten. Wir können versuchen, selbst so wenig wie möglich unsere Umwelt zu schädigen.

Wir können, ohne besserwisserisch aufzutreten, auf Umweltschäden und -sünden hinweisen und sie von vorneherein verhindern helfen. Sich beschleunigender Rohstoffabbau an Kohle, Öl, Gas, Kies und anderes muss viel besser kontrolliert und drastisch verringert werden. Kohleabbaugebiete leiden zunehmend unter den Spätfolgen der Durchlöcherung der Lebensgebiete, die Erde sackt allerorten einfach ein. Hohlräume unter der Erde haben die Eigenschaft, sich mit Erde oder Wasser füllen zu wollen. Wie werden wir damit umgehen? Das gefrackte Gas erzeugt Erdbeben, zudem Vergiftungen des Grundwassers. Der Kiesabbau entfernt die schützende Filterschicht. Mit jedem neuen Gebiet, für das Wälder gefällt und naturnahe Gebiete zerstört werden, gefährden wir auch immer wieder unser durchsichtiges und lebenswichtiges Gold - das Trinkwasser!

Wenn wir irgendwohin reisen, wird dies sicherlich nicht ein Tagebaugebiet sein oder eine Hölle, wie sie im kanadischen Alberta zu finden ist, wo sich das zweitgrößte Ölvorkommen der Welt neben Saudi-Arabien in Form von Ölsand befindet. Monstergroße Maschinen zermalmen dort die bis dahin unberührten Urwälder, der Mutterboden wird unaufhaltsam abgetragen, um an die Ölsandschicht in 30 Metern Tiefe zu gelangen. Viele Kanadier sind inzwischen aufgeschreckt und protestieren, was die großen Ölfirmen noch nicht beeindruckt.

Wir alle wissen, dass dies nur eines von erschreckend vielen Beispielen ist. Doch wenn jeder von uns genügend Idealismus für die Teilnahme an nur einem einzigen wehrhaften Projekt aufbringt, das sich gegen Umweltschädigung und/oder Zerrüttung von Gerechtigkeit und Menschlichkeit wendet, glaube ich nicht, dass wir dies bereuen müssen. Die uneigennützige Gegenleistung wird von den zunehmend heilen Menschen gebracht. Und von der Mutter Erde selber: Sie wird gesunden. Und nur eine gesunde Mutter Erde kann uns, ihre Kinder, schützen und erhalten.

DAS GESCHENK ECHTER BILDUNG

Es ist schlimmer für unsere Kinder,
wenn wir Angst vor Fehlern haben,
als wenn wir welche machen.

Die Gleichmacherei von Einzelwesen ist immer ein schlechtes Prinzip gewesen. Alle totalitären Systeme, die das versucht haben, erhielten ein unzureichendes Resultat. Denn wenn Menschen zu grauen Einheitswesen degradiert werden, geben sie nicht ihr Bestes, sondern, aus Angst, Anpassungsdruck und Bequemlichkeit, etwas Mittelmäßiges, das sie von den anderen nicht zu sehr abhebt. Besser für sie und ihre Sicherheit ist es nämlich in einem solchen Zusammenhang, leistungsbezogen nicht zu gut und nicht zu schlecht zu sein. Doch sogar außerhalb eines totalitären Systems gilt in einigen der deutschen Bundesländern häufig und schon seit bald fünfzig Jahren: Wer „zu gut" ist, ist ein böser „Streber." Wer in den siebziger Jahren „gut" war, bewies, dass die Bildungschancen schlecht verteilt waren, denn sie/er stammte sicherlich aus bildungsnahen und bevorzugten Schichten, während den anderen der Zugang zum Gymnasium verwehrt blieb. Das stimmte nur bedingt, denn es existierte ein System der Förderung herausragender Schüler; diese fanden meistens Lehrer, denen ihre Leistungen auffielen und die ihren Fortgang begleiteten und sich für sie, bei Eltern und Professoren einsetzten. Trotzdem fiel es den Angehörigen der „besseren" Schichten leichter, Bildung zu erwerben und zu nutzen.

Inzwischen ist aber ein unfreiwilliger und gegenteiliger Effekt eingetreten. Die aktuelle Breitenförderung im Gießkannenverfahren plus leichtfertig verordneter Inklusion auf Kosten der Begabten und nach Wissen Strebenden macht nicht, wie erhofft, alle gleich glücklich. Die einen sind unter-, die anderen überfordert. Dabei würden die Bildungspolitiker sofort verkünden, die Kinder und Jugendlichen sollten etwas Nützliches und Sinnvolles anstreben. Sie sollen sogar, und das wird gerne betont, „für etwas brennen!" Das klingt besser, als den Kindern zu sagen: „Lerne, strebe immer nach dem Besten und finde deine Lebensaufgabe." Das klingt aber zu wenig spektakulär, zu angestaubt. Lernen, wie blöd ist das denn, wer will denn heute noch lernen? Und streben schon gar nicht!

Also wird reformiert und reformiert, die neuen Verordnungen rauschen in die Büros der überforderten Direktoren und Lehrerkollegien und überschütten sie mit stets neuen Bildungsoffensiven, wie jüngst der Forderung, die Lehrer, die einem Schüler eine Fünf verordneten, müssten dies nicht nur ausführlich begründen, sondern auch nachweisen, wie sie/er künftig dafür sorgen wollten, dem Schüler zu einem besseren Leistungsvolumen zu verhelfen. Was natürlich zur Folge haben wird, dass Lehrer demnächst lieber eine Vier Minus verteilen, um das zusätzliche und auf ihm abgeladene Arbeitspensum zu vermeiden. Ungerecht ist es zudem, da suggeriert wird, Lehrer hätten das Wohl ihrer Schüler nicht ohnehin im Blick und würden Fünfen gewissenlos an Schüler verteilen, die „einfach nur keine Chance bekommen haben."

Es ist seit der 68ger-Revolution und den ersten flächendeckenden, politisch angestrebten Gesamtschulplänen doch genug Zeit vergangen, dass sich die Eltern, die früher „bildungsfern" waren, in Bildungsträger hätten verwandeln und ihre Kinder selber und zu Hause hätten fördern könnten. Stattdessen wird diese Aufgabe häufig den Kitas übertragen.

Das Streben, eine ursprünglich positive Eigenschaft, ist also als Folge der gleichmacherischen und vielleicht auch „gut gemeinten" Bildungspolitik in die böse Ecke gerückt worden. Populär sind Filme wie der unsägliche und sehr verkannte, weil viel zu beliebte Streifen „Fack ju Göhte", in den die Lehrer gerne mit ihren Schulklassen gehen, weil der Film ja so lustig zeigt, dass auch bildungsferne Schichten mit einem soliden Slang und einem Kriminellen ausgestattet, der sich als Lehrer tarnt, das „Abi" erreichen können; dies, weil sie in Wirklichkeit ja so schlau sind und nur keine Chance bekommen hatten. Goethe ist dabei nur der Stimmungsmacher, denn dem Bildungsbürgertum soll noch mal so richtig „eins ausgewischt werden." Dass Goethe nicht „einfach nur so" als Universaldichter und -gelehrter weltweit verehrt wird, sodass viele Fremdsprachler Deutsch lernen, um Goethe im Original lesen zu können, wird nicht mehr zum Thema gemacht. Es wurde stattdessen erwogen, den „Faust" von Goethe ab 2021 aus dem Abiturkanon von NRW zu streichen.

Nicht immer war der Universaldichter Goethe übrigens so berühmt wie heutzutage. Zu seinen Lebzeiten und ohne Internet dauerte es natürlich eine gewisse Zeit, bis das Ruhmeswirken eines Menschen sich bis in die letzten Winkel verbreitet hatte. Goethe hatte sich während seines Straßburger Aufenthaltes 1770/71 in die Pfarrerstochter Friederike Brion verliebt und ihr mit den „Sesenheimer Liedern" ein Denkmal gesetzt. Ein zeitgenössischer Biograph, der sich für Goethes Abenteuer im elsässischen Sesenheim interessierte, reiste dorthin und versuchte jemanden zu finden, der ihm von dem Dichter erzählen konnte. Er fand eine alte Frau, die sich lebhaft an das Paar erinnern konnte. Sie erzählte ihm: „Ja, richtig, der Goethe. Ein Student, der mal hier war. Wir dachten alle, er und Riekchen würden ein Paar werden. Aber eines Tages war er auf und davon, und kein Mensch hat je wieder etwas von ihm gehört."

Inzwischen denken wir anders darüber. Goethe lehrte uns durch sein Vorbild, dass sich Wissen lohnt und Erkenntnisse bringt, von denen wir ein Leben lang profitieren können. In den siebziger Jahren hieß es, in die „Bonzenschulen" dürften keine Arbeiterkinder gehen. Man ging im zunehmenden gesellschaftlichen Konsens davon aus, dass ein Platz im Gymnasium weniger mit Fähigkeiten und Lernbegierde eines Kindes zu tun hatte, als mit der privilegierten Stellung der „Oberschicht". Die Mittelschicht wurde in diesem Denken eher ausgeklammert oder als weniger wichtig erachtet, eben weil sie so breit war und die Gesellschaft trug. Die Kluft zwischen Arm und Reich mittels der Bildung zu überbrücken -

das war das hehre Ziel. Dabei bedachte man nicht, dass manches Arbeiterkind gar nicht studieren wollte oder konnte; und dass viele Gymnasiasten auch nicht studierten, sondern andere Wege wählten. Denn viele Wege führen zum Ziel.

Eine Auflösung unseres gut durchdachten gegliederten Schulsystems von Sonderschule, Hauptschule, Realschule und Gymnasium zugunsten von Gesamtschulen bewirkt dabei nicht das, was angestrebt war, nämlich eine flächendeckende gerechte Bildung für alle. eine Nivellierung. Sollen alle Kinder mitgenommen werden, muss man sich nach dem Langsamsten richten. Gruppiert man die Kinder nach ihren Grundausrichtungen und Kapazitäten, ist die Spanne zwischen dem Verständnis-, Leistungs- und Interessensniveau weitaus geringer, als wenn man alle zusammen in ein noch so gut gemeintes, pseudogerechtes System quetschen will.

Jedes Menschenwesen kann etwas, denn in jedem dieser Wesen steckt ein komplett eigenständiger Geist. Also können alle Menschen etwas. Aber nicht alle Menschen müssen alles können. Sie müssen auch nicht mit allen konkurrieren. Sie müssen auch nicht studieren. Sie müssen auch keine Ausbildung machen. Sie dürfen das alles tun. Und sie sollten frei in ihrer Entscheidung sein dürfen. Frei von Prestigehunger, von Ängsten, vom oft gutgemeinten Druck mancher Eltern. Freie Mensch lernen gerne und entwickeln sich nach und nach in die Richtung, in denen sie ihr Glück machen wollen. Das lässt sich nicht erzwingen.

Persönliches Glück wird nicht durch geschönte Schulnoten erwirkt; im Gegenteil: geschönte Schulnoten signalisieren, dass es nicht um den Leistungsstand des Kindes geht, sondern um einen Basar, in dem man die Zukunft des Kindes aushandeln kann. Es gilt: Gute Noten gleich Studium gleich Prestige und Geld. Vielen Studienabbrecher signalisieren allerdings das Gegenteil: Nicht das Prestige-Studium macht glücklich, sondern die Erfüllung durch das, was jedes einzelne Menschenwesen als sinnvoll erachtet. Es wird beispielsweise keine Verbesserung im Hebammen-Wesen geben, nur weil bald dafür studiert werden muss. Vielleicht ergibt sich daraus sogar eine Verschlechterung, weil die Anhäufung theoretischen Wissens, gerade auch in dieser Berufsrichtung, auf Kosten des praktischen Wissens gehen wird, das offensichtlich immer geringer geachtet wird.

Geschönte Noten bewirken mit vorhersagbarer Treffsicherheit das Unglück unserer Kinder. Außerdem vergiften sie nach und nach die Gesellschaft, die sehr auf Gerechtigkeit bedacht ist. Eine Scheingerechtigkeit, die sich daraus ergibt, dass ein Elternpaar gut genug geschachert und durch „Cleverness" eine Eins für seinen Spross in Händen hält, schürt Unfrieden und bewirkt, dass andere Elternpaare diese geschönte Eins auch für ihr Kind haben möchten. Nicht umsonst warnten Wissenschaftsrat und Lehrerverbände vor zu vielen guten Noten, die die Leistungen der Schüler und Studenten nicht mehr realistisch wiederspiegeln.

Zur Erinnerung: Es geht in der Schule darum, jedes Einzelwesen so zu fördern, dass es glücklich und eifrig dazulernen möchte, sich durch das Wissen stärkt und es im alltäglichen Leben anwendet. Wissen macht aus dem Menschen nicht automatisch einen guten Menschen. Wissen gibt ihm aber immerhin die Möglichkeit, aus der Geschichte und dem bisher angesammelten Wissen zu lernen, sich besser zu positionieren und etwas beizutragen. Es geht aber definitiv nicht nur darum, einen Berufstätigen in spe in der Schule heranzuzüchten, der dann das Geld verdient, um die Wirtschaft am Laufen zu halten!

Um jedem Einzelwesen gerecht zu werden, ist das Elternhaus wichtig, in dem jemand noch Zeit für die Kinder hat. Der „Mainstream" spült das Konzept „Mutter, Vater, Kind" gerade aus den Gehirnen. Stattdessen kommen die multiplen Konzepte. Schön und gut. Aber was ist mit der Mehrheit der Menschen, die vielleicht das Konzept „Mutter, Vater, Kind" durchaus logisch finden? Was ist falsch daran, als Mutter bei dem

Kind zu bleiben, das man geboren hat? Natürlich kann auch der Vater zu Hause bleiben, wenn es ihm gefällt. Nicht jeder Mann will berufstätig sein, aber auch nicht jede Frau. Es muss doch noch möglich sein, als Frau beim Kind zu bleiben und nicht arbeiten zu gehen, wenn man nicht in einer solch finanziellen Klemme steckt, dass es nicht anders machbar ist. Inzwischen ist es gesellschaftlich tragbarer, dass der Mann zu Hause bleibt und die Frau arbeiten geht. Wobei der Begriff „Arbeiten" sich im Prinzip auf alle Tätigkeiten erstreckt, die, da reelle Bedürfnisse bestehen, ausgeübt werden müssen. In der Familie heißt das: Das Kind braucht Essen, Trinken, Schutz, Spiel, Förderung, Ansprache, Harmonie, mit einem Wort Liebe und Zeit. Bei normalen Arbeitsvorgängen im Berufsleben, zum Beispiel in den Büros, beim Umgang mit den Kollegen oder der Leitung, beim Kundenkontakt oder in Betrieben, handelt es sich um dieselben Bedürfnisse, sie werden nur anders genannt und wichtiger dargestellt.

Für die Familie mit Kinder gilt: Ohne die Arbeit, die von einem der Elternteile geleistet wird, können die fundamentalen Bedürfnisse nicht befriedigt werden. Wir dürfen das Kinder-, Haus/Wohnung- und Garten/Balkon/Blumentopfhüten in diesem Zusammenhang also „Arbeit" nennen, obwohl das Zusammensein mit einem Kind ein Geschenk ist und von vielen auch so wahrgenommen wird.

Warum dürfen wir uns dann keine Zeit für diese Geschenke nehmen? Wir kommen kaum dazu, sie auszupacken, da müssen wir sie schon an der Kitapforte wieder abgeben! Andere kommen dann in den zweifelhaften Genuss, das Geschenk an unserer Stelle auszuwickeln. Ich sage deshalb „zweifelhaft", weil diese anderen aus Personalmangelgründen oft vollkommen überfordert sind von der Flut der Geschenke, die nach ihrer Mama schreien, gewickelt, gefüttert und besungen werden müssen. Und in dieser verkehrten Welt sollen wir immer noch mit eingezogenen Schultern und gesenktem Kopf dem Diktat der Wirtschaft folgen, die am liebsten alle Bürger erwerbstätig und finanzstark ausgerüstet sehen möchte und am liebsten schon den Dreijährigen erklären wollen, auf welche Knöpfe sie drücken müssen, um sich ihr Spielzeug selber zu bestellen.

Frauen gelten in diesem Zusammenhang als „das am schnellsten aktivierbare ungenutzte Potential für den Arbeitsmarkt." Und in den Kindern stecke, laut dem Institut der Deutschen Wirtschaft Köln „ausreichend Humankapital", um die dringend notwendige „technologische Wettbewerbsfähigkeit und Attraktivität für ausländische Investoren" zu sichern.

Und wer erzieht unsere Kinder dann? Die ausländischen Investoren? Oder die Erzieher/innen in den überlasteten Kitas? Oder die Lehrer, die es nicht ausreichend gibt und die nun im Schnellverfahren als Quereinsteiger aus allen Richtungen in Schulen gespült werden, die dringend renovierungsbedürftig sind, ausgestattet mit Lehrplänen, die zunehmend von der Wirtschaft mitbestimmt werden. Denn die zentrale Wichtigkeit der Wirtschaft muss möglichst mit der Muttermilch eingesogen werden; sorry: mit dem Fläschchen-Babybrei, der möglichst vom günstigsten Anbieter an die Kitas geliefert wird und solange biologisch sauber ist, bis man eventuell das Gegenteil herausfindet. Stillen ist aber tabu, denn es stärkt den Zusammenhalt von Mutter und Kind, und man will Mutter und Kind ja gerade voneinander trennen.

In diesem Zusammenhang ist es klar, dass es günstiger für die Ökonomie ist, immer weniger Allgemeinbildung zu vermitteln, da das Spezialistentum für einen der mindestens 30.000 neuen Studienrichtungen reicht, wo dann später jeder Arbeitnehmer einen Millimeter vorangehen darf, um dann den Stab der Gehirntätigkeit an den nächsten weiterreichen zu können, der sich wiederum den nächsten Millimeter weiterdenkt. Eine Variation der Devise: „Einer für alle, alle für einen." Nur kann eine Einzelperson dann nicht mehr ohne alle anderen existieren, sondern sucht verzweifelt in ihrem eingerosteten Gehirn nach einem Weg, den sie von vorne bis hinten selber gehen kann.

Der „Mainstream" fackelt nicht lange mit gesundem Menschenverstand: Wenn irgendwo irgendetwas nicht ins Konzept passt, zum Beispiel der lebendige Mensch mit seinen freien und individuellen, eben nicht von der Industrie genormten Lebensäußerungen, dann wird nach dem Aschenputtel-Prinzip vorgegangen: Passt der Schuh nicht, wird einfach ein Teil des Fußes abgehackt. Zufrieden blicken die Mainstreamimpulsgeber auf das zurück, was ihnen schon gelungen ist:

1. Die Familie ist demnächst keine Familie mehr, sondern eine Patchworkdecke, bei der bald niemand mehr weiß, wer welches Quadrat gehäkelt hat. Daneben gibt es noch eine Menge eheähnlicher Zusammengehörigkeiten, wogegen absolut nichts einzuwenden ist, dazu erwünschte oder unerwünschte Single-Einsamkeiten und irgendwo noch die letzten versprengten Individuen, die Familie nach dem, von der Gesellschaft verlachten, „total veralteten" System von Mutter, Vater, Kind/Kinder leben wollen. Hier sollte unbedingt mehr Toleranz walten! Warum wird das System Mutter, Vater, Kind so systematisch an den Rand gedrängt? Kürzlich berichtete das Statistische Bundesamt, dass inzwischen bei jedem 16. in Deutschland geborenen Baby der Vater unbekannt sei. Unter den rund 790.000 Neugeborenen seien bei 50.000 Kinder die Eltern nicht miteinander verheiratet und keine Angaben zum Vater vorhanden.

2. Aber: Die Gesellschaft hat sich daran gewöhnt oder schweigt resigniert. Nur noch potentielle Selbstmörder versuchen, daran herumzumäkeln.

3. Die Kitas sorgen für die Ersterziehung und Prägung der Kinder.

4. Die Schulen sorgen vorwiegend für ein soziales Miteinander. Alle Schüler sind gleich. Die Lerninhalte sind sekundär geworden.

5. Jeder darf alles. Was nicht funktioniert, wird bedauert.

6. Keiner ist zuständig. Das wird kritisiert, aber da sich keiner zuständig fühlt, ändert sich nichts oder nur auf private Initiativen hin.

7. Die Wirtschaft boomt. Sollte sie nicht mehr boomen, drohen die Mainstream-Influencer aus der Wirtschaft, gehen wir alle unter. Spätestens dann sind wir alle gleich.

Hand aufs Herz: Wenn wir uns eine ideale Familie vorstellen, dann eine, wo die Familienmitglieder Zeit miteinander verbringen, lachen, spielen, lernen und in ständigem Austausch stehen. Wenn wir uns eine ideale Schule vorstellen, dann eine, wo jedes Kind beim Namen gekannt und nach seinen Fähigkeiten gefördert wird; eine Schule, in der ein Gruppengefühl, ein respektvoller Zusammenhalt gebildet und gestärkt wird; eine Schule, in der breit gefächertes und interessant dargebotenes Wissen gelernt und angewandt werden kann. Im Elternhaus und in der Schule gelten ähnliche Prinzipien, sowohl zu Hause als auch in der Schule brauchen Kinder Liebe und Zeit. Die Schulmüdigkeit der Erstklässler setzt nur deshalb so erschreckend schnell ein, weil von Anfang an Druck aufgebaut wird. Keiner scheint Zeit zu haben. Um den Eindruck von Bildung zu erwecken, wird Unterricht versucht. Die Vielfalt der Kinder mit ihren verschiedenen Fähigkeiten und Lernwegen, die die Einführung einer „Inklusion" noch verschärft hat, überfordern Lehrer und Schüler gelichermaßen. Die Tests, die irgendwann geschrieben werden müssen, verweisen auf die ursprüngliche Aufgabe, den Kindern etwas beizubringen, was sie im Gehirn verstauen sollen. Oft sind die Tests zu schwer. Die Kinder geraten unter Druck. Ihre Eigenständigkeit ist da schon längst passé.

Worum geht es denn beim Lernen? Es geht um das Leben. Es geht NICHT darum, zu wissen, wo sich die nächste „Shopping-Mall" befindet! Es geht zum Beispiel darum, Wissen über sein Umfeld zu erwerben. Wer hat das Schloss im Wohnort gebaut, wer die Kirche und wann, wie und warum? Wie funktionieren die Gegenstände unseres Alltags? Wie funktioniert Mechanik im Gegensatz zu digitalen Geräten, die uns irgendwann nur noch auffordern, sie zu besitzen und anzustellen, weil sie dann alles andere an Leben, was uns eigentlich zur Verfügung steht, für uns in die „Hände“ nehmen und „managen“ werden? Wie steht es mit den Gesetzen der Natur, die uns umgibt? Welchen Tieren sind wir schon begegnet? Wie leben sie? Wie weit hat der Mensch schon in seine Lebensräume eingegriffen? Was lässt sich dagegen unternehmen?

Bildungsthemen liegen dicht aneinandergereiht auf der Straße. Vor lauter Aufheben würden wir einen knallroten Kopf bekommen, aber wir lassen sie, bleichgesichtig, doch immer mehr unbeachtet liegen. Ist es wirklich wichtiger zu wissen, wie man eine Steuererklärung erstellt als zu wissen, was der Stauferkönig Friedrich II. im 14. Jahrhundert in Sizilien verloren hat? Und wieso sollte uns der Stauferkönig mehr interessieren? Weil eine Unmenge an hochinteressanten Fakten und Erzählungen sich schon allein um diese Person ranken. Friedrich II. war ein ungemein gebildeter Mensch. Er war weltoffen, tolerant, wollte Frauen viel mehr in das gesellschaftliche und politische Leben mit einbeziehen und stützte Minderheiten. Er war ein Kunstmäzen, ließ wunderbare Bauwerke errichten, revolutionierte das Rechtssystem und gründete die Universität von Neapel. Er sprach viele Sprachen, unter anderem auch Arabisch. Was hat diesen Menschen nach Sizilien verschlagen? Wo liegt Sizilien überhaupt? Was gibt es noch über diese Insel zu wissen? Wie leben die Menschen dort heute? Welche Tiere und Pflanzen gibt es dort? Wie sieht die Landschaft aus? Das alles ist sehr spannend!

Sind wir in der Familie schon so weit auseinandergerutscht, dass die Eltern ihren Kindern nicht erklären können, wie sie, wenn sie irgendwann volljährig und berufstätig sind, ihre Steuererklärung machen können? Falls das überhaupt noch nötig sein wird, denn bis dahin gibt es sicher schon Roboter, die freundlich genug sind, in uns hineinzuschauen und alles, was wir je unternommen haben, in die richtigen Rubriken einzutragen.

Und wieso müssen Kinder immer früher in die Prinzipien der Ökonomie eingeführt werden? Wenn jemand sich dafür interessiert, gibt es viele Möglichkeiten, sich durch einfache Fragen fortzubilden, Zeitungen auszutragen, auf kleine Kinder aufzupassen, um sich etwas Geld zu verdienen und das Geld dann wieder auszugeben. So lernen wir von klein auf genug Ökonomie. Alles andere ist später vielleicht wichtig, vielleicht auch nicht. Wie erklären wir den Kindern denn das Credo der Europäischen Zentralbank, dass sich Sparen nicht lohne? Ist das nicht pures Gift für eine Kinderseele? Verbauen wir ihnen nicht gerade durch diese verquere Verschwendungslogik den Blick auf freiwilligen Verzicht, langfristiges Denken und Vorsorge? Wir wollen den Kinder Wirtschaft beibringen? Wunderbar. Vielleicht steht uns ja bald der nächste Bankencrash ins Haus, dann können die Kinder immerhin lernen, wie man es nicht macht.

Geben wir ihnen doch, was sie wirklich reich macht: ECHTE BILDUNG! Habt ihr schon mal Kinderaugen leuchten sehen, wenn man ihnen echte Bildung schenkt, ihnen etwas erzählt von fernen Zeiten, fremden Völkern, seltsamen Tieren wie Eichhörnchen, Bienen und Ameisen, von den Gewohnheiten der Menschen im eigenen Dorf bis zu den Sitten im Amazonas-Regenwald oder bei den Massai in Ostafrika. Jeder, der weiß, wie sehr die Kinder an den Lippen der wahren Lehrer hängen, der fordert die Einstellung aller Schulexperimente und besinnt sich auf einen durchaus neuen Umgang im alten Gewand. Das viergliedrige Schulsystem kann die Transformation der Schule in ein Bildungsparadies ummanteln. Innerhalb des erstarrten und förmlich zu Tode reformierten Systems brauchen wir neue Lebendigkeit, Begeisterung der Lehrer für ihren Stoff, Vermittlung einer allgemeinen und miteinander durch die verschiedenen Fächer vernetzten Bildung im Gegensatz zu frühzeitig verarmender Spezialisierung. Kinder brauchen Raum für Experimente à la: „Hilf mir, es selbst zu tun" (Maria Montessori). Lernen in der Bewegung muss nicht nur auf den Sportunterricht reduziert sein, in dem sowieso gleich schon wieder zu viel Leistungsdruck aufgebaut wird. Es gibt unendlich viele Möglichkeiten. Schauen wir noch aufmerksamer auf die erfolgreichen privaten Schulinitiativen! Es gibt unendlich viele Menschen, die sich schon wunderbare und sinnvolle Gedanken darüber gemacht haben. Diese Ressourcen sollten wir anzapfen, nicht die unersetzlichen Ressourcen einer müde gewordenen Erde! Menschlicher Geist soll endlich wieder in seine Macht kommen. Nicht Roboter sollen unsere Zukunft gestalten! Wir Menschen sollen und wollen dies tun!

Unser wunderbares Universum ist bis ins kleinste Detail logisch aufgebaut. Alles spiegelt einander, im Großen wie im Kleinen. Der unablässig wirkende göttliche Wille zur Formgebung ist überall, sogar in Wolken- und Algenbildungen sowie in den Wassertropfen, die von unserem Gesicht ins Becken perlen und scheinbar zufällig zu Blumen, kleinen Tieren und Gestalten gerinnen. Da die Formgebung dem göttlichen Willen entspricht, der sich auch unserem Gehirn eingeprägt hat, verfügen wir alle über eine viel größere unwillkürliche Schöpfungsmacht, als wir uns vorstellen.

LIEBE AUF DISTANZ

Die frühe staatliche Betreuung in Frankreich hat ihren Preis.
Frauen fühlen sich zunehmend entfremdet von ihren Kindern.
Von Margarete Moulin
5. September 2013 DIE ZEIT Nr. 37/2013

Es ist vier Uhr morgens, die fünf Monate alte Mila ruft aus ihrem Bettchen. Ihre Mutter, Maryline Jury, steht rasch auf, damit der zweijährige Bruder nicht aufwacht. Sie holt das Baby und legt es an die Brust. Sie ist todmüde, aber sie ist froh über diesen stillen Moment der Zweisamkeit. Den einzigen, den sie an diesem Tag mit ihrem Baby haben wird.

Bis 6.30 Uhr döst sie, dann ist jede Minute getaktet. „Schnell, iss dein Brot! Komm, trink deinen Tee!", treibt sie ihren Sohn beim Frühstück an. Beim Anziehen möchte der selbst die Klettverschlüsse schließen. Dafür bleibt jetzt keine Zeit, Maryline Jury macht es schnell selber. Dann legt sie die greinende Mila in den Kinderwagen, wirft sich die beiden Kinderrucksäcke, ihre Laptoptasche plus den Rucksack mit der Milchpumpe über die Schulter, zieht Paul aus der Wohnung. 8.20 Uhr: erste Station beim Kindergarten. Sie hat nur fünf Minuten Zeit, Paul will ihr ein Bild zeigen, das er gemalt hat. „Heute Abend!", verspricht sie. Die Erzieherin ruft hinter ihr her. Sie suche Freiwillige, um einen Ausflug zu begleiten. Jury sagt zu und weiß, dass sie dafür einen ganzen Urlaubstag opfern wird. Sie eilt zur Krippe, in die sie Mila seit deren zehnter Lebenswoche bringt. Eigentlich wäre die Architektin gerne länger zu Hause geblieben, ein Jahr vielleicht. Doch dann wäre der Krippenplatz weg gewesen. Auch in Frankreich mangelt es dramatisch an Betreuungsplätzen, fast 300.000 will die Regierung unter François Hollande in den nächsten vier Jahren schaffen.

Vor allem aber war da der „Regard des autres", der strenge Blick der anderen. Er war auch der Grund, weshalb die Architektin aus Lyon seit der Geburt ihres Sohnes immer berufstätig war, teilweise sogar Vollzeit. Damit entspricht sie ganz dem Bild der modernen, emanzipierten Französin, das in Deutschland nicht selten bewundert wird. In Frankreich aber lässt sich der Beginn einer Gegenbewegung erkennen. Immer mehr Frauen sträuben sich gegen den gesellschaftlichen Konsens, nach dem das Ansehen einer Frau steigt, wenn sie kurz nach der Geburt ihres Kindes wieder beruflich einsteigt, es aber rapide sinkt, wenn eine Mutter entscheidet, mit ihrem Kind zu Hause zu bleiben – und sei es nur für ein oder zwei Jahre. Viele berufstätige Mütter fordern nun, dass neben der Arbeit mehr Zeit für die Familie und die Nähe zu ihren Kindern bleiben muss.

In der Mittagspause geht Maryline Jury nicht mit ihren Kollegen essen. Vor dem Rechner kramt sie ein Sandwich hervor. Danach zieht sie sich mit ihrer Milchpumpe zurück. Nach französischem Recht hat sie für das Abpumpen pro Arbeitstag eine Stunde zur Verfügung. Gesetzlich stünde ihr ein angemessener Rückzugsort zu, aber den gibt es hier nicht. Jury sitzt in dem fensterlosen, heruntergekühlten Raum, in dem die Server des Büros brummen. Um den Milchfluss in Gang zu bringen, schaut sie sich Fotos von ihrem Baby an. Sie weiß, dass manche Mütter zum Abpumpen in der Toilette auf dem Klodeckel hocken. Oft fragen Kollegen, wie lange sie eigentlich noch stillen wolle.

Viele Franzosen haben ein distanziertes Verhältnis zum Stillen. Etliche Frauen finden es „animalisch". Die meisten Mütter, die ihren Kindern die Brust geben und nach drei Monaten die Arbeit wiederaufnehmen, stillen vorher ab. Europäischen Statistiken zufolge bekommen weniger als zehn Prozent der Kinder, die ein halbes Jahr alt sind, in Frankreich noch die Brust. In Deutschland sind es über 40 Prozent.

Am Nachmittag ruft die Krippe an, Mila hat 38 Grad Fieber. Als Maryline Jury um 17.30 Uhr in der Krippe ankommt, blickt die Erzieherin sie vorwurfsvoll an. Zu Hause geht es Schlag auf Schlag: Fiebersaft für Mila, stillen, kochen, essen,

Kinder waschen und in den Pyjama stecken, Paul eine Geschichte vorlesen. Als die Kinder schlafen: Wäsche zusammenlegen, Waschmaschine und Spülmaschine bestücken. Ihr Mann kommt von einer Dienstreise nach Hause. „Ça va, chérie?", fragt er. Sie lächelt und jammert nicht, gegen 23 Uhr sinkt sie ins Bett.

Insgesamt drei Jahre lang hat Maryline Jury das französische Ideal der berufstätigen Mutter komplett erfüllt, in der Zeit, in der ihre Kinder am kleinsten waren. „Aber ich habe mich gar nicht erfüllt gefühlt, sondern entsetzlich ausgehöhlt. Immer müde, immer gehetzt, immer schuldig." Im Juli hat Jury gekündigt und ist nun zu Hause bei ihren Kindern. „Ich brauche eine Auszeit, um zu sehen, wie es weitergeht."

Die Croix-Rousse ist ein altes Weberviertel in Lyon, beliebt bei jungen Familien. Hier hat der seit 24 Jahren in Frankreich lebende Deutsche Adrian Serban seine Kinderarztpraxis. Er ist außerdem Psychotherapeut für Erwachsene und bekommt viel mit vom Alltag französischer Familien. „Viele Frauen schlingern am Rand der Erschöpfung entlang", sagt Serban. Gerne würde er ihnen eine Mutter-Kind-Kur ans Herz legen. In Frankreich gibt es jedoch keine Mutter-Kind-Kliniken. Und die Diagnose des „Mütterlichen Erschöpfungssyndroms" kennt man hier auch nicht. Mehrmals im Jahr besucht der Arzt sein Heimatland, in Lyon liest er deutsche Medien. „Wie man in Deutschland auf den Spuren der französischen Familienpolitik wandelt, bereitet mir Unbehagen, und ich staune darüber, dass immer nur die positiven Seiten dieser Politik in den Medien auftauchen." Seit Jahren wird das angeblich frauengerechte Ideal aus Kinderbetreuung und Berufstätigkeit, das in Frankreich herrscht, als Vorbild präsentiert. Schließlich liegt die Geburtenrate dort bei 2,1 Kindern pro Frau und in Deutschland nur bei knapp 1,4.

Aber der persönliche Preis, den Eltern und Kinder für diese Familienpolitik bezahlten, sei hoch, sagt Serban. „Auf diese Weise entsteht eine Gesellschaft, in der Erwachsene ungestört ihrer Arbeit und sogar ihren Hobbys nachgehen können, aber keine wirkliche Beziehung zu ihren Kindern aufbauen. Denn eine Beziehung braucht Zeit und auch Raum. Und genau das fehlt in Frankreich."

Soweit der Artikel in der ZEIT. Es geht anders. Viele von Ihnen machen es auch anders. Ich danke Ihnen dafür. Sie sind eine Stütze der Gesellschaft. Sie denken nach, hinterfragen, versuchen, es so gut zu machen, wie es Ihnen Ihr Gewissen rät. Das ist wunderbar. Sie sind es auch, die Ihren Kindern noch vorlesen, sie zum Schreiben und Malen, Nachdenken und Hinterfragen, Positionieren und Erneuern ermutigen. Die Zeit, die Sie sich für sich selber, den Partner, die Kinder, Freunde, Familie, Mitmenschen nehmen, die respektvolle Liebe, die Sie allen entgegenbringen, sind das Beste, was wir als Menschen zustande bringen können. Liebe ist kein Dekorationsgegenstand, kein Spielzeug, kein Lippenbekenntnis - Liebe will gelebt werden. Sie merken es ja täglich, wie leicht sich alles fügt und wie viel Neues, Zauberhaftes in Ihr Leben tritt, sobald Sie sich kompromisslos für die gelebte Liebe entschieden haben. Wenn Sie Eltern oder Großeltern sind, leben Sie dies automatisch Ihren Kindern und Enkeln vor, um die Sie sich dann keine Sorgen mehr machen müssen. Denn Liebe ist das einzige Heilmittel, der einzige Lösungsweg, der einzige echte Schutz vor allem, was je geschehen kann.

Positive Nachricht: Mit der „Exzellenzstrategie" des Bundes und der Länder ist eine „erfolgreich initiierte Weiterentwicklung und Stärkung der deutschen Universitäten durch die Förderung wissenschaftlicher Spitzenleistungen, Profilbildung und Kooperationen im Wissenschaftssystem" gemeint. Diese Strategie trägt Früchte, da Deutschlands Hochschulsystem breit aufgestellt ist. Früher hieß es, das einzige, was eine Uni verbinde, sei die Zentralheizung. Heute indes wird intern besser zusammengearbeitet.

Nach dem letzten Stand von Juli/August 2019 wurden 429 staatliche, private und konfessionelle Hochschulen gezählt, dazu 240 Fachhochschulen, die durch Praxisorientiertheit glänzen. So kommt es, dass Deutsche wieder mehr in den Forschungs-Eliten auftauchen. Neben dem Geld zeigen Hochschulreformen positive Wirkungen, dazu kommt aber auch die steigende Bereitschaft, ausländische Studierende und Forschende nicht nur auszubilden und wieder in ihre Heimatländer zu schicken, sondern sie dauerhaft zu binden. Trotz besseren Wissens legt ihnen die deutsche Bürokratie leider immer noch manchen Stein bis Felsbrocken in den Weg, indem Visa zu spät ausgestellt und die Konteneröffnung verzögert werden. Ohne ausländische Hilfe sähen wir aber gar nicht gut aus. Auch in der Medizin und Pflege gilt die Erkenntnis, dass unser Gesundheitssystem ohne ausländische Ärzte und Pfleger/innen zusammenbrechen würde. Deshalb wird nun endlich darauf geachtet, den Helfern in der Not Deutsch so nahezubringen, dass sie sich ihren Patienten und Schutzbefohlenen mitteilen können.

Die Wissenschaft, im Jargon der Macht- und Kriegsstrategen, die „weiche Macht“ (Soft Power) der schlauen Köpfe genannt, gilt zusammen mit der Kultur im Gegensatz zu den harten Maßnahmen wie Krieg und Wirtschaftsüberlegenheit als friedenstiftend, da letztlich alle Erdbewohner von erworbenem Wissen profitieren.

Ein Gehirn voller sich pausenlos drehender Karussellgedanken überhitzt seine Leitungen. Pausenlose elektrische Entladungen bewirken schließlich einen Kurzschluss, den Burn-Out.

GEHIRN UND ESSEN

Das Gehirn ist der Tempel unseres Geistes

Liebe, die durch den Magen gehen sollte, wird mit der industriellen Fertignahrung, einer extensiven Bearbeitung und Verfremdung einstiger „Lebens-Mittel" durch Lieblosigkeit ersetzt, die sowohl dem Magen als auch dem Gehirn schaden. Die Gehirnforschung schreitet voran. Immer offensichtlicher wird der Zusammenhang zwischen Ernährung und Intelligenz. Schon nach wenigen Tagen voller „Junkfood", also minderwertiger, bis zur Unkenntlichkeit bearbeiteter Nahrung, sinkt die Fähigkeit des Gehirns zu denken, kombinieren und erinnern. Je inhaltsloser die Nahrung, desto größer der Hunger, da es dem Körper auf Stoffe ankommt, die er durch minderwertige Nahrung nur unzureichend bekommt.

Leere Nahrung kann auch Gefühlswallungen wie Aggression, antisoziale Persönlichkeitsstörungen und Depression auslösen. Eine Gefängnisstudie ergab, dass die Gruppe der mit ausgewogener Nahrung Ernährter bis zu einem Drittel seltener durch Aggression aufgefallen war. Ein Übermaß an Zucker, leeren Kohlenhydraten und gesättigten Fetten macht die Menschen dümmer, kränker und verhaltensauffälliger, ein gesundes Maß an Vitaminen, Fettsäuren und Mineralstoffen lässt sie klüger, toleranter, friedlicher und empfänglicher für soziale Botschaften sein.

Erstaunt waren die Forscher, als sie herausfanden, dass Zucker süchtiger macht als Kokain und Heroin. Die armen Forschungsratten waren entweder mit Kokain oder Heroin süchtig gemacht worden. Dann bot man ihnen eine Zuckerlösung an. Sie entschieden sich immer für den Zucker, nie für Heroin oder Kokain. In diesem Zusammenhang tritt die Sünde der Lebensmittelindustrie immer deutlicher zu Tage, nahezu alles mit Zucker regelrecht zu überfrachten, um es besser verkaufen zu können. Dabei macht sie auch nicht vor Scharfem, Salzigem, Saurem, gar Bitterem Halt. Die Tendenz der Deutschen, sich Kampfhunde als Haustiere zu halten, hängt womöglich mit dem zusammen, was sie auf dem Teller haben und sich einverleiben.

Der Holländer Dr. Ap Zaalberg wühlte sich durch die Archive des zweiten Weltkriegs und ist sogar der Meinung, Kriege seien unter anderem eine Folge von Mangelernährung. Wenn man hierzu bedenkt, dass Revolutionen oft erst bei Hungersnöten ausbrechen, ist der Zusammenhang augenfällig. So wie Menschen Kampfhunde aushungern, um sie aggressiver zu machen, haben auch große Verführer wie Stalin und Mao den Hunger als Waffe eingesetzt. Mao benutzte die Hungersnot explizit, um das Volk im Zustand der dauernden Revolution zu halten. Millionen Menschen haben dafür ihr Leben lassen müssen.

Dr. Zaalbergs These würde auch bei Überernährung greifen, ebenfalls eine Mangelernährung, die unausweichlich den Mangel an Gesundheit zur Folge hat. Fast alle großen weltlichen und geistlichen Fürsten und Könige der Renaissance- sowie Barockzeit, deren Tische sich in den Palästen unter einem Überangebot von Nahrung bogen, haben nicht enden wollende Kriege geführt. Viele Könige und Kaiser waren fettleibig, gichtig oder litten an Krankheiten, die auf ein Übermaß an Nahrung und Alkohol zurückzuführen ist. Die ausgelaugte Bevölkerung musste dies nicht nur finanzieren, sondern den Blutzoll dafür zahlen.

Nahrung ist ein wichtiges Thema. Täglich will der Körper „genau das Richtige“ von uns haben. Je intuitiver wir dabei vorgehen, desto besser. Der Körper weiß, was er braucht und informiert uns mittels spezieller Bilder von Nahrungsmitteln, die in unserem Bewusstsein aufsteigen oder einem Heißhunger auf etwas Bestimmtes darüber, was er gerade benötigt. Deshalb ist es auch im Umgang mit Kindern, die noch nicht auf „Junkfood“, also minderwertige Nahrung, festgelegt sind, wichtig, sie ihr Essen wählen zu lassen. Auch für uns ist es wichtig, nach unserem Gefühl zu gehen, aber dabei nicht zu viel von dem zu essen, worauf wir Lust verspüren, sondern gerade so viel, dass keine Übersättigung eintritt.

In Situationen, die sich unserem Einfluss entziehen, wenn wir zum Beispiel reisen und nicht das bekommen, woran wir gewöhnt sind und was uns guttut, ist die mentale Beeinflussung der Nahrung sehr wichtig. Alles, was unser Gehirn argwöhnisch betrachtet, kann uns nicht wirklich nützen. Denn unser Körpersystem hört auf die Kommandozentrale im Kopf, lehnt also automatisch etwas ab, worüber wir denken: „Was soll das denn sein, das ist ja eklig!“

Befinden wir uns beispielsweise als Anthropologen im Urwald und reagieren ablehnend auf das Angebot eines Eingeborenenstammes, einen dicken weißen Mehlwurm essen zu dürfen, tun wir uns nichts Gutes. Denn der Mehlwurm, genauer die Larve, enthält Proteine und Eiweiß, Aminosäuren und Vitamine. Dasselbe gilt für Insekten. Sind wir gewöhnt daran, viel Gemüse und Obst zu essen, sind aber in einem Landstrich unterwegs, in dem diese Nahrung nicht erhältlich ist, ist es ganz wichtig, keine Ängste zu entwickeln, sondern sich das, was fehlt, dazuzudenken. Ebenso, wenn wir irgendwo eingeladen sind, zum Beispiel, wenn wir Vegetarier sind und bei einem Fleischesser dinieren oder umgekehrt. Wir können dann vollkommen entspannt das essen, was uns angeboten wird oder auswahlweise das, was uns anspricht, falls unser Status nicht vorher schon geklärt war. Wir sagen uns ungerührt und im Besitz unserer geistigen Kontrolle: „Ich bin gesund und gut ernährt. Mein Körper bekommt alles, was er braucht.“

Auf keinen Fall ist es hilfreich, in Panik zu verfallen, wenn wir irgendetwas zu uns genommen haben, das nicht unseren Maßstäben entspricht. Wir sollen ruhig und gelassen reagieren. Denn der feinstoffliche Körper in uns ist fähig, aus dem, was die Inder „Prana“ nennen und die Chinesen „Xi“, also aus der feinstofflichen Energie, die uns umgibt, genügend Nahrung heranzuziehen, um uns gesund und kraftvoll zu halten. Wir müssen uns nicht gleich ganz und gar der Lichtnahrung hingeben, am besten halten wir uns in unserer Mitte auf, essen das, was uns guttut, achten auf Ausgewogenheit und möglichst sauber angebaute Nahrung und Trinkwasser, falls es in unserer Macht steht, und halten Maß. Dies ist eine uralte und sehr bewährte Regel.

Der Alltag
ist unser Meister.
Wir sparen viel Geld,
wenn wir es zulassen,
dass er unser
Lehrer
wird.
Der
Alltag
erschafft
Lernsituationen,
extra für uns. Sie sind
nur scheinbar negativ, denn,
wenn wir wirklich hinschauen und
dem Alltag die Frage stellen: „Meister,
was an dieser Situation
könnte meine Einsicht
in mich selber fördern?“,
dann werden wir diese
Einsicht bekommen,
ehe der Tag ein- und
ausgeatmet hat,
und zwar, weil
wir gefragt haben.

DAS DORF IN UNS

Wir beherbergen in uns so viele Menschen,
dass wir Häuser für sie bauen müssten.

Was jeder Einzelne von uns denkt, fühlt, sagt und tut, formt unsere Gesellschaft und macht aus ihr ein feinsinniges Instrument, mit dem wir als Gesamtheit auftreten und andere Gesellschaften beeinflussen. Je mehr von uns zur Liebe erwachen, desto eher wird sich eine Weltengemeinschaft bilden, die sich nicht mehr durch Konkurrenz- und Machtgehabe selbst boykottiert, sondern jedem Einzelnen alle Chancen einräumt, die er verdient hat. Indem wir nicht mehr vor den Mitmenschen zurückschrecken und uns meinen, vor ihnen schützen zu müssen, sondern auf sie zugehen, können wir auch unsere eigene innere Vielfalt begrüßen.

So wie im Außen die vielen Menschen Vielfalt bedeuten, so bedeuten sie es auch in unserem Inneren. Wir haben so viele Personen in uns, dass wir ein ganzes Dorf damit bevölkern könnten! Wir haben zum Beispiel den Denker in uns, die Grüblerin, den Genießer, die Gestalterin, den Schöpfer, den Gefühlsmensch, die Romantikerin, den Aufbrausenden, Ungeduldigen, Zweiflerischen, Ängstlichen, die Ästhetin, den Knickrigen, die Urteilende, den Begeisterten, die Lösungsorientierte, den Analytiker und viele mehr.

Indem wir auf diese Persönlichkeitsaspekte in uns zugehen, erfahren wir mehr über uns. Während wir den romantischen, ästhetischen, genießerischen und schöpferischen Aspekt in uns vielleicht lieben, lehnen wir den ängstlichen, ungeduldigen, wütenden ab. Auch auf diese Aspekte sollten wir zugehen und fragen: „Wovor hast du Angst? Und wie lange hast du schon Angst? Was würde dir die Angst nehmen?“ Den Ungeduldigen in uns könnten wir fragen: „Warum meinst du, keine Zeit zu haben? Was würde passieren, wenn du fünf Minuten später kämst? Was würde geschehen, wenn du den anderen seinen Satz beenden ließest und ihm nicht aus Ungeduld ins Wort fallen würdest? Wie würde sich mehr Geduld auf dein Leben auswirken? Auf deine Ehe, deine Kinder, deine Freunde und Kollegen?“

Die Grüblerin in uns könnten wir fragen: „Bevor du dir den Kopf zermürbst, wäre es da nicht sinnvoller zu schauen, worüber du die ganze Zeit grübelst und was du eigentlich anstrebst, um dann nach einer Lösung zu suchen?“ Den Aufbrausenden in uns könnten wir fragen: „Worüber regst du dich auf? Ist es nur der Autofahrer vor dir, von dem du meinst, dass er falsch fährt oder sitzt dein Zorn tiefer? Kann es sein, dass schon lange eine Wut in dir schwärt? Wenn ja, warum?“ Die Knickrige in uns könnten wir fragen: „Warum sparst du? Und woran? Vielleicht an deiner Liebe? Warum? Hast du zu wenig bekommen? Und wenn ja, ist es dann logisch auch wenig zu geben? Oder wäre es vielleicht logischer, viel zu geben, damit nicht jemand anderer wiederum zu wenig bekommt?“

Den Urteilenden in uns könnten wir fragen: „Warum bewertest du ununterbrochen das, was die anderen machen? Tut es dir wirklich gut, wenn du meinst es besser zu wissen oder zu machen als der andere? Und bist du sicher, dass der andere es schlechter macht als du? Was würdest du verlieren, wenn du die Menschen in deinem Umfeld mehr loben würdest?“

Täglich haben wir so viele Möglichkeiten, das Jahr schenkt uns täglich neue Tage, die noch ungelebt sind, unbeschriebene Seiten, die gefüllt werden wollen. Das ist aufregend und erinnert uns daran, dass wir die Autoren unseres Lebens sind. Alles hängt davon ab, was wir sagen und wie, wann wir es sagen und ob. Ebenso wirken sich unsere Gefühle, Gedanken und Taten aus. Jedes Detail, das wir verändern, bewirkt eine Veränderung in unserem Lebensstrom. Wir sind die Gestalter und Nutznießer der Verbesserungen, die wir innerlich vornehmen und in gelebte Realität umsetzen. Es soll für jeden von uns ein schöner Roman werden, mit wunderbaren Wendungen zum Guten und Erfüllenden. Und es wird kein kitschiger Roman, denn das menschliche Glück kann niemals kitschig sein!

IMMER WIEDER NEU

Ohne Kreislauf wären wir tot.

Die Zeit will gestaltet werden. Deshalb ist es wichtig, jeden Morgen mit Lebensfreude und Liebe zu beginnen und humorvoll mit kleinen und großen Hindernissen umzugehen. Das, was wir uns von den anderen wünschen, sollen wir auf jeden Fall täglich selber proben und ausführen.

Mein Lächeln wird dein Lächeln. Mein Lachen wird dein Lachen. Fehler können wiedergutgemacht werden. Aus Fehlern kann sogar etwas Neues, Besseres erwachsen, wenn wir kreativ mit ihnen umgehen und nicht starr bleiben. In der Natur gibt es keine starren Abläufe. Es gibt gewohnheitsmäßige Abläufe, die aber immer reaktionsbereit sind auf das, was sich anbietet. Pflanzen reagieren auf Trockenheit, indem sie Wasser sparen; sie reagieren auf Schädlinge, indem sie chemische Abwehrstoffe produzieren; sie reagieren auf Kälte, indem sie ihre Oberflächen schützen und sich zusammenrollen. Tiere reagieren ebenso flexibel, suchen neue Nistplätze, erschließen andere Futterquellen, wenn die alten versagen, bringen sich in Sicherheit, wenn Gefahr droht und fangen immer wieder neu an. Je flexibler und aufmerksamer wir sind, desto seltener droht uns die Gefahr der gefühlten oder gar gedachten Ausweglosigkeit. Lösungen umgeben uns. Unsere eingeborene Fähigkeit, diese Lösungen zu erkennen, ergreifen und umzusetzen, hat uns weit gebracht.

Die Bequemlichkeit, an erprobten Lösungen festzuhalten, obwohl sie durch den Wandel der Zeiten und Umstände keine echten Lösungen mehr darstellen, verwandelt sich in Sturheit und Unbeweglichkeit. Manchmal sind wir zu bequem, uns etwas Beliebiges zu holen, weil wir dann aufstehen oder eine Treppe besteigen müssten. Und wenn kein anderer da ist, der es uns bringt, verzichten wir auf die Erfüllung des Wunsches. Diese Art der Bequemlichkeit verwandelt sich mehr und mehr in einen unfreiwilligen Verzicht. Wir geben uns zufrieden mit dem, was wir ohne Mühe erreichen können. Das lässt uns nicht nur unfrei werden, sondern auch unkreativ; es sei denn, wir konstruierten eine Vorrichtung, mit der wir, ohne aufstehen zu müssen, den Kühlschrank in der Küche vom Wohnzimmersessel aus öffnen und dazu einen Roboter heranzitieren könnten, der uns die Flasche geöffnet an den Mund setzen würde. Wenn wir allerdings nur noch schlucken, ohne all die Handlungsschritte davor zu unternehmen, entwickeln wir uns in eine ungewollte Richtung. Denn Bequemlichkeit führt nicht zwangsläufig zum Genuss. Je weniger wir tun müssen, um etwas zu erreichen, desto seltener aktivieren wir unsere besten Fähigkeiten und desto häufiger werden wir Opfer verschiedenartigster Anfälle, sei es Langeweile, Depression, Krankheit oder Übellaunigkeit.

Wenn wir wirklich frei werden oder bleiben wollen, dann brauchen wir Bewegung: Geistige, seelische und körperliche Bewegung. Wir scheuen dann keine Wege, weder geistig, seelisch noch körperlich. Wir bleiben beweglich, genau wie die kindliche Fassung unserer selbst, die wir für immer und ewig im Herzen tragen werden. Es gilt das Prinzip: Wenn es so nicht geht, geht es anders. Das, was nicht funktioniert, darf zugunsten dessen, was funktioniert, fallengelassen werden. Wir sind wie Wasser, das sich seinen Weg sucht und in Fluss hält, schäumt oder stillhält, spiegelt oder bis zum Grunde durchsichtig ist; wir sind wie Feuer, Kaltes erwärmend, Unnützes verbrennend, antreibend und erleuchtend; wir sind wie Luft, die in Schwung bringt, begeistert, mit Sauerstoff versorgt und fliegen lässt; wir sind wie Erde, die Stabilität verleiht und das trägt, was wir auf ihr errichten wollen. In unserem Menschsein vereinen wir die Elemente und tragen durch ihre Vergeistigung zur Verbreitung der Liebe bei.

GEFÜHLE FÜHREN

Ein Gefühl, das uns plötzlich ins Gehirn springt, kann zu Reaktionen verleiten, die hirnlos und noch nicht einmal romantisch sind

Vieles geschieht, was uns und alle Bewohner des blauen Planeten durchgeschüttelt und aufgeschreckt hat. Nach unserem verinnerlichten Hölderlin-Motto („Wo aber Gefahr wächst, wächst das Rettende auch!") gehen wir im idealen Falle und aufgrund unserer Entscheidungsfähigkeit mutig weiter und lassen uns die Lebensfreude und das Wundern nicht nehmen. Wundern können wir uns über die Wunder, die der Planet in seiner Vielfalt, Vernetzung und Beweglichkeit zu bieten hat; Wundern können wir uns auch über uns selber als Vertreter der Menschheit und darüber, dass wir so und nicht anders sind und darüber, dass es immer wieder einzelne gibt, die sich in Gruppen zusammenfinden, denen die Weitsicht der geistbetonten Liebe abhandengekommen ist.

Diese Art von Wundern darf uns auf keinen Fall lähmen, denn auf der anderen Seite vernetzen sich immer mehr Menschen, denen die Weitsicht der geistbetonten Liebe eben nicht abhandengekommen ist und die immer mehr zum Handeln drängen. Sie/wir wollen keine Kriege, weder computeranimierte noch „reale", weder gegen Menschen noch gegen Tiere, die Natur oder Wesen von anderen Sternen. Wir wollen unseren Planeten nicht nur retten, sondern auch hegen und pflegen und uns täglich an ihm freuen. Hierzu brauchen wir unbedingt eine neue und zugleich uralte Art des Denkens. Das neutrale wissenschaftliche Denken, das die Gefühlswelt als chaotischen Angriff auf die Wahrheit definiert, führt uns in das Chaos der Gefühllosigkeit: Diese zieht, wie wir in unseren „freien" demokratischen Gesellschaften beobachten müssen, unsoziales Handeln bis hin zu totaler Verantwortungslosigkeit nach sich. Es ist wichtig, sich hier eindeutig zu positionieren.

Unser neues/uraltes Denken ist geistbetont, aber nicht lieblos und gefühlskalt. Es ist ein Denken, das vom genialen Gehirn und vom weisen Herzen gelenkt wird. Ich rede hier nicht von Gefühlen. Wie ich schon in der Gedankenschule betont habe: Gefühle können nicht denken! Der Geist denkt im Verein mit dem Herzen und lenkt die Gefühle. Gefühle, die machen dürfen, was sie wollen und müssen (- wenn zum Beispiel Schmerzpunkte aktiviert werden, sodass wir, ohne groß nachzudenken, reflexhaft in Panik, Verzweiflung oder Wut verfallen -), können uns nicht in die ideale und zuverlässige Welt der Liebe führen. Nur der Geist im Verein mit dem Herzen kann dies tun. Die Gefühle dürfen in der Folge das ausführen, was Königin und König im System beschlossen haben. Herz und Geist werden niemals beschließen zu hassen, neiden, morden, auszunutzen, zu manipulieren, alles Schöne nach und nach zu vernichten! Sie werden nämlich genau das Gegenteil bewirken wollen und können.

Gefühle müssen unbedingt geführt werden. Dies lässt uns keineswegs zu Robotern mutieren, im Gegenteil: es verwandelt uns in wahre Menschen. Wer das nicht versteht, versuche sich kurz einen jähzornigen Jesus vorzustellen oder einen intrigierenden oder neidischen oder gar mordenden.

Einstein notierte dereinst: „Die einzige Möglichkeit, mit der Komplexität der menschlichen Gefühle fertigzuwerden, ist, sich in die Wissenschaft zu stürzen und das Nichterklärte zu erklären." Das ist lobenswert, funktioniert aber leider nicht. Die neutrale Wissenschaft kann vieles erklären, nur das Verhalten der einzelnen Menschen nicht, die durch zu viele „unwissenschaftliche" Prägungsprozesse gegangen sind, die sich nicht mehr rekonstruieren lassen; es sei denn, man erfindet einen Gehirnscanner, der nicht nur Erinnerungen abfragen kann, sondern auch Billionen über Billionen Verknüpfungen spezifischer Sinneseindrücke und Gefühlsverschränkungen, über die jedes Individuum verfügt und die dafür zuständig sind, dass sie/er sich so und nicht anders verhält.

Die Komplexität der menschlichen Gefühle kann einzig und allein unser, mit der Liebeskraft verkoppelter Geist mithilfe seiner Intuition einsehen und führen. Was genau ist diese Intuition, diese geheimnisvolle Fähigkeit, mittels derer wir Menschen gleichsam Überirdisches vollbringen können und der sich auch ein Einstein bedient hat, um sich gloriose Erkenntnisse „einfallen zu lassen", worüber wir mehr als dankbar sind, denn wir brauchen dringend Menschen, die sich ihrer Schöpferkraft und ihres Einfallsreichtums bedienen, um die Welt sowohl zu erklären als auch zu erhalten. Einstein beschrieb es so: „Der intuitive Geist ist ein heiliges Geschenk und der rationale Verstand ein treuer Diener. Wir haben eine Gesellschaft erschaffen, die den Diener ehrt und das Geschenk vergessen hat."

Das rein Materielle am Menschen, sein Körper, Ausprägung dessen, was sein unsterblicher Geist ausgeprägt haben wollte, wird eben nur Geniales im kleinen oder größeren Sinne empfangen können, wenn er sich der Intuition bedient. Die Intuition verweist auf unsere „göttliche Herkunft." Geistige Wesen, die sich eines Körpers bedienen, um auf einem Planeten Wunder im einen oder anderen Sinne zu vollbringen, sind immer an die rein geistige Welt gekoppelt, die einen weitaus größeren Überblick über die kosmische Vernetzung gewährt, als unsere imaginäre „Realität" mit ihrer Desinformationsquote dies zulässt. Die typisch irdisch geprägte Desinformationsmöglichkeit entsteht aus dem Phänomen der subjektiven Wahrnehmung; wenn nämlich jedes Subjekt die Realität aus seiner ureigenen Perspektive betrachtet, entstehen genauso viele Realitäten wie es Subjekte gibt.

DER MODERNE GOLEM

Wenn wir Roboter erfinden,
werden sie uns überflügeln.
Leider sind sie keine Vögel.

Wissenschaftler finden fast täglich Neues und Sensationelles im menschlichen Körper und vor allem im Gehirn. Die Funktionsweise unseres Gehirns ähnelt so sehr dem Prinzip des Computers, den wir bewundern und mit dem wir denken, niemals konkurrieren zu können, dass wir unsere Einstellung noch einmal überdenken und korrigieren sollten. Wir sind klüger als wir denken. Einige von uns meinen vielleicht, diese Aussage gelte nur für einen gewissen Prozentsatz der Menschheit, unterschätzen sich täglich und überlassen das Denken immer mehr den „Intelligenteren", den Erfindern, „Machern", den Erfolgreichen, den „Superhirnen" und zunehmend den Maschinen, die von den Superhirnen „ins Leben gerufen" worden sind gleich dem Golem, den Rabbi Löw im 16. Jahrhundert als Wächter und Absicherung der Prager Judengemeinde gegen die Vorwürfe des Priesters Thaddäus erschuf, die Juden schlachteten Kinder für ihre Rituale; die Juden hatten damals zunehmend damit zu kämpfen, dass man ihnen an Krankheiten oder Unterernährung gestorbene Kinder in die Gassen warf und sie des Ritualmordes beschuldigte.

Der Golem, dieser riesige Mensch, den Löw zusammen mit seinem Schwiegersohn und einem Schüler aus Lehm baute und durch kabbalistische Formeln beschwor, war sehr dumm und tat nur das, was man ihm befahl. Er funktionierte, indem man ihm den Namen Gottes („Ha Shem" Der Name) unter die Zunge legte und hörte auf zu funktionieren, wenn man den Zettel entfernte, was regelmäßig am Shabbat geschah. Als Rabbi Löw einmal vergessen hatte, den Zettel am Samstag herauszunehmen, begann der Golem zu randalieren, und es gelang dem Rabbi nur mühsam, den Robotermenschen wieder zu zähmen. Ein anderes Mal hatte seine Frau, trotz Golem-Aktivierungsverbot, die gloriose Idee, den Lehmriesen zum Wasserholen heranzuziehen. Während der nun Eimer für Eimer ins Haus schleppte, ging sie einkaufen. Dummerweise hatte sie vergessen, dass ein Golem für jeden Schritt einen neuen Befehl benötigt, und so war das Haus überflutet, als sie zurückkehrte, und der gute Rabbi musste es wieder richten.

Es gab noch eine andere „On-and-off-Funktion“: Auf die Stirn des Lehmmenschen prägte der Rabbi in Hebräisch das Wort „Emet“ (Wahrheit); löschte man den ersten Buchstaben, verwandelte sich das Wort in „Met“ (Tod), und der Golem war deaktiviert. Das alles geschah, der Sage nach, in den Jahren 1580 bis 1592, dem Jahr, in dem Rabbi Löw und seine große, jüdische Gemeinde von Kaiser Rudolph II. Schutz zugesichert bekam.

Als im Weizmann-Institut in Rehovot 1965 ein neuer Großrechner in Betrieb genommen wurde, schlug der berühmte Religionshistoriker und Schriftsteller Gershom Sholem dem Erbauer vor, den Computer „Golem I“ zu nennen, eine Idee, die dieser übernahm mit der Bedingung, Sholem solle die Einweihungsrede halten, was jener natürlich tat.

Mensch und Maschine, Schöpfer und Geschaffener, Meister und Schüler – das ist ein großes Thema, das uns immer wieder und immer neu umtreibt. Egal, ob wir Maschinen nutzen oder nicht, sollten wir uns dessen bewusst bleiben, dass wir die Schöpfer der Maschinen sind und die Meister bleiben sollten. Unser Gehirn ist imstande, Großartiges zu leisten, allerdings muss es genutzt werden; denn ein faules Gehirn, das immer weniger zum Denken herangezogen wird, bildet sich zurück und schläft ein. Das heißt übersetzt: Je weniger wir uns zutrauen, desto weniger können wir leisten. Jeder Griff zum Navigationsgerät verringert unsere Fähigkeit, uns zu orientieren und Wege zu finden. Jede Erinnerungshilfe verringert unsere Fähigkeit, etwas zu behalten; so wie schon jedes Foto unsere Fähigkeit der Wahrnehmung einschränkt. Bei einem Besuch in der jordanischen Nabatäerstadt Petra führte uns der gebildete Führer Hussein durch den spektakulären Ort mit seinen Tempeln und Wohnstätten aus rotem Sandstein. Er berichtete von einem Japaner, der fleißig jeden Schritt fotografisch festgehalten hatte. Am Schluss der Führung fragte Hussein ihn, ob ihm Petra gefallen habe. Der Japaner antwortete, das wisse er noch nicht, er müsse sich erst im Hotel die Fotos anschauen.

Ab Mitte der 2020ger Jahre sollen Flugtaxis das Verkehrsproblem der großen Städte gelöst haben. Gearbeitet wird mit Hochdruck an der Entwicklung von Quadrotoren (Modelle mit vier Rotoren), Volocoptern und anderen Modellen. Getüftelt wird am Hauptproblem des Antriebs der Senkrechtstarter, da die Flugmaschinen schwerer werden, je längere Strecken bewältigt werden müssen. Das hängt mit den Batterien zusammen, bei einer Reichweite von 90 Kilometern läge bei einem Einsitzer ohne Passagier das Gewicht bei 450 Kilogramm plus dem Batteriegewicht von 124 Kilogramm. Es gilt, einen Riesenschub aus dem Stand zu entwickeln, zehn Mal mehr Schub im Vergleich zu einem Flugzeug, das sich seine Geschwindigkeit auf dem Rollfeld durch den Auftrieb an den Tragflächen erarbeitet. Im Vergleich zu einem dieselbetriebenen Auto-Taxi schneiden die Flugtaxis noch schlecht ab, sie würden doppelt so viel CO2 ausstoßen, es sei denn, sie würden mit Solarstrom angetrieben. Metallene Käfer mit kreisrunden Antennen und vielen kleinen Rotoren mit kippbaren Flügeln sollen die Menschen also aus dem Stauchaos der Straßen heben und in Minutenschnelle zum Zielort bringen, falls, wie der ZEIT-Journalist Niels Boeing ironisch und weitsichtig schreibt, „der Himmel über Berlin frei und nicht von tausenden anderen Lufttaxis verstopft ist."

Dieser kleine Satz umschreibt genau das Problem: Wir werden auf den Straßen und im Himmelsraum Stau bekommen. Unsere Städte werden noch unruhiger und lärmbelastender. Die Menschen werden davon noch kränker. Und die Vögel werden die Städte künftig meiden müssen, um zu überleben. Wie wäre es mit Laufen oder Fahrradfahren an trockenen

Tagen und U-Bahn- und Straßenbahnnutzung an nassen? Warum so viel Technik? Warum können wir nicht einfach aufstehen und den Lichtschalter an- und ausschalten? Warum können wir nicht von A bis B gehen, sondern brauchen ein Fahrzeug dafür? Weil die Technikfreaks herumspielen wollen. Weil die Wirtschaft sofort aufspringt und Milliardengeschäfte wittert. Das ist schön für sie, aber wir müssen ja nicht jeden Unsinn mitmachen.

Das technische, mathematische, sich als „reine" und somit erstrebenswerte Form des Denkens Gebende klammert häufig die Aspekte im menschlichen Dasein aus, die die innere Harmonie unterstützen und erhalten und die Verbindung aller Geschöpfe miteinander nachvollziehbar werden lassen. Hierzu eine Anekdote über den deutschen Mathematiker, Astronomen und Physiker Carl Friedrich Gauß (177-1855). Er tolerierte die Existenz von Musik, liebte sie aber nicht sonderlich. Oder besser: Sie interessierte ihn weit weniger als seine eigenen Fachgebiete, obwohl Musik von ihrem Schwingungsaspekt, den mathematischen Aspekten, ihrer Struktur und höheren Ordnung her weit mehr damit zu tun hat, als er wissen wollte. Anders sein Mathematiker-Kollege Johann Friedrich Pfaff, der Musik verehrte und regelmäßig Konzerte besuchte. Pfaff bearbeitete Gauß derart hartnäckig, dass der sich irgendwann dazu herabließ, seinen Freund ins Konzerthaus zu begleiten und sich Beethovens neunte Sinfonie anzuhören. Der beeindruckende Schlusschor der globalen Völkerverständigung dröhnte auf, Gauß hörte unbewegt zu. Als der Applaus verklungen war, fragte Pfaff ungeduldig: „Nun? Ist das grandios oder nicht?"

Gauß antwortete ungerührt: „Und was ist damit bewiesen?"

Solange uns die Maschinen dienen und uns nicht überflügeln oder dominieren wie der Golem mit seinen Wassereimern, haben wir kein Problem. Und solange es Strom gibt, haben wir auch kein Problem, zumindest nicht, was die Funktionsweise der Maschinen angeht; denn die Strommenge muss gemäß den wachsenden Wünschen der wachsenden Weltbevölkerung ebenfalls wachsen. Gibt es jedoch einen simplen Stromausfall, haben wir ein großes Problem. Waschen und Spülen können wir notfalls mit der Hand, das bekommen wir auch mit kaltem Wasser hin, andere, größere Prozesse jedoch haben uns zu abhängig werden lassen.

Letztlich aber sind und bleiben wir Schöpferwesen. Solange wir uns dessen bewusst werden oder bleiben, sehen wir alles, was auf der Erde passiert und das, was wir passieren lassen, als Herausforderung. Dabei hilft die Erkenntnis, dass sich alles immer bewegt, immer im Fluss ist, dass es „passiert", also vorübergeht und nicht stehenbleibt. Wenn wir mitgehen, uns auch bewegen, uns immer wieder neu aufstellen, Fragen und Antworten suchen und finden, werden wir immer wieder Neues erschaffen, das Leben genießen und uns nicht unterkriegen lassen.

Immer
erreichbar und
doch hermetisch
verschlossen. Wo der
Klingelknopf funktioniert,
ist niemand zu Haus. Die
elektronischen Augen
klimpern so frech,
dass dein
Herzblut
ins Rascheln
gerät. Schrittmacher
zählen die Versdialoge, derweil
Non-sens deine Sinne zerstäubt. Andere
als du sollen das Fühlen lernen und werden
immer emsiger gespeist. Doch fürchte dich
nicht - als seltene Erde bist du noch
erwünscht.

AB WANN IST GEWALT GERECHTIGKEIT?

Wir sind geistige Wesen, die in Liebe kamen.
Unsere Gerechtigkeit kann niemals auf Rache beruhen.
Rache ist ruhelos und lässt niemanden je zur Ruhe kommen.

Ab wann ist Gewalt Gerechtigkeit? Oder ist Gewalt nie Gerechtigkeit? Und ab wann ist Gewalt Gewalt? Ab wann wird aus einer Berichtigung eine Bevormundung? Ab wann verwandelt sich der hilfreiche Impuls in eine engagierte Anregung in einen Vorschlag, in eine Manipulation, in eine Forderung, in eine Druckausübung, in einen Zwang, in eine Gewalttat? Wenn wir Zeuge eines Unrechts werden, beispielsweise Raubmord oder Vergewaltigung, ist Gewalt gegen den/die Täter dann gerechtfertigt oder nicht? Ist die christliche Lehre vom Hinhalten der anderen Wange eine hilfreiche Anweisung, und wenn ja, wofür? Für ein Leben in Demut und Unterwerfung, falls es dem einen gefällt, den anderen zu drangsalieren? Oder für ein Leben in strahlender mentaler Kraftausübung, bei dem das Ausmaß unserer Liebe derart groß ist, dass sich niemand an uns herantrauen würde oder wollte, da unsere Liebe die Liebe des anderen, dessen Respekt oder zumindest dessen Angst spontan erwecken würde?

Wie steht es mit unterdrückten Völkern? Sollen sie sich friedlich wehren und auf Gewalt verzichten, selbst wenn sie dabei umgebracht werden? Soll die Hongkonger Jugend aufgeben, da ihr friedlicher Protest selbst in hundert Jahren kein Einlenken der chinesischen Staatsmacht hervorrufen wird? Oder soll sie sich weiter radikalisieren und gewalttätig werden? Sollen die Palästinenser, die von Israel vertrieben wurden, auf ihre Heimat verzichten? Sollen sich die Juden abschlachten oder ins Meer treiben lassen, wie ihnen immer wieder von palästinensischer oder iranischer Seite aus verkündet wird? Soll die Jugend von Gaza, die im letzten Jahr einen Aufstand gegen die radikale Hamas wagte, wieder schweigen? Sollen die muslimischen Frauen, die schon als Kinder zwangsverheiratet werden, auf ihre Rechte verzichten? Sollen die Frauen, die schon als

Kinder beschnitten werden, dies weiter hinnehmen? Sollen die Kinder, die von gewissenlosen, kriminellen Banden als Soldaten missbraucht werden, dies tolerieren? Sollen die Chilenen, Venezolaner, Amazonasindianer, sollen die unterdrückten Minderheiten, die Entrechteten, wegen freier Meinungsäußerung Verfolgten sich besser wieder verkriechen und schweigen, um keinen „Ärger" heraufzubeschwören?

In Mexiko kursiert der Spruch: „Sie haben uns begraben und vergessen, dass wir Samen sind." Und die nicaraguanische Menschenrechtlerin und Anwältin Vilma Nuñez de Escorcia sagt dazu: „Ein Recht, das man nicht verteidigt, ist ein Recht, das man verliert."

Wir sind geistige Wesen, die in Liebe kamen. Unsere Gerechtigkeit kann niemals auf Rache beruhen. Rache ist ruhelos und lässt niemanden je zur Ruhe kommen. Aber sind wir unserer Güte und unserem Liebeswillen ausgeliefert? Sind wir, was man verächtlich „Gutmenschen" nennt, nur weil wir an das Gute glauben und es im Gegenüber heraufbeschwören wollen? Indes: In dem berühmten amerikanischen Western „High Noon" von 1952 erschießt die zur vollkommenen Gewaltlosigkeit erzogene Quäkerin einen Banditen, um ihren frisch angetrauten Mann zu retten. Wir, die Zuschauer, finden das unwillkürlich richtig, obwohl ein Mensch getötet wird. Darf man töten, wenn es „den Richtigen" trifft? Wir müssen uns immer wieder neu diesen Fragen stellen, denn es gibt sie, solange es Menschen gibt. Man mag es einen Schöpfungsfehler nennen, eine Herausforderung, eine Prüfung - übrig bleibt immer wieder der Mensch und die Entscheidung.

Dort, wo es Menschen gibt, gibt es Liebe, Toleranz, Freundschaft, Kunst und Kultur. Dort, wo es Menschen gibt, gibt es Hass, Vorurteile, Isolation und Verweigerung. So sind wir erschaffen. Oder: So erschaffen wir uns selber. Denn wir haben natürlich die Möglichkeit, uns jeden Morgen vorzunehmen, bessere Menschen zu sein oder werden. Wir können anderen helfen, Frohsinn verbreiten, Impulse geben, Wissen und

Weisheit verbreiten. Wir können uns auch verweigern, aufbegehren, pöbeln, unsere Wut heraushauen. Je nachdem, wie wir „gestrickt“ sind und was wir erlebten, neigen wir zum einen oder anderen.

Es kann sein, dass Menschen, die eine schlimme Kindheit verlebten, sich zu einem idealen Leben entschließen, dann aber durch andere Menschen wieder so viel Schlimmes erleben, dass sie irgendwann aufgeben. Vielleicht wollen sich diese Menschen nach dem abgewandelten Motto „Gebranntes Kind schürt Feuer“ an irgendjemandem rächen. Vielleicht an denen, die es ihrer Meinung nach besser hatten. Es ist dann egal, zu welcher Entschuldigung sie greifen. Sie können sich dem Nazitum zuwenden, dem Islamismus, dem Kommunismus. Sie können einen Gott als Entschuldigung zu Hilfe nehmen, aber ebensogut eine gottleugnende Ideologie wählen - übrig bleibt der Narzissmus eines Wesens, das sich nicht geliebt, nicht beachtet, nicht unterstützt fühlt.

Was den Antisemitismus angeht: Den Juden ist es egal, ob sie von den Ultralinken als Faschisten bezeichnet werden, die in Gaza den Holocaust betreiben, von den Rechten, wozu auch einige Kirchenleute gehören, als Untermenschen und Christusmörder, aus muslimischen Kreisen als Usurpatoren und Schlächter und von allen zusammen als zionistische Weltverschwörer, die die globalen Finanzströme für ihre Zwecke missbrauchen. Die Juden indes wollen einfach in Ruhe gelassen werden. Sie haben keine Lust dazu, ständig ein Schild um den Hals zu tragen, auf dem entweder steht: „Ich bin Jude, schützt mich, weil es eure moralische Pflicht ist!“ oder „Ich bin Jude, ich bin so intelligent und toll und erfolgreicher als alle anderen.“ Sie wollen einfach leben und als Menschen beachtet werden, nicht als Religionszugehörige. Religion ist nämlich Gott sei Dank Privatsache. Auch die meisten Muslime wollen ihrer Religion einfach angehören und ansonsten das machen, was alle machen: Leben. Die Christen in muslimischen oder kommunistischen Länder möchten das auch gerne dürfen. Sie sind inzwischen sehr tolerant, werden aber häufig in ihrem einfachen Wunsch, ihrer Religion anzugehören und demgemäß zu leben, nicht respektiert. Es soll aber beim menschlichen Miteinander nicht um Religion, Anschauung, Prinzipien gehen. Es soll um das Menschsein gehen, um die Gerechtigkeit, um die Liebe.

Wie gehen wir also mit dem Problem um, dass einige und nicht wenige es einfach nicht lassen können, anderen dreinzureden und ihnen vorschreiben zu wollen, was sie tun, lassen, denken, nicht denken, wollen, nicht wollen sollen und sie dann sogar noch mit Vertreibung, Verletzung oder Tod bedrohen?

Um Ungerechtigkeit zu vermeiden oder wenigstens zu verringern, ist es wichtig, sich zu positionieren. Wir sollen nicht in die andere Richtung schauen, wenn etwas geschieht, wo wir geistig, seelisch und körperlich anwesend sein sollten. Wenn wir aus Bequemlichkeit Unrecht geschehen lassen, es weder anmahnen noch ahnden, wird uns das Unrecht irgendwann auf den Kopf fallen.

In den Schulen hat sich zum Beispiel das Unrecht ausgebreitet. Schüler berichten schon in der Grundschulzeit, dass sie sich auf dem Schulweg, im Bus, auf dem Pausenhof nicht sicher fühlen. Pöbeleien und gewalttätige physische und psychische Auseinandersetzungen in den Schulen breiten sich aus. Die Lehrer sind oft ohnmächtig. Wie jüngst berichtet, sendete ein Grundschüler einen Pornofilm an die Klassen-App, alle Kleinen bekamen die verstörenden Bilder zu Gesicht außer dem Lehrer, der aus Datenschutzgründen von der App ausgeschlossen war und dementsprechend nicht angemessen und zeitnah reagieren konnte. Strafen sind seit vielen Jahren verpönt. Es ist gut und richtig, dass die Lehrer nicht mehr körperlich züchtigen dürfen, was aber ist gegen Nachsitzen, Strafarbeiten und folgenreiche Einträge ins Klassenbuch einzuwenden? Die Lehrer verkommen zu ohnmächtigen Hampelmännern und werden folgerichtig von den Schülern verachtet, in deren Familien der Stärkere das Sagen hat. Lehrer aber, die zu Recht Angst vor solchen Schülern und

Klassensituationen entwickeln, können keine Vorbilder für diejenigen sein, die ein Bewusstsein für Recht und Unrecht heranbilden und mutig zu ihren Positionen und zu den Bedrängten und ungerecht Behandelten stehen sollen. Lehrer müssen schon in der Ausbildung lernen dürfen, wie sie sich in Klassen am besten schon in der ersten Stunde durchsetzen können. Sie werden nämlich erst dann verehrt, wenn sie nicht nur den Lehrstoff inspiriert und begeisternd weitergeben können, sondern auch, wenn sie imstande sind, die nötige Ruhe, den respektvollen Umgang miteinander, folglich die Sicherheit und die ideale Lernatmosphäre aller im Klassenraum zu garantieren.

In diesem Zusammenhang kann jede/r Einzelne etwas tun. Bei sich. Jede/r von uns bewohnt im Normalfall einen Körper, der ihr/ihm gehört. Im Kopf sitzt die Schaltzentrale mit absoluter Kommandogewalt, im Herzen die Fähigkeit, liebend zu denken. Es reicht, sich jeden Morgen dieser Kombinationsmacht bewusst zu sein, mit deren Hilfe wir echte Entscheidungen treffen können. Entscheidungen benötigen im Vorfeld das möglichst sachliche Durchdenken der Situationen. Wir wägen ab, welche Position wir einnehmen wollen und wie notwendig es ist, sie deutlich erkennbar vorzuleben. Und wir wägen ab, wie wir uns prinzipiell im Alltag und bei den kleinen Geschehnissen, Krisen, entscheidenden Momenten im Miteinander verhalten wollen. Da wir im Allgemeinen seit unserer Geburt lieben und geliebt werden wollen, beschleicht uns unausweichlich ein unangenehmes Gefühl, wenn wir gegen die Liebe verstoßen. Das ist der Gradmesser, an dem wir unser Verhalten ausrichten und korrigieren können. Ein gutes Gefühl breitet sich in uns aus, wenn wir geholfen, ermutigt, aufgebaut, erklärt, verteidigt, zugehört, miteinander Situationen geklärt, Mitgefühl gezeigt, über uns selbst gelacht haben.

Es geht im aktuellen politischen und gesellschaftlichen Prozess nicht GEGEN RECHTS. Es geht UM ALLES. Es geht darum, hinzuschauen, einzuschreiten, überzeugend zu sein, mutig, hilfreich, selbstlos, aber auch stark genug in der Selbstverteidigung. Es geht nicht um: Ich halte die andere Wange hin. Das ist nur heroisch, wenn der Wangenhinhalter mit echter mentaler Größe aufwarten kann und der Schläger aus diesem Grunde auf das Schlagen verzichtet. Wer sich das zutraut, kann das gerne machen.

Wir können in diesem Falle dem anderen ganz klar und gradlinig in die Augen blicken und ihm signalisieren: „Ich habe keine Angst vor dir. Vielleicht solltest du selber Angst vor dir bekommen, dass du Streitigkeiten mit der Faust austragen willst, statt dich dem Problem zu stellen." Mittels der Geisteskraft können wir den anderen bezwingen, falls dies nötig sein sollte. Im Normalfall würde es reichen, ihn zu lieben und herzlich zu behandeln, egal, was von ihm gegeben wurde.

Wer sich das nicht zutraut, hat seinen heiligen Zorn. Wir müssen laut aussagen, wenn etwas nicht stimmt. Es darf keine Zensur geben, ab wann wir ein Unrecht benennen dürfen. Jedes Unrecht muss benannt werden. Jedes Unrecht, das nicht benannt wird, ist ein unbenanntes Unrecht zu viel! Es rumort im Volkskörper.

Viel Unrecht ist in den letzten Jahren geschehen, oder sagen wir besser: seit es Menschen gibt. Auf allen Seiten. Global. Bei der Aufschlüsselung, wer welches Unrecht begangen oder erlitten hat, ist wieder viel neues Unrecht entstanden, durch Fehleinschätzungen, Fehlurteile, unterlassene Urteile, Fahrlässigkeit, Überbelastung, Korruption, ideologische Verhärtungen. Politik, Exekutive und Judikative müssen schneller handeln. Wir dürfen Unrecht nicht länger verschleppen. Denn ein Volkskörper mit „Magen-Darm" ist für Überraschungen prädestiniert, die keiner haben will!

Bevor wir uns aber in die Gruppe derjenigen einreihen, die sich ungerecht behandelt fühlen und dies auch kundtun, sollen wir uns überprüfen:

1. Sind wir wirklich ungerecht behandelt worden? Gibt es Anhaltspunkte, die dagegensprechen und die wir nicht sehen wollen?

2. Haben wir alle Möglichkeiten ausgeschöpft, Situationen im Vorfeld oder im Nachgang zu klären und wandeln? Oder haben wir zu früh aufgegeben? Waren wir zu befangen, zu subjektiv, zu emotional, zu vorbelastet, zu kritisch, zu rechthaberisch?

Es gilt, wie in allen Belangen, die uns betreffen: Je mehr wir selber in die Hand nehmen und für uns lösen können, desto besser. Die „Beauftragung" eines anderen bedeutet: Dieser andere soll etwas für mich tragen und mir dann dabei helfen, mich der Last zu entledigen. Jeder andere Mensch, den wir ins Boot holen, wird die Situation aber aus seiner Sicht beurteilen. Er kann nicht anders. Denn jedes menschliche Wesen ist ein differenzierter und einzigartiger Komplex aus Erfahrungen und Möglichkeiten. Niemand ist mit uns identisch. Deshalb wird ein anderer Mensch zwar andere Komponenten in eine Sachlage bringen, aber aus persönlichen Gründen nicht unbedingt für Klärung sorgen können. Wir können das, wenn wir es wirklich wollen, selber tun. Wir kennen uns nämlich ganz gut. Wir wollen uns vielleicht manchmal nicht so klar erkennen, wie wir es könnten, aber möglich ist es. Wir sollten es wollen. Um der Gerechtigkeit willen.

In vedischer, also sehr alter Zeit gab es in Indien statt sakraler Bauwerke nur Mantras, die heiligen Sätze. Zu jener Zeit galt jedes Wesen als Tempel. Erst später wurde, nach dem Vorbild der Buddhisten, die Idee eines steinernen Tempels entwickelt. Die Menschen leben im Tempel wie die Götter; und die Menschen können Götter und die Götter Menschen werden. Ein Mönch dazu: „Der Tempel ist also nicht nur ein Bauwerk, sondern ein Tempel, in dem wir die Erfahrung des Kosmos machen."

Der Aufbau des Tempels gründet auf dem Prinzip des menschlichen Körpers. Der Tempel wird somit von Anfang an als lebendiges Wesen konzipiert. Von den Decken bis zu den Säulen und den aus Stein gehauenen Fußböden, sind alle Oberflächen heilig. Der Tempel stellt von unten nach oben die sechs Ebenen des Körpers dar. Die Fundamente stehen für die Füße, die Mauern für den Körper; der Tambour, der den quadratischen Grundriss mit einer runden Kuppel abschließt, symbolisiert Hals und Kopf, die vergoldeten Spitzen den Scheitel des Schädels. Das Labyrinth aus Säulenhallen, Höfen und Gängen repräsentiert die Innereien.

Beispiel Brihadisvara-Tempel: Die Anordnung der Gebäude bildet eine Kombination von Quadraten, die für die Erde stehen, und konzentrischen Kreisen, die den Himmel symbolisieren. Diese exakt symmetrische Anordnung repräsentiert die buddhistische Auffassung des Kosmos. In den unterschiedlichsten Formen ist sie in ganz Asien verbreitet: Als Mandala. Mandala bedeutet auf Sanskrit Plan, Kreis oder auch Zentrum und Rang. Es ist das Diagramm, das die Ordnung des Universums darstellt. Alles kommt darin vor. Der Mensch und sein Körper, die Elemente der Natur, die Sonne und die Planeten.

Das Kala-Chakra-Mandala, das als Rad der Zeit bezeichnet wird, ist die vollkommene bildliche Darstellung des Kosmos.

Sie geht zurück auf die letzte Unterweisung Buddhas. Es ist der Plan seines Wegs zur Erleuchtung. Das Rad der Zeit stellt die großen Lebenszyklen dar, vom Makrokosmos zum Mikrokosmos, vom Lauf der Planeten zum Atemzyklus. Alles unterliegt dem Einfluss der Zeit.

Robert Thurman, Professor an der Columbia-Universität in New York, der als erster Amerikaner vom Dalai Lama zum buddhistischen Mönch ordiniert wurde, sagt dazu Folgendes:

„Ein Mandala ist ein alternatives Universum. In dessen Zentrum ist ein göttlicher, ein königlicher Palast. Wir betrachten Mandalas üblicherweise als zweidimensionales, geometrisches Diagramm mit Quadrat und Kreis oder Kreisen im Quadrat oder auch mit mehreren, ineinandergefügten Quadraten. Tatsächlich sind es zweidimensionale Pläne eines dreidimensionalen Gebäudes."

Der Meditierende muss das Mandala visualisieren. Er muss das zu Gestaltende vor seinem inneren Auge erstehen lassen, in seiner Gesamtheit wie im kleinsten Detail. Im Vergleich dazu setzen sich die Architekten heutzutage an den Computer, füttern ihn mit Daten und lassen die Maschine das vollständige Erscheinungsbild in dreidimensionaler Technik erschaffen. Der Mönch hingegen erschafft alles kraft seiner Gedankenmacht. Jeder Himmelsrichtung im Mandala entspricht eine Farbe, ein geistiger Aspekt, eine Eigenschaft des Seins. Kraft seiner Konzentration lässt der Meditierende aus diesem Plan am Boden einen idealen, himmlischen Palast aufsteigen, in dem alle Eigenschaften eines erweckten Buddha vereint sind. Der Meditierende kann sich frei darin bewegen und ihn geistig erforschen.

Robert Thurman: „Mit der Technik des Mandalas lässt sich ein mentaler Raum schaffen, in dem du dich erfüllt fühlst. In ihm kannst du deine Empfindsamkeit entfalten, ohne fürchten zu müssen, verletzt oder unterdrückt zu werden. Das Gebäude sollte diesen erhebenden Raum reflektieren. Es geht also um eine sehr hochentwickelte Wissenschaft des Nervensystems und der Programmierung des Gehirns. Ich bezeichne sie als psychische Neurowissenschaft. Mithilfe fokussierter Vorstellungskraft und einer sehr starken Konzentrationsfähigkeit schaffst du subtile Effekte in deinem Nervensystem. Und die Konstruktionsprinzipien der Architektur sind eng damit verbunden. Diese zutiefst psychologische und spirituelle Wissenschaft liegt der Architektur der meisten hinduistischen oder buddhistischen Tempel zugrunde."

Das Wort Vimana für Tempel (Sanskrit वमिान,) kann auch „Fahrzeuge" bedeuten, Fahrzeuge, mit denen sich die Götter und Helden der indischen Mythologie durch den Himmel bewegten; die Tempel sehen deshalb Mond-Raketen nicht unähnlich. Zecharja Sitchin, dessen Neuübersetzungen sumerischer Keilschriften wunderbare Erkenntnisse vermitteln, entdeckte im Zusammenhang mit dem Turmbau zu Babel ebenfalls die Parallelbedeutungen „Turm - Rakete - Weltraum," was den „Turmbau" in die Nähe des Raketenbaus rückt, mittels derer die damaligen Menschen ins Weltall fliegen wollten.

Dr. V. Raghavan, emeritierter Leiter des Sanskrit-Abteilung der angesehenen Universität von Madras (Chennai), ist überzeugt, dass die in Sanskrit (der uralten, heiligen Sprache Indiens) verfassten Texte beweisen, dass schon in vorgeschichtlichen Zeiten außerirdische Wesen Kontakt mit der Erde hatten: „Fünfzig Jahre Studium der alten Texte haben mich zur Überzeugung gebracht, dass es lebende Wesen auf anderen Planeten gibt und dass sie schon vor über 6000 Jahren die Erde besucht haben."

Das alles beweist: Ein wunderschönes Merkmal des Menschseins ist, dass wir Wissen mit großer Freude sammeln und anwenden dürfen, wir dürfen daraus lernen und es variieren. Wissen ist keine Bürde, sondern ein Geschenk aller an alle.

IST DAS NAZIDENKEN EINE DEUTSCHE ERFINDUNG?

Besserwisserei ist das Gegenteil von Wissen.
Sie enthält eine große Portion Eitelkeit und
Selbstverherrlichungswillen, somit kann
sie schreckliche Auswirkungen haben.

Augenblicklich nehmen wir mit Verwunderung, Empörung und Verstörung das Aufflackern nationalsozialistischen Gedankenguts wahr. Gerade in Deutschland hätten wir das, nach all der flächendeckenden aufklärerischen Arbeit, nicht für möglich gehalten. Wir sind womöglich dabei der Auffassung, das Nazideutschland unter Hitler sei die schlimmstmögliche Form der Menschenverachtung. Das stimmt so nicht, denn es gab immer und überall diese Art der Menschenverachtung. Die Unterdrückungssysteme von Mao und Stalin sind nur Beispiele für Schrecken, in denen Menschen millionenfach „umerzogen", gequält und unter unterschiedlichsten Umständen zu Tode kamen. Der Mensch ist so konstruiert, dass oft die eine Gruppe eine andere Gruppe verachtet. Ein Beispiel: Die nach der großen Hungersnot 1845 in die USA einwandernden irischen Katholiken wurden so lange als Trinker, Raufbolde und Agenten des Papstes diffamiert und auf ärgste bekämpft, bis sich nicht wenige von ihnen mit den Sklavenhaltern zusammenschlossen, gegen Afroamerikaner vorgingen und an Lynchmorden teilnahmen, um somit ihren Platz in der Hackordnung einnehmen zu können. Im zwanzigsten Jahrhundert verstiegen sich irisch-stämmige Anführer wie Father Coughlin oder Joseph McCarthy dann zu einem aggressiven Antisemitismus.

Es ist bekannt, mit welch besserwisserischer Borniertheit die Briten ihr Weltreich aufbauten und die unterworfenen Völker als minderwertig einstuften. Francis Galton, ein Darwinanhänger, erfand 1883 den Begriff „Eugenik," was soviel wie Erbgesundheitslehre bedeutet. Es ging ihm und vielen anderen Wissenschaftlern, Politikern, Publizisten aus den USA, Kanada, der Schweiz und Skandinavien sowie bekannten Intellektuellen, um die Erhaltung der Rassenreinheit und Ausschaltung erbbedingter Faktoren, die die Menschheit degenerieren ließen, wie Geisteskranke, Personen mit Missbildungen, Epileptiker. Bestimmte Rassen wurden für minderwertiger als andere erklärt.

Der angloamerikanische Rechtsanwalt Madison Grant ist gleichermaßen berüchtigt wie, noch heute bei den Nazis in aller Welt berühmt für seine Hauptwerke: „The Passing of the Great Race“ (1916) (Der Untergang der großen Rasse, 1916) und „The Conquest of a Continent“ (Die Bezwingung eines Kontinents, 1033). In ihnen wird die Überlegenheit der blonden, blauäugigen Herrenrassen beschrieben, die es zu bevorzugen gälte, während man unterlegene, minderwertige Rassen ausmerzen solle. Er benutzte auch den Begriff „nordisizing“, den wir bei den Nazis als „aufnorden“ wiederfinden. Andere Begriffe wie Rassenaufartung „Race betterment“ und Untermensch „underman“ entstammen den Schriften amerikanischer Eugeniker. Für Hitler war „Der Untergang der großen Rasse“ mehr als nur ein Text. Er schrieb begeistert an Madison, das Buch sei eine Offenbarung, quasi „seine Bibel.“ Er zitierte häufig daraus, auch in „Mein Kampf“ und kopierte vieler der verschrobenen, pseudowissenschaftlich untermauerten Allmachtsfantasien. Das von Grant für Hitler gewidmete Exemplar des Buches, welches die amerikanischen Soldaten 1945 in Hitlers Bibliothek im ersten Stock seines Berghofes am Obersalzberg fanden, befindet sich heute in der „Library of Congress“ in Washington.

Grants Ansichten waren in den USA in den 1920ger Jahren extrem populär und bewirkten eine extrem feindliche Einstellung süd- und osteuropäischen, sizilianischen, spanischen, polnischen, chinesischen, jüdischen und deutschen Einwanderern gegenüber. Iren, Polen, Italiener und Spanier galten fortan als „nicht vollständig weiß.“ Es gab unzählige Vorfälle, bei denen aufgebrachte Volksmassen die Viertel von Chinesen, Italienern und immer wieder der Schwarzen stürmten, vergewaltigten, mordeten und brandschatzten. Die Indianer waren zuvor schon eklatant dezimiert und in nahezu unbewohnbare Gebiete abgedrängt worden. Die Afroamerikaner, die noch bis 1865 als Sklaven gehalten worden waren, sahen sich seit ihrer „Befreiung" immer wieder grausamen Verfolgungen, unter anderem vom Ku-Klux-Clan, ausgesetzt. Die 1848 geflohenen deutschen Revolutionäre, die die Gründung der Republik in deutschen Landen nicht hatten durchsetzen könne, waren höchst erstaunt, dass ihre Ideen in den von ihnen verehrten USA mit den hehren Freiheits- und Gleichheitsverpflichtungen, nicht gut ankamen, ja, dass zu großer Freiheitsdrang sogar mit Gefängnisstrafen geahndet wurde.

Es ist unter anderem auf Grants Einfluss zurückzuführen, dass 1896 der US-amerikanische Bundesstaat Connecticut ein Heiratsverbot für Epileptiker und Geistesschwache erließ. Im Rahmen dieses Programmes wurden etwa 100.000 Bürger zwangssterilisiert, ohne dass man sie darüber informierte. 1903 richtete die „American Breeders Association" (Die Vereinigung der amerikanischen Erzeuger) ein „Eugenik-Komitee" ein. Diesem zufolge sollten mindestens 10 Millionen US-Bürger an der Fortpflanzung gehindert werden. Alexander Graham Bell, britisch-amerikanischer Sprachtherapeut, Erfinder und Unternehmer, der den meisten eher im Zusammenhang mit der Kommerzialisierung des Telefons bekannt sein dürfte, verstieg sich in diesem Zusammenhang zu der These, Gehörlosigkeit sei erblich, wenn beide Partner taub seien. Wenn nur einer der beiden nicht taub sei, spiele dies keine Rolle. (Seine Einschränkung könnte damit zusammenhängen, dass er mit einer seit Geburt taubstummen Frau verheiratet war.) Der hochverehrte und anerkannte Bell trug maßgeblich dazu bei, dass bis in die späten 1930ger Jahre Gehörlose in vielen Bundesstaaten, oft ohne ihr Wissen und somit ohne Einverständnis, zwangssterilisiert wurden.

In Europa fanden die Maßnahmen zum Teil Gehör und wurden nachgeahmt.

Vom irischen Dramatiker George Bernhard Shaw, der 1925 den Nobelpreis für Literatur bekam, stammt der Ausspruch: „Ein Teil der eugenischen Politik würde uns endlich zu einem ausgiebigen Gebrauch der Tötungskammer führen. Eine große Anzahl Menschen müsste aus dem Leben gebracht werden, ganz einfach, weil es die Zeit von anderen Menschen vergeudet, sich um sie zu kümmern."

In einem Interview mit „The Listener" (BBC Magazine, London) am 7. 2. 1934 schlägt der bekennende Antisemit vor, Menschen regelmäßig alle fünf bis sieben Jahre vor eine Kommission zu stellen und sie zu fragen: „Sir oder Madam, würden Sie nun so freundlich sein, Ihre Existenz zu rechtfertigen?" Er fährt fort: „Wenn Sie nicht so viel produzieren, wie Sie konsumieren, oder nur ein bisschen mehr, dann, das ist klar, können wir nicht die großen Organisationen unserer Gesellschaft für den Zweck missbrauchen, Sie am Leben zu halten, weil Ihr Leben uns nicht nützt, und es kann auch für Sie nicht von großem Nutzen sein [...] Ich appelliere an die Chemiker, ein humanes Gas zu erfinden, das sofort und schmerzlos tötet. Kurz gesagt, ein Gentleman-Gas, aber human, nicht grausam."

Der Automobilhersteller Henry Ford, der 1939 zusammen mit General Motors einen großen Marktanteil in Deutschland hatte, beschäftigte in seinen Werken von der SS zur Verfügung gestellte KZ-Häftlinge. Die Ford-Werke produzierten auch fleißig während des Krieges Militärfahrzeuge für die deutsche Wehrmacht. Ford versuchte sich später von den Anschuldigungen reinzuwaschen, indem er behauptete, die Kontrolle über die Werke in jenen Jahren verloren zu haben Seine Ansicht zu den Juden aber war eindeutig formuliert:

„So wie die Natur das schädliche Element im Fleisch in eine Zyste einbindet, indem sie eine Mauer darum herum baut, so haben es auch die Nationen passend gefunden, mit dem Juden zu verfahren. In der modernen Zeit jedoch fand der Jude Mittel, um die Mauer niederzureißen und das ganze nationale Gebäude in Verwirrung zu stürzen und in der Dunkelheit und dem Gerangel, das folgte, den Platz zu ergattern, den er schon so lange begehrte."

Henry Ford hatte zwischen 1920 und 1922 ein vierbändiges Werk mit dem Titel „Der internationale Jude" herausgeben lassen. Es enthielt Artikel verschiedener Autoren, unter anderem auch das auf Fälschungen beruhende russische Pamphlet „Protokolle der Weisen von Zion", welches eine imaginäre jüdische Weltverschwörung bekanntgab und weltweit Wellen schlug, obwohl nichts davon der Wahrheit entsprach.

Wie durch ein Wunder blieben, trotz großflächiger Bombardements der Alliierten, die Ford-Werke in Köln-Niehl im Kern solange völlig unversehrt, bis die einmarschierenden Amerikaner sich gegen das Artilleriefeuer der Wehrmacht von der gegenüberliegenden Seite des Rheins wehren mussten. So schlimm können die Schäden nicht gewesen sein, denn die Produktion konnte sofort nach der Kapitulation der Deutschen wieder anlaufen.

Heinrich Himmler hielt Ford 1924 für „einen der wertvollsten, gewichtigsten und geistreichsten Vorkämpfer. Baldur von Schirach, überzeugter Nationalsozialist und Goethe-Verehrer, schwärmte in seiner Aussage beim Nürnberger Prozess: „Das ausschlaggebende antisemitische Buch, das ich damals las und das Buch, das meine Kameraden beeinflusste [...] war das Buch von Henry Ford ‚Der internationale Jude'. Ich las es und wurde Antisemit. Dieses Buch hat damals auf mich und meine Freunde einen so großen Eindruck gemacht, weil wir in Henry Ford den Repräsentanten des Erfolgs, den Repräsentanten aber auch einer fortschrittlichen Sozialpolitik sahen."

Insgesamt können wir daraus schließen, dass die Nazis, und allen voran Hitler, schreckliche und in der Ausführung gewissenhafte Mitläufer waren. Sie ließen sich von einer Ideenwelt begeistern, die ihnen, die sich von der Gesellschaft zurückgestoßen fühlten, das Gefühl von Höherwertigkeit vermittelte. Die Berliner Politologin Hannah Ahrendt, konnte 1940 in die USA fliehen. Sie war sich erst ab 1933 ihrer jüdischen Abstammung bewusst geworden, da sie einer liberalen, unreligiösen Familie entstammte. Ab 1961 dokumentierte sie den Eichmann-Prozess in Jerusalem und schrieb 1963, ein Jahr nach seiner Hinrichtung, ein Buch mit dem Titel „Die Banalität des Bösen." Sie war entsetzt, aber auch vollkommen überrascht über die Persönlichkeit dieses Massenmörders. Er war ein reiner Schreibtischtäter und als solcher verantwortlich für die detaillierten Zugfahrpläne der Züge des Grauens, mit denen die Juden in die Vernichtungslager gebracht worden waren; er kontrollierte die Lager und verurteilte Millionen von Menschen durch seine Unterschrift zum Tode, und war dennoch als Mensch eine graue Maus, ein unauffälliger, phantasieloser Mann, der sich der Tragweite seines Verhaltens offensichtlich nicht bewusst war. Er habe nur Befehle ausgeführt, gab er immer wieder zu Protokoll. In einem Fernsehinterview, das sie Günther Gaus in der Sendereihe „Zur Person" gab, sagte Hannah Arendt: „Ich war wirklich der Meinung, dass der Eichmann ein Hanswurst ist, und ich sage Ihnen: Ich habe sein Polizeiverhör, 3600 Seiten, gelesen und sehr genau gelesen, und ich weiß nicht, wie oft ich gelacht habe; aber laut! Diese Reaktion nehmen mir die Leute übel! Dagegen kann ich nichts machen."

Sie wurde für diese Aussage und ihre Erkenntnis der Banalität des Bösen wirklich sehr heftig angegriffen und in Israel zur Unperson erklärt. Erst 37 Jahre später, also im Jahr 2000, wurde ihr Buch ins Hebräische übersetzt. Auch sie erkannte später, dass sie dem Nazi auf den Leim gegangen war. Er war kalt, gewissenlos, feige, brüstete sich aber mit Aussagen wie: „Reue ist etwas für kleine Kinder."

Hannah Arendt war im Prinzip unfähig, das Böse in seiner Tragweite zu ermessen, weil sie nicht böse war. Sie versuchte etwas zu verstehen, was nicht verstanden werden kann. Das eugenische Denken, das Denken, ein Mensch sei aus bestimmten Gründen mehr wert als ein anderer, ist ein teuflisches Denken. Es zerstört Bindungen, treibt in eine mitleidlose Konkurrenz, spricht das Schlechteste im Menschen an, lässt ihn vollends verrohen und deckt alles mit dem Mäntelchen der Wissenschaft zu. „Nazi“ ist folglich das Synonym für einen teuflischen Menschen, den es in vielen Spielarten auf der ganzen Welt gibt. Dort, wo Menschen dieser Art ihr Unwesen treiben, ist keine Liebe. Nazitum ist keine deutsche Spezialität, es ist eine globale Seuche in den Hirnen und Herzen extrem liebloser Verlorener, die in blinder, kalter oder heißer Vergeltungswut am liebsten alle mit sich in den Untergang reißen wollen.

Die Amerikaner entschieden sich nach dem zweiten Weltkrieg, Deutschland und die europäischen Staaten wirtschaftlich zu unterstützen, nachdem zunächst der „Morgenthau-Plan“ ins Wirken trat, der eine Teilung Deutschlands und den Abbau der deutschen Industrieanlagen zwecks Verhinderung der Kriegsführungsfähigkeit vorsah. Aus den Einnahmen wollte man den ehemals angegriffenen Staaten den Wiederaufbau ihrer Strukturen ermöglichen. Die Nachkriegs-Winter 1946 und 1947, bei denen viele Menschen an Hunger und Kälte starben, der daraufhin wachsende Einfluss kommunistischer Parteien in Europa und der „Kalte Krieg“ mit der Sowjetunion, bewog die USA, auf den Marshall-Plan umzuschwenken, der neben humanitären Gründen auch eindeutig den Absatzmarkt Europa im Visier hatte. Die USA hatten keine nennenswerten Kriegsschäden zu beklagen, die Wirtschaft hatte durch Belieferung der Armeen floriert, in den folgenden Friedenszeiten stellte sie auf Konsumgüter um, die vermarktet werden wollten. Der Einflussbereich musste sich auf den europäischen Westen beschränken, da der eiserne Vorhang der Sowjets sich unaufhaltsam senkte und die Welten teilte. Den Staaten unter Sowjeteinfluss wurde die Annahme amerikanischer Hilfe untersagt und die die Planwirtschaft verordnet.

Womöglich spielt auch die Verstrickung amerikanischen Gedankenguts bei der Wahl des Marshall-Aufbauplans eine Rolle. Man könnte es einen „guten Deal“ nennen, die Amerikaner als „Befreier“ auftreten zu lassen, als reine Idealisten, die sich voller Abscheu von den Nazigräueltaten abwandten und nur hehres Menschentum im Sinn trugen. Einschränkend dagegen spricht die anglo-amerikanische Eugenik-Begeisterung, die nicht unwesentlich zum Hegen des nationalsozialistischen Gedankenguts beigetragen hatte. Da die Deutschen sich dessen heute vielleicht gar nicht mehr bewusst sind und diejenigen, die sich dessen damals bewusst waren, von den Amerikanern wieder in zum Teil hohe Staatsämter und in vielen Behörden eingesetzt wurden, zudem die wirtschaftliche und militärische Zusammenarbeit schnellstens wieder florierte, könnte es sein, dass unser Schweigen bezahlt wurde und heute nicht mehr bezahlt werden muss, weil wir unsere alleinige moralische Schuld arroganter und brutaler Selbstüberhebung im Reigen der globalen Staatenwelt akzeptiert und uns zu eigen gemacht haben. Ein Donald Trump muss in einer Zeit, in der vielleicht bald niemand mehr weiß, was echte und was gefälschte Nachrichten sind, nicht befürchten, in einen Eugenik-Enthüllungsskandal verwickelt zu werden, zumal die Fakten schon längst offenliegen und jederzeit nachprüfbar sind.

Vielleicht ist ja auch wenig bekannt, dass der Nazi- oder Hitlergruß einerseits vom italienischen Faschisten Benito Mussolini eingeführt worden war, der diese Sitte auf den „römischen Gruß“ zurückführte. In Amerika war dieser Gruß 1892 durch den Sozialisten Bellamy im Zusammenhang mit dem Fahneneid („Pledge of Alliance“) eingeführt worden. 1942 wurde er in den USA abgeschafft, um sich von den Faschisten abzusetzen. Also auch hier haben die Nazis einfach nur kopiert. Sie waren schreckliche Mitläufer und Initiatoren neuer Gräueltaten, konnten sich aber offensichtlich auf eine breite, großenteils im Dunkeln verharrenden internen, aber auch externen Zustimmung und Unterstützung sicher sein.

In Deutschland gilt trotzdem noch die Devise: Jede Relativierung der Schuld ist Verrat an der Staatsräson. Wir können aber doch beides tun: Wir stehen als Volk zu der Schuld, die wir uns aufgeladen haben und sehen zugleich, dass viele andere Menschen anderer Nationen sich ebenfalls schuldig gemacht haben. Das Fazit ist bitter genug: Die Deutschen haben das Böse nicht erfunden. Sie haben ihm aber in den dunklen Zeiten nicht widerstehen können und ihren Teil dazu beigetragen, es zu manifestieren.

*Traurigkeit
und Melancholie
gehen vorüber. Es
sind Überbleibsel
von Sehnsucht,
die sich nach und
nach transformieren.
Wie die Sonnenstrahlen
manchmal über einen See
huschen, der vom Wind ein
wenig aufgewühlt ist und ein
paar milchige Schwärzen aus
dem Untergrund sehen lässt,
nicht gefährlich, sondern nur
dunkel und vom Wesen her
ruhig und milde, so zieht
dein Geist über dich
hinweg und zeigt
dir deine
Ewigkeit.*

ÜBER DAS MITEINANDER

Wir sollen nicht übelnehmen, sondern Übel nehmen und Liebe geben.

Wenn wir wissen, wer wir wirklich sind und was wir wirklich wollen, sind wir schon ein gutes Stück weiter. Meistens wissen wir es nicht oder nur teilweise. Aber falls wir uns aus den Prägungen der Kindheit gelöst haben und fähig sind, unsere eigenen authentischen Entscheidungen zu treffen, sind wir auch viel fähiger, uns so auf andere zuzubewegen, dass wir uns nicht automatisch anpassen oder in eine reflexhafte Gegenposition bringen. Je entspannter der Mensch er selbst ist, desto stärker ist er auch.

Trotzdem ist es nicht einfach, mit anderen Menschen ein gemeinsames Ziel anzusteuern. Denn jeder Mensch ist die Summe dessen, was er im Leben erlebt hat. Das bedeutet, wir greifen auf Billiarden spezifisch miteinander gekoppelter Sinneseindrücke zurück, die vorwiegend im Unterbewusstsein lagern, jederzeit aber durch Reize abrufbar sind. Ob jemand etwas angenehm oder unangenehm findet, hängt mit der Erlebniskopplung früherer Tage zusammen. Je weiter das Erlebnis in die früheste Kindheit ragt, desto reflexhafter und zugleich unnachvollziehbarer sind die Reaktionen. Bekomme ich als Kind ein Eis, ist das ein angenehmes Ereignis und wird auch als angenehm abgespeichert. Sobald eine Eisdiele in mein Sichtfeld gerät, fühle ich mich gut und an die schöne Kindheit erinnert. Bekomme ich als Kind das Eis nur als Trostpflaster, nachdem mein brutaler Vater mich verprügelt hat, wird die Eisdiele mich immer wieder zu diesen schmerzhaften Erlebnissen führen, und es ist wahrscheinlich, dass ich kein Eis mehr mag. Je nachdem, welches starke Erlebnis mit Vogelgesang gekoppelt ist, mag ich den Klang von Vogelstimmen oder nicht. Das Gezwitscher kann mich an lange Spaziergänge mit meinem geliebten Großvater erinnern oder an das Eingeschlossensein in meinem Zimmer, das ich zur Strafe nicht verlassen darf. Bin ich als Kleinkind zu heiß gebadet worden, bevorzuge ich womöglich die kalte Dusche. Bin ich als Kind zu kalt gebadet worden, bevorzuge ich womöglich das heiße Dampfbad. Hat mich ein Hund gebissen, werde ich später Hunde prinzipiell nicht mehr so gerne streicheln. Die Liste ließe sich beliebig lang weiterführen.

Komplizierter wird es noch, wenn widersprüchliche Ereignisse und Erlebnisse verkoppelt sind: Ich bekomme ein Geschenk, worüber ich mich freue, darf es aber nicht behalten, worüber ich traurig bin, habe ein schlechtes Gewissen, weil meine Eltern sich deswegen streiten und verstecke mich in meinem Zimmer, wo ich mich einsam fühle. Es ist vielleicht mein Geburtstag, die Zimmer riechen nach frischgebackenem Kuchen, Kaffee und ausgeblasenen Kerzen, was eigentlich angenehm ist. Jährlich an meinem Geburtstag oder immer dann, wenn ich gefeiert werde, habe ich ab diesem Zeitpunkt womöglich ein unangenehmes Gefühl und erwarte die Krise aus dem Hinterhalt.

Zurzeit gibt es einen Wettlauf der Wissenschaft in Bezug auf die Entwicklung eines funktionierenden Quantencomputers, der Rechenprobleme und andere komplexe Aufgaben millionenfach schneller als andere Systeme lösen können soll. Ein Quantencomputer erfasst nicht nur durch das „Bit" die Zustände zwischen 0 und 1, sondern durch das „Qubit" unendlich viele Zwischenzustände. In einem Artikel der ZEIT vom 12.9.2019 wird es so beschrieben: „...In dieser Welt regiert die Uneindeutigkeit: Werte können nicht nur wahr oder falsch sein, sondern alle möglichen Zwischenzustände annehmen, von Halb- über Drittel- bis zu Viertelwahrheiten." Somit rückt die Vorgehensweise eines Quantencomputers dem menschlichen Denk-Fühlprozess immer näher, der eben wegen dieser Zwischentöne und der Vermischung von relativer Wahrheit mit relativer Falschheit schwer berechenbar ist.

Deshalb ist Zusammenarbeit nicht einfach zu bewerkstelligen. Schon wenn zwei Menschen ein Ziel verfolgen, werden sie höchstwahrscheinlich, selbst nach vorheriger Absprache, leicht unterschiedliche Vorgehensweisen an den Tag legen.

Dabei ist jeder der beiden oft davon überzeugt, die logischere Methode zu verfolgen und käme niemals auf die Idee, die Methode des anderen zu wählen, der seine Methode ebenfalls für vollkommen logisch hält. Verwirrt stellen beide fest, dass sie, jeder für sich, davon ausgegangen waren, der andere benutze dieselbe Methode, da es in ihrem Verständnis ja nur eine ideale und eine weniger ideale geben kann. Auf dieser Erfahrung menschlicher Diversität basierend, sollte entweder alles vorher abgesprochen und festgelegt oder ein Spielraum freigehalten werden, in dem jede/r so vorgehen kann, wie sie/er es für richtig hält.

Spielraum wird nur von Menschen gewährt, die sich sicher fühlen.

Entweder fühlen sie sich sicher, weil sie ihr Umfeld so gut wie möglich abgesichert haben und Routine, Geld und/oder Einfluss besitzen; sie gehen dann davon aus, nicht angegriffen werden zu können. Oder sie fühlen sich sicher, weil sie es von innen heraus sind. Die in sich Ruhenden sind wirklich sicher. Es ist schwer, einen in sich Ruhenden aus der Ruhe zu bringen. Natürlich kann es Krisensituationen geben, plötzlich auftretende Schicksalsschläge oder unangekündigte freudige Ereignisse, die den in sich Ruhenden in Wallung bringen können. Aber prinzipiell sind diese eher selten vorkommenden Menschen diejenigen, mit denen es sich leichter zusammenarbeiten lässt.

Sichere Menschen müssen nichts mehr beweisen. Sie müssen der Menschheit nicht zeigen, wie klug, geschickt, erfolgreich, begehrt sie sind. Es ist ihnen schlichtweg egal oder weniger wichtig. Wenn zwei sichere Köche zusammen in einem Topf rühren, werden sie aufeinander eingehen und sich dem Ziel verpflichtet fühlen, ein gutes Resultat zu bekommen. Wenn nur einer der beiden unsicher ist, kann das zur Katastrophe führen. Dem anderen zu beweisen, eine gewisse Zutat, die nicht vorgesehen war, werde den Geschmack so erheblich verbessern, dass es einer Geschmacksrevolution gleichkäme, führt dann leicht zur Auseinandersetzung. Denn entweder will der eine dem anderen beweisen, er sei der bessere Koch oder er will dem anderen die Suppe versalzen und schiebt ihm die Schuld für das misslungene Essen in die Schuhe.

Zusammenarbeit ist in jedem Bereich eine Herausforderung. Innere Sicherheit verleiht zumindest die Fähigkeit, auf den anderen einzugehen und Ideen auszutauschen, ohne in einen Wettstreit zu verfallen. Es fällt dann leichter, sich ganz natürlich und nicht übertrieben bescheiden und heiligmäßig zurückzunehmen, nicht besser dastehen zu wollen und den anderen nicht anzuschwärzen. Ideale Zusammenarbeit stellt das Erreichen des Ziels immer über den persönlichen Ehranteil. Sobald das Tun im Mittelpunkt beider steht, ist viel gewonnen. Entwickelt sich durch die Hingabe an das Ziel eine gemeinsame Strategie, wird Zusammenarbeit zu einem Hochgenuss.

Nicht immer ist dies zu erreichen. Vor allem, wenn Menschen sehr unterschiedlich strukturiert sind, ist es manchmal unmöglich, sie auf einen Handlungsnenner zu bekommen. Dann gibt es immer noch die Möglichkeit, die Zusammenarbeit einzustellen und sich einen passenderen Arbeitspartner zu wählen.

Solange
wir noch wissen,
wie wir eigenständig
denken und überprüfen
können und wollen, dass
wir eigenständig denken,
sind wir noch keine
Roboter.

KIRCHE

Wenn wir, was die Kirche betrifft, alles abziehen, was unecht ist und auf Machtstreben beruht, bleibt die reine Liebe übrig, die wir alle leben sollen.

Die Kirche der Zukunft kann das in sich aufnehmen, was viele von uns allein oder in Gruppen schon konzipiert haben. Wir wollen keine autokratische, männlich bestimmte Kirche, die für sich in Anspruch nimmt, die Vermittlerposition zwischen uns und dem Göttlichen herstellen zu können, sobald wir das tun, was von uns verlangt wird. Die Kirche der Zukunft ist unsere Kirche. Sie kann überall mental aufgebaut werden, braucht also keine Gebäude, kann durchaus aber auch die Gebäude benutzen, die für Gottesdienste gebaut wurden. Im Prinzip aber kann der „Gottesdienst" immer und überall stattfinden.

Ob wir allein in ehrfürchtiger Stimmung durch den Wald gehen oder uns mit einer Gruppe am Strand, auf einer Wiese oder im Garten treffen, ist dabei gar nicht wichtig. Wir brauchen auch kein heiliges Sakrament, keine Verwandlung vom Blut Christi in Wein oder vom Fleisch Christi in eine Oblate. Es sind doch dieselben Oblaten, die wir von den Nürnberger Lebkuchen her kennen.

Wir brauchen keine Mystifizierung. Wir brauchen keine goldenen Kelche und diamantgeschmückten Bischofsmützen. Obwohl dies alles schön und kunstvoll sein kann und zu unserem kulturellen Erbe gehört, ist es trotzdem für das, was wir anstreben, völlig unwichtig. Wir kommen und gehen ohne Besitz. Wieso also sollten wir ausgerechnet einem Gott durch materiellen Besitz imponieren können, der uns einzig und allein zur Liebe aufgefordert hat. Einem durch und durch Liebenden ist der Besitz unwichtig geworden. Er darf angestrebt, besessen, genossen, verschenkt werden - darum geht es nicht. Wir müssen nicht arm sein, um lieben zu können oder uns als liebende Menschen zu profilieren. Armut ist kein Spaß und soll keinem gewünscht oder verordnet werden, der sie sich nicht aus eigenem Antrieb wünscht.

Der ideale Gottesdienst gibt jedem den Raum, den sie/er benötigt, um zur Ruhe zu kommen, sich zu entspannen, sich von einer Gruppe Gleichgesinnter umgeben und gehalten zu fühlen in dem Wissen, dass wir jedem von ihnen unser Herz ausschütten könnten, wenn dies nötig wäre. Der ideale Gottesdienst enthält Musik. Es können alle Sorten von Instrumenten gespielt werden, auch Gongs und Klangschalen, die sich für die innere Einkehr besonders gut eignen. Die Lieder, die gemeinsam gesungen werden, verbinden die Einzelwesen miteinander. Womöglich hat sich im Bereich der Kirchenlieder bisher die größte Veränderung ergeben, denn moderne, sehr sangbare und schöne Lieder erhielten Eingang in die offiziellen Gesangsbücher. Erneuerung bringen könnten die Texte und Melodien junger Leute, die sich im sogenannten „Poetry Slam" seit einiger Zeit Gehör verschaffen.

Die Pfarrerinnen und Pfarrer wären nicht dem Zölibat verpflichtet. Mitten im Leben stehend würden sie das tun, was sie jetzt auch schon tun: Für die Menschen da sein, die ihre Hilfe benötigen. Also: So groß wären die Veränderungen gar nicht, die uns die Kirche wieder nahebringen würden.

Einen weiteren Schritt könnten wir natürlich noch wagen: Wir brauchen keine Aufsplitterung in verschiedene Religionen. Wir brauchen universelle Liebe. Ohne unsere Propheten, die Kinder und die „Heiligen", die großen Führer hätten wir sie vielleicht vergessen. Doch letztlich ist jedes einzelne Wesen ein Prophet der Liebe. Deshalb müssen wir niemanden anbeten, der einer von uns ist. Letztlich gilt: Besser ist es, zu lieben statt anzubeten.

HEILENDES LESEN

Während des Schneechaos' in den Alpen im Januar 2019 war eine Schülergruppe in einer Skihütte eingeschneit und vom Internet abgeschnitten. Nach ihrer Rettung schrieben einige von ihnen auf der Facebook-Seite ihrer Schule, es sei sehr kuschelig und gemütlich gewesen, man habe endlich mal keine Handys in der Hand gehabt und stattdessen Gesellschaftsspiele gespielt. Das ist eine gute Nachricht! Vielleicht sind unsere Kinder klüger als wir selber. Teile unserer wirtschaftlichen und gesellschaftlichen Vorreiter behaupten nämlich, dass sie die digitale Revolution auch zum Wohle ihrer Nachfahren so massiv vorantreiben. Sie stigmatisieren die „veralteten", haptisch fühlbaren Spiele, Bücher und Zeitungen. Das Schreiben weicht zunehmend dem Tippen mit Rechtschreibprogramm, der Gebrauch der Sprachvielfalt verarmt, denn wo ein paar Kürzel reichen, wozu dann der Kraftaufwand für die Bildung von mehreren Worten, gar Sätzen? Vielleicht werden bald die Roboter das Sprechen für uns übernehmen. Andere Sprachen müssen auch nicht mehr gelernt werden, weil Maschinen die Simultanübersetzungen übernehmen (- noch bringen sie uns zum Lachen, wenn beispielweise ein Übersetzungsdienst via Japan aus „Oh Tannenbaum, wie treu sind deine Blätter" „Oh Tannenbaum, egal, wie loyal Ihre Blätter sind" macht). Früher hätten die eingeschneiten Schüler wahrscheinlich hinzugefügt, sie hätten endlich mal wieder Zeit zum Lesen gehabt. Aber die Leser nehmen ja auch kontinuierlich ab. 44% der Deutschen kaufen noch nicht mal mehr 1 Buch pro Jahr. Bücher erreichen das Gehirn aber nachhaltiger als elektronische Medien.

In letzter Zeit ist immer öfter der Satz zu hören: „Nein, ein Kinderbuch hat keinen Sinn, mein Kind liest nicht." Das entsetzt mich und vermutlich auch alle anderen Leser zutiefst, deren Kindheit und Jugend von Büchern geprägt war. Bücher entführen in Welten, die so verschieden sind wie die geistigen und seelischen Universen derjenigen, die sich diese Bücher ausgedacht und niedergeschrieben haben. Bücher bereichern, inspirieren, lassen uns um die Erde fliegen, in die Erde hinein, in den Himmel, in alle Sphären, die vorstellbar und beschreibbar sind. Sie wärmen Herz und Verstand. Sie bilden ein Netz von Wegen im Gehirn, die sonst nicht beschritten worden wären. Sie lehren Mitgefühl, Verständnis, Toleranz. Sie beweisen, dass es Millionen von Denk- und Fühlmöglichkeiten gibt. Sie demonstrieren, dass jede Seite ihre Gegenseite hat. Böse ist nicht nur böse, sondern vermischt mit Gutem, je nach Anschauungswinkel. Böses wird oft nicht in der Erkenntnis des Bösen vollzogen, oft auch nicht mit Absicht, immer wieder aber doch absichtsvoll, weil der Schöpfungsplan all diese Möglichkeiten zu Irrtum und Wahrheit gegeben hat. Bücher vermitteln schon dem Kleinkind die Erkenntnis, dass nichts so ist, wie es sich darstellt und dass es immer nachvollziehbare Gründe für menschliches Verhalten gibt. Sie erklären, dass es sich immer lohnt, nachzufragen, zu forschen, hinter die Kulissen zu blicken. Bücher verschonen uns nicht mit dem Chaos, das wir Menschen täglich anrichten. Oft gewähren sie uns aber auch die Erkenntnis wahrer Liebe; sie berühren durch ihre Poesie und Sprachgewalt und ermöglichen tiefe Wandlungsprozesse. Wir sitzen dabei in aller Ruhe und Aufgeschlossenheit mit unseren geliebten Büchern in Schaukelstühlen, am Strand, auf Parkbänken, unter oder auf Bäumen (mein liebster Leseplatz), liegen in Hängematten, auf dem Sofa oder im Bett und lassen uns beeindrucken, zum Staunen, zum Fühlen und Denken bringen.

Was wären wir ohne Bücher? Schon der Akt des Buchaufschlagens ist eine magische Handlung. Ich gehöre zu den ehemaligen Kindern, die bis Mitternacht, mit einer Taschenlampe bewaffnet, unter der Bettdecke las. Die Bibliothek meiner Eltern graste ich nach und nach ab und ging parallel dazu in die Bücherei. Buchläden sind für mich ein Zufluchtsort vor der oft lärmenden, hektischen Welt, die sich und ihre Geschichten vor lauter Eile und Angst, im internationalen Wirtschaftsringen abgehängt zu werden, nach und nach zu vergessen scheint. Das Lärmen der Welt, die planetenverschlingende Gier der

Konzerne, die Gier derjenigen Menschen, die ihre Liebe und ihren Halt verloren haben und uns in den Untergang ziehen... Wo sehen wir uns in diesem ganzen Gerempel?

Glauben wir wirklich, wir stünden bald ganz am Ende der Nahrungs- und Wichtigkeitskette, weil wir digitale Zwerge seien? Nicht das digitale Zwergentum ist doch das Problem, sondern das geistige Zwergentum! Bücher werden stigmatisiert, sie seien altmodisch und zudem wäldervernichtend, während die Verfechter „alternativer" Werkstoffe für Handys, Computer und Co arrogant und gleichwohl ressourcenvernichtend und stromfressend daherkommen; auch um Strom zu erzeugen und Rohstoffe zu „gewinnen" werden unsere letzten Naturparadiese zerstört; und bald wird man die „seltenen" Erden, die man für all diese Geräte braucht, die „nicht mehr vorhandenen Erden" nennen, weil man sie nicht aufforsten oder extra anbauen kann; man wird autonome Roboter ins Weltall schicken müssen, damit sie es auf der Suche nach Rohstoffen systematisch abklappern.

Lesen ist die Antwort auf die Frage, wie wir dem hirnlosen Eintrichtern beliebiger und manipulierender „Fake News" entgegenwirken können. Gehen wir wieder in Buchläden, stärken wir sie, erhalten wir ihre Existenz, indem wir Bücher ohne Stromanschluss bei echten Menschen kaufen und lesen, die das Lesen und selber Denken ebenso wie wir lieben. Damit erhalten wir unsere Vielfalt, unsere Phantasie, unsere Urteilskraft, das Denken an sich. Lasst uns lesen! Und als Reaktion auf all das, was uns inspiriert hat: Lasst uns noch intensiver und echter leben!

SPRACHVERLIEBTHEIT

Liebe geht durch den Magen, doch wer nicht verstanden wird,
bekommt (viel)leicht etwas Ungeliebtes auf den Teller.

Die deutsche Sprache birgt große Wunder. Unser Grundwortschatz hat sich im Laufe der Jahrhunderte aus dem Denken und Fühlen lebendiger Menschen entwickelt. Sprache bildet Gedanken und Gefühle bis in die feinsten Schattierungen ab. Die genau auf Geistes- und Körperhaltung, Gefühlswelt, Stimmklang und Gesichtsausdruck zugeschnittenen Spezialwörter sind eine Fundgrube für jeden, der Sprache nicht nur benutzt, sondern auch liebt.

Unsere Sprache veränderte sich ununterbrochen und wurde immer auch durch andere Sprachen und Denkweisen beeinflusst. Es gab und gibt Bestrebungen, sie zu säubern, Fremdeinflüsse zu tilgen und sich rein deutsch auszudrücken, was immer man darunter versteht. Friedrich II., auch genannt „Der Große" (1712-1786) sprach vorwiegend Französisch, was man ihm übelnahm. Mit dem französischen Philosophen Voltaire verband ihn eine mehr als 40jährige, zwischen Freund- und Feindschaft variierende, Verbindung. Er polierte aber sein Deutsch wieder auf, um die sprachunkundigen Soldaten zur nächsten Schlacht zu animieren.

Wenn vorwiegend Deutsch gesprochen wird, tun „Fremd-Wörter" indes der Sprache nichts Böses an, im Gegenteil, sie bereichern sie um neue Gesichtspunkte, Denk- und Fühlweisen und zusätzlich um die neuen, zum Teil wunderbaren Wörter, die ersonnen wurden, um eben diese Fremdwörter zu ersetzen. Dichter und Denker lieferten immer auch gerne deutsche Entsprechungen für Fremdwörter: Klopstock bot zum Beispiel „Einklang" als Ersatz für „Harmonie" an, Goethe „hochfahrend" für „arrogant."

Aber was spricht dagegen, zu formulieren, diskutieren, artikulieren, kommunizieren und dabei seinen „Orangen-Kaffee" mit „Ingwer“ und „Alkohol“ zu trinken und dabei „Algebra“ zu üben? - alles Lehnworte aus dem Arabischen, die sich nach den Kreuzzügen und der arabischen Besetzung Spaniens auch bei uns durchsetzten. Was ist schlimmer - etwas „cool“ zu finden oder nach dem „Portemonnaie“ zu suchen? Und wie schlimm steht es um die Franzosen, wenn sie die deutsche „Empfindsamkeit“ lobend erwähnen?

Man mag dazu stehen, wie man will, es ist auch schon oft und gerne etwas darüber geschrieben worden. Es sind die Dichter und Denker, die die deutsche Sprache schätzen, Ausländer, die das Deutsche erlernt haben und natürlich wir, gendermäßig unkorrekt als der „Otto-Normalbürger“ bzw. der „deutsche Michel“ mit obligatorischer Zipfelmütze dargestellt. Im Lexikon liest man zum „deutschen Michel“: „Entgegen den frühesten, rein pejorativen (Anmerkung des Verfassers: abwertenden, abschätzenden) Verwendungen wurde die Figur – einfach, ungebildet und unkundig in fremden Sprachen – in der Zeit des Dreißigjährigen Krieges zum kulturemanzipatorischen Symbol einer reinen, deutschen Muttersprache – so etwa bei Hans Jakob Christoffel von Grimmelshausen. Mobilisiert wurde der Begriff bereits um 1630 im Kampf gegen die Fremdwörter, und zwar als Titel eines satirischen Flugblatts, Teutscher Michel, das zu den merkwürdigsten Erscheinungen des deutschen Sprachpurismus gehört: ‚Ich teutscher Michel / Versteh schier nichel / In meinem Vatterland / Es ist ein schand.‘ ... Die ihr zugeschriebenen Eigenschaften waren Gemütlichkeit, Biederkeit und ein privates wie öffentliches Ruhebedürfnis.“

Die deutsche Sprache birgt große Wunder. Jede Sprache ist reich, weil sie sich aus dem zusammensetzt, was die sie benutzenden Menschen mit ihr sagen wollen und wollten. Da Menschen sich über die Kombination von Denken und Fühlen definieren, werden wir immer und überall unsere Gemeinsamkeiten entdecken, sobald wir miteinander sprechen. Was die deutsche Sprache so geeignet für Dichter werden lässt, ist unter anderem ihre unerschöpfliche Vielfalt an Verben, Adverbien und Adjektiven. Eine Sprache mit so vielen Möglichkeiten verlockt regelrecht zur Dichtung. Wenn man sich die jungen Poeten der „Slam-Szene" anschaut und anhört, spürt man förmlich ihre sprudelnde Freude über den Reichtum der Sprache.

Immer schon gab es Denk- und Sprachkünstler. Friederich II. liebte philosophische und dichterische Gespräche und Wettbewerbe. Den Philosophen Moses Mendelssohn zum Beispiel reizte er gerne mit hingeworfenen Bemerkungen, die Mendelssohn mühelos aufnahm und in eine raffinierte Antwort verwandelte. Es wird zum Beispiel erzählt, der König habe bei einem Diner auf eine Serviette geschrieben: „Mendelssohn ist der erste Esel unseres Jahrhunderts." Eine Aussage, die wir eher auf einem verknüllten Zettelchen in einer beliebigen Schulklasse vermuten würden, die dann entweder weitergereicht oder in den Raum geworfen werden würde. In einer solchen Manier wurde denn auch die königlich beschriftete Serviette weitergegeben und mit Lächeln und Getuschel bedacht, bis sie Mendelssohn erreichte. Der berühmte Philosoph las vor den Augen aller den dümmlichen Satz, erhob sich, ging zum König, verneigte sich vor ihm und sprach: „Ich werde gern diese königlichen Worte in meiner Bibliothek aufbewahren, nur hätte ich die Bitte, dass Eure Majestät das Dokument signiere." Der König bedachte sich kurz, fand daran aber nichts auszusetzen, ließ sich ein Schreibutensil reichen und unterschrieb. Moses Mendelssohn nahm die Serviette entgegen und las laut vor: „Moses Mendelssohn ist der erste Esel des Jahrhunderts. Friedrich der zweite."

Wie Maler/innen können wir in unserer Sprache Mischfarben herstellen und jede noch so feinste Schattierung auf die Leinwand bringen. Wir haben die Wahl und dürfen uns nicht nur fragen: „Was möchte ich sagen?", sondern „Was genau möchte ich eigentlich sagen?" Das entspricht auch unserer Natur, die dem Denken oder auch Grübeln zuneigt und gerne differenziert statt zu vereinfachen oder zu verallgemeinern. Wie oft hört man in Diskussionen die Sätze: „Das ist jetzt aber zu einfach gedacht! Das kann man so nicht sagen. Das ist eine Anhäufung von Vorurteilen! Was genau meinst du eigentlich?"

Wir sind gut im Philosophieren über Leben, Liebe, Sinnhaftigkeit, das Gute und Böse, die Zukunft, Vergangenheit, Gemeinschaft und Kommunikation; wir sind ebenso gut im Kreuz- und Querdenken, Verkomplizieren einfacher Tatbestände und dem zu-viel-Denken. Viele klagen darüber, den Kopf zu voll zu haben - zu voll von Bandwurmsätzen, inneren Monologen, Vorabgesprächen oder dem Nach-bzw.Hinterher-Denken. Kein Wunder, dass es so viele Philosophen gab und gibt; man denke an Fichte, Kant, Leibniz, Schopenhauer, Feuerbach, Habermas, um nur einige wenige Beispiele zu nennen.

Wir brauchen eine Sprache, die all dem Rechnung trägt, was wir in unseren inneren Universen an Wahrheiten, Weisheiten und Schrullitäten zusammenbrauen. Wir wollen nicht nur sagen: „Ich bin verliebt in dich!", nein, wir wollen schwärmen, vergöttern, anhimmeln, schätzen, bewundern, verehren, nachahmen, differenzieren, genauer bestimmen, was wir fühlen, wann und wie und wieso und warum wir nicht etwas anderes fühlen, warum es hier intensiver als dort zu spüren ist und was passieren würde, falls man uns nicht wiederlieben würde.

Wir können zum Beispiel etwas sagen; wir können aber auch abstufen, einstufen, in feinsten Nuancen ausdrücken; (Nuance gleich: Tönung, Schattierung, Abschattung, feiner Übergang, Ton, Feinheit, Abstufung, Spur, Kleinigkeit, Hauch, Schimmer, Stich, Anflug, Schatten, Schuss, Quäntchen, Prise, Winzigkeit etc.). Da bieten sich folgende Möglichkeiten an: sprechen, äußern, rufen, reden, mitteilen, bemerken, jammern, verlautbaren, klären, winseln, weinen, heulen, aufbrausen, in die Parade fahren, trompeten, kalauern, vortragen, mitteilen, kundtun, herausposaunen, zustimmen, ausdrücken, bedauern, bekunden, hetzen, beruhigen, erklären, übertönen, rechtfertigen, beharren, aufsagen, überlegen, berichten, verkünden, überreden, fordern, erzählen, in Frage oder Abrede stellen, vorbringen, beteuern, behaupten, wiederholen, bejahen, verneinen, bezweifeln, nennen, erwähnen, überreden, schwätzen, erwidern, entgegnen, widerlegen etc. Mir fällt gerade nichts mehr ein, aber vermutlich gibt es noch weitere zehn bis zwanzig verwandte Ausdrücke und Umschreibungen für genau das, was genau wir sagen wollen.

Und wie schön und witzig wird es erst, wenn wir hemmungslos mit den Homonymen herumspielen, zu Deutsch Teekesselchen-Wörter, wo ein und dasselbe Wort für sehr unterschiedliche Dinge stehen kann. Wenn sie unterschiedlich geschrieben werden, sieht man die Bedeutung eher, als wenn man sie nur hört. Ein klassischer Witz aus meiner Kindheit geht so: Kommt ein Matrose zum Kapitän und sagt: „Herr Kapitän, wir haben einen blinden Passagier an Bord." Der Kapitän raunzt: „Über Bord werfen." Der Matrose verschwindet und kommt kurz darauf wieder: „Ist erledigt. Und was machen wir mit dem Blindenhund?"

Unvergessen bleibt auch der unfreiwillig komische und legendär gewordene Spruch des Sportjournalisten Heinz Maegerlein während eines Skirennens 1959, den wir uns kichernd auf dem Pausenhof der Volksschule erzählten: „Tausende standen an den Hängen und Pisten."

Später verlautbarte Maegerlein auch noch bei einem Schwimmwettwerb der Frauen: „Und nun wickeln die Damen ihre hundert Meter Brust ab", aber das ist kein Homonym. Trotzdem ist es lustig und zeigt, wie sehr die Sprache einem Schlaraffenland ähnelt, in dem es für geistig Schaffende schon fast zu viel zu essen gibt.

Sehr interessant sind auch Sätze, die deutsch sind, aber nicht Deutsch klingen. Zum Beispiel: „Mäh'n Äbte Heu? Äbte mäh'n nie Heu, Äbte beten."

Der Witz ergibt sich weniger aus dem Niedergeschriebenen, welches uns die Identifizierung des Sinnes erlaubt, sondern aus dem rein Verbalen. Sagen Sie diesen Satz mit größter Selbstverständlichkeit einer Person, die des Deutschen mächtig ist, und Sie werden nicht verstanden werden; höchstens von jemandem, der den Satz schon kennt.

Es ist wichtig, dass wir unsere Sprache in all ihrer Vielfalt lieben und benutzen. Immerhin ist der Wahn vorbei, der unsere Musikszene sehr lange beherrschte. Nach dem zweiten Weltkrieg war die Musik entweder amerikanisch/englisch-sprachig, oder es gab den deutschen Schlager. Dazwischen musste man suchen. Die Liedersänger tauchten auf. Reinhard Mey beglückte uns mit echten Texten, Nina Hagen, Udo Lindenberg und viele andere. Dann gab es wieder eine lange Deutschpause, die von Girl- and Boygroups und wundervollen, vor allem englischsprachigen Musikrichtungen gefüllt wurde. Natürlich gab es den deutschen Schlager immer noch. Nur: Der Schlager kommt mit zu wenig Worten aus. Er braucht die Sprachvielfalt des Deutschen gar nicht, im Gegenteil. Für den Schlager ist eine einfache Sprache mit einer überschaubaren Wortanzahl besser zu handhaben. Er suggeriert eine einfache Gefühlswelt, die uns entspannt, obwohl oder gerade weil sie die Realität nicht abbildet. Es gibt in seinen Texten „glücklich oder traurig, gemein oder lieb, Sehnsucht oder Gewinn, was hast du mir angetan, ich liebe dich, du bist mein Stern am Abendhimmel."

Nichts gegen den Schlager, aber in einem Dichterwettbewerb würde er „keinen Blumentopf gewinnen." Deshalb ist es schon erfreulich, dass es inzwischen eine reichhaltige deutschsprachige Musik aller Stilrichtungen gibt, auch wenn bei einigen Sängern Stereotype auftauchen à la: „Liebe, ich spür' dieses Kribbeln im Bauch, diese Liebe, ich bin im siebten Himmel, ich glaub, das ist die Liebe, guck mal, was sie mit mir gemacht hat, diese Liebe, weil ich dich liebe, so ist die Liebe, ich spür' dieses Kribbeln im Bauch, diese Liebe, ich hoff' du findest sie auch..."(Sido).

Das macht nichts. Die deutsche Sprache wird auch das verschmerzen und sich unbeirrbar weiterentwickeln. Und sie wird es mit Leihwörtern tun. Denn sie macht ohnehin, was sie will. Oder genauer: Was wir wirklich wollen.

*Wer
sich über
Kleinigkeiten
amüsiert, beweist
Witz; wer seinen Witz
auch in der Krise behält,
hat
Humor.*

*Wir sind keine Maschinen.
Wäre unser Leben von Anfang
an vorherbestimmt, langweilten
wir uns, es sei denn, wir wären
so verängstigt, dass wir die
Fremdbestimmung als
Sicherheit ansähen.
Echte Sicherheit
aber erreicht
man nicht durch
Fremdbestimmung
sondern durch den Mut
zu einem selbstbestimmten
Leben.*

KOMMUNIKATION

Das Problem ist, dass die Menschen sich aus Unsicherheit
zu viel sagen lassen und dass sie aus demselben Grund
selber zu wenig vom dem preisgeben, was in ihnen ist.

Es gilt: Je friedlicher und im besten Sinne selbstliebender unsere Ausstrahlung, desto harmonischer verhalten sich die Menschen, mit denen wir es „zu tun bekommen." Diese Menschen werden von unserem Energiestrom ebenso be-einflusst, wie sie uns beeinflussen. Kollidieren die Felder, gibt es emotionale Gewitter, geistige Stromausfälle, Gefühls-Überflutungen; harmonieren die Felder, entsteht die beste aller Welten genau dort, wo wir und diese Person sich befinden. Je mehr Personen harmonieren, desto respektvoller die gesellschaftlichen Umgangsformen, desto gerechter gestalten sich die Regeln, desto sinnstiftender wird gemeinsames Menschsein. Je mehr Personen in die Dissonanz gehen, desto ungerechter werden die Systeme, die dabei entstehen. Das gilt für die „kleinen" Systeme ebenso wie für die „großen", also für Liebespaare, Familien, Verwandtschaft, Freunde, Berufsverbände ebenso wie für ethnische Kleingruppen, Völker und Staaten.

Sind wir innerlich disharmonisch, verbrauchen wir sehr viel Energie. Sind wir innerlich harmonisch, produzieren wir Energie. Das erklärt sich aus der Verbundenheit der Menschen untereinander. Im zahlenmystischen Sinne wird die Verbundenheit der Menschen untereinander durch die liegende 8 symbolisiert, die auch für Ewigkeit steht. Die Verbundenheit des Einzelnen mit dem Kosmos wird durch die stehende 8 dargestellt. Der disharmonische Mensch denkt oft pausenlos disharmonische Gedanken und fühlt disharmonische Gefühle. Das Gehirn, der Schöpfungsapparat des Menschen auf Erden, wird also überflutet von tieffrequenten Informations-Impulsen, die sich über die Nervenbahnen immer auch im ganzen Körper ausbreiten und ihn destabilisieren. Zugleich verschließt sich das Gehirn den nährenden Einflüssen kosmischer oder mitmenschlicher Impulsgebung. Es gilt:

ein gesunder Körper braucht den positiv denkenden und fühlenden geistigen Bewohner. Oder sagen wir es andersherum: eine hohe Frequenz garantiert Gesundheit.

Überall dort, wo wir zu „niedrig“ denken und fühlen, somit also unsere Schwingungshöhe absenken, erhöhen wir unser Risiko zu erkranken. Das kann ganz schnell geschehen. Eben noch gedacht: „Ich bin so müde, ich fühle mich krank“, und schon ist die Grippe da! Sir William Osler, kanadischer Mediziner im 19. Jahrhundert, ging nach einem Studium der alten Weisheitssysteme des Ayurveda, der traditionellen chinesischen Medizin und anderer erfolgreicher Vorgehensweisen, auf die Psyche des Menschen in Bezug zur Krankheit ein. Er prägte den Satz: „Sagen Sie mir nicht, welche Art Krankheit der Patient hat, sondern erklären Sie mir, welcher Art der Patient ist, der die Krankheit hat.“

Interessanterweise zeigt sich die Art der Krankheit durch die Wahl ihres Objekts, der Organe und Körperteile also, die mit dem Inhalt der Gedanken und Gefühle in Zusammenhang stehen: Ärger geht an die Nieren, Liebeskummer, seelische Verletzung, Liebesentzug oder „Herzlosigkeit“ ans Herz, Eifersucht und schwelende Wut an die Galle, Stress und Überbürdung an die Wirbelsäule und ans Nierenbecken, Überlastung durch traumatische Bilder, emotionale oder geistige Blindheit an die Augen usw.

Der Körper muss also nicht nur immer neue Energie produzieren, um das „stromfressende“ Gehirn zu versorgen, sondern auch um sich zu heilen, damit dem verantwortungslosen Geist-Bewohner die wichtigsten Funktionen zur Verfügung gestellt werden. „Ver-antwortungs-los“ ist der Bewohner vor allem dann, wenn er sich entweder keine Fragen oder sich selbst nie in Frage stellt. Denn tieffrequente Gedanken und Gefühle äußern sich in Ausstrahlung, Wort und Tat und werden selten als angenehm empfunden, weder vom Sender noch vom Empfänger. Wer nun in der Dissonanz seiner eigenen inneren Hölle verbleibt, wird dem Körper ein um den anderen Tag das Höchste abverlangen und ihn und seine eigentlich unerschöpflichen Kräfte nach und nach aufbrauchen. Deshalb gilt nicht: Wer gesund isst und sich bewegt, bleibt gesund, sondern: wer gesund denkt und fühlt, bleibt gesund. Wenn der, der gesund denkt und fühlt, zusätzlich auch gesund isst und sich bewegt, umso besser.

Ein Beispiel für den Zerfall des häufig negativ Denkenden und Fühlenden liefert uns Donald Trump. Anfang 2018 meldete sich eine besorgte Gruppe von Fachleuten zu Wort, unter ihnen die Yale-Psychiaterin Dr. Bandy Lee: „Was wir hier beobachten können ist jemand, der mental nach und nach auseinanderfällt... In Streßsituationen können diese Leute Reales und Irreales nicht mehr auseinanderhalten, verhalten sich immer seltsamer und werden, wie im Falle Mr. Trumps, höchstwahrscheinlich gewalttätig... Er wird Gedankengänge haben, denen wir nur noch mühsam folgen können, weil sie sich aus dem zusammensetzen, was nur in seinem Kopf vorgeht wie Fantasien, Verschwörungstheorien und eingebildete Bedrohungsszenarien..." Sie schließt mit den Worten: „Normalerweise würden wir dies als Notfall einstufen, diese Person eng kontrollieren, ihr den Zugang zu Waffen untersagen und eine sofortige Beurteilung vornehmen. Aber wir reden hier über den Präsidenten der Vereinigten Staaten."

Trump ist uns womöglich geschickt worden, damit wir aufwachen sollen. Die Entzauberung der freundlichen, idealistischen „Amis", die uns doch vor den Nazis unter uns gerettet und im kalten Krieg vor den Sowjets beschützt haben, Kaugummi, Schokolade, Nylonstrümpfe und Zigaretten verteilt und West-Berlin mittels der Luftbrücke vor totaler Isolation bewahrt haben, entpuppen sich im Nachhinein zugleich als Gewinnler, die ihren guten „Deal" stets im Blick hatten. Trump, der mit seiner wasserstoffblonden Tolle und der hölzern herausgestreckten und dort irgendwie fixierten breiten Brust quasi eine Zeichentrickfigur ist, erinnert an das böse Kaninchen „Snowball" in dem nicht besonders gelungenen Streifen „Pets." In dem amerikanischen Computeranimationsfilm aus dem Jahre 2016 gründen misshandelte Haustiere eine Guerillatruppe und machen schließlich Jagd auf gutgläubige und verwöhnte Haustiere, die von zu Hause weggelaufen waren, um etwas zu erleben. Das weiße Kaninchen wird zur hassenden und gewaltausübenden Angstfigur, was die Kinder, denen dieser Streifen zugemutet wird, sicherlich nicht mit mehr Vertrauen in das Leben der Erwachsenen erfüllt. Die Moral kommt verwickelt daher, und die Botschaft bleibt im Gedächtnis, dass Opfer gewalttätig werden dürfen und können. Trump erweckt bei seinen Anhängern genau diesen Anschein: Er, der superreiche, egomanische Aufschneider, macht Jagd auf die Bösen, welche diejenigen sind, die er in seiner spontanen Allmacht dazu auswählt, um für Gerechtigkeit zu sorgen. Für uns Europäer ist er eine gute Lehre. Wir danken für die Möglichkeit, mit Mythen aufzuräumen und endlich unseren eigenen, europäischen Weg zu suchen und finden. Eine Zumutung bedeutet ja im Prinzip: Wir bekommen etwas zugespielt und müssen mutig damit umgehen lernen. Deshalb kann eine Zumutung wie Donald Trump uns wachsen lassen.

Überall dort, wo wir „hoch" denken und fühlen, befinden wir uns in unserem ureigenen Element, dem der Liebe. Edel zu sein, adelt uns. Der echte Adel führt sich auf die innere Verfeinerung zurück und auf den Adler, Symbol für Vergeistigung, der in höchsten Höhen kreist und mit seinen scharfen Augen die kleinsten Bewegungen auf der Erde entdeckt. Wir, die Geistwesen, die sich in einen materiellen Körper hineinversenkt haben, sehen es als das edelste Vorhaben an, die Liebe aus dem Reich des Lichts in diesen Körper hineinzustellen und ihn von innen zu erleuchten. Die Erleuchtung, die in Meditationen angestrebt wird, bezeichnet unseren originalen Plan. Indem viele Meditierende in Klöstern den Abstand zwischen sich und der „schnöden Welt" erschaffen, um sich von den Lockungen der Materie nicht ablenken zu lassen, gehen sie millimeterscharf an diesem Plan vorbei; es sei denn, sie senden immer wieder heilende, strukturierende Liebe in diese chaotische Welt. Denn es gilt, inmitten der Verlockungen durch die Materie, in eben jenen geistig erleuchteten Zustand der immerwährenden Liebe zu gelangen und, trotz der Verlockungen und Ablenkungen, in ihm zu verbleiben.

Es gilt: „Führe mich in der Versuchung", nicht: „Führe mich nicht in Versuchung." Denn in Versuchung werden wir automatisch geführt, sobald wir uns verkörpern. Die Versuchung ist die Suche nach dem originalen Plan. Da der originale Plan die „Ver-Wirklichung" in der stofflichen Welt ist, kann uns die Versuchung nicht mehr gefährden. Denn der, der gefunden hat, muss nicht mehr suchen, kann aber mit dem Gefundenen ein Bündnis eingehen. Derjenige, der ein Bündnis mit der Liebe eingeht, befindet sich im inneren Paradies und wird dieses auch nach außen ausstrahlen.

Das Gehirn, das oftmals entlastet sein wird, da es 1. keine negativen Gedanken mehr denken muss (Probleme, unausgesprochene Worte der Wut, Verzweiflung, Eifersucht, Geiz, Verlust, Anklagen, Forderungen) und 2. immer öfter gar nicht mehr denken muss, da es nicht immer und überall einen Anlass dafür findet, kann sich entspannen, Pausen einlegen und regenerieren, um dann umso frischer und schneller wieder in seine Funktionen zu springen. Der innerlich zufriedene, ausgeglichene Mensch kann beobachten, ohne Schlüsse zu ziehen, auf sich wirken lassen, ohne Handlungsgedanken zu denken, Schönes genießen, ohne kommentieren zu müssen.

Das Paradoxon des digitalen Daueraustausches bedeutet, den Dauerdruck auf das Gehirn noch zu erhöhen, indem es von ihm fordert, Konversation zu betreiben, Kommentare und „Likes" zu produzieren, auch wenn es nichts zu sagen gibt. Der Besitzer des Gehirns möchte sich natürlich einer Gruppe zugehörig fühlen, wahrgenommen werden und sich „austauschen."

Aber: Ein Mensch, der sich immer wieder austauschen möchte, mag sich womöglich nicht und möchte lieber jemand anderer sein. Zur „normalen" zeitlichen Überbelastung tritt neben dem sich immer weiter entwickelnden Minderwertigkeitsgefühl angesichts all der „Coolen, Lässigen, Intelligenten" die emotionale Höchstforderung, niemanden aus der immer größer werdenden Gruppe zu enttäuschen. Derjenige, der auf diese großen, unüberschaubaren Gruppen verzichtet und sich auf eine kleine, überschaubare Gruppe beschränkt, die er womöglich sogar persönlich kennt, wird dort schon übergenug zu tun haben, um alle Mitglieder zufriedenzustellen. Die Reduzierung auf „Weniger ist mehr" gilt auch hier.

Wer also dauerhaft geistig, seelisch und körperlich gesund bleiben möchte, erfülle sich mit Herzlichkeit - das ist der beste und der einzige Doktor, der nichts kostet. Wer schon unter Krankheitssymptomen leidet, kann sich eventuell durch Herzlichkeit heilen. Auch wenn wir Opfer sind, auch wenn wir leiden und gar nicht zu denjenigen gehören, die sich beschweren, nörgeln, kritisieren, wüten, ist die beste Heilungsmethode die Herzlichkeit. Denn Opfergedanken verdunkeln ebenso unser Gemüt wie Eifersucht und Wut und verbrauchen ebenso viel Energie. Die kostenlose Heilungsmethode funktioniert nur, wenn wir sie anwenden.

Wenn ich
etwas einbüße,
verliere ich etwas.
Tue ich Buße, gewinne
ich etwas, aber nur, wenn
die Buße keine Selbstkasteiung,
sondern
eine Reue
ist, die mich die
Schuld verwandeln lässt.

BESÄNFTIGUNG

Ein guter Gedanken-Gang rennt nicht.

Die Erde zeigt uns unmissverständlich, was sie von unserem Treiben hält. Sie ist nicht gänzlich abgeneigt, mit uns zusammenzuarbeiten, aber ihre Bedingung, dies müsse in Liebe und beiderseitigem Respekt geschehen, wird nicht von allen verstanden geschweige denn täglich umgesetzt. Dabei hat man uns genügend Sinn(e) und Verstand mitgegeben, um die Konsequenzen unseres Tuns abschätzen zu können. Viele von uns können und tun dies auch. Ebenso viele allerdings tun dies nicht. Ein besonderes Ungleichgewicht schafft dabei die Tatsache, dass reife und in sich ruhende Menschen weitaus seltener in hohe Positionen drängen als unreife, ruhelose und nach sich selbst suchende.

Der reife Mensch wird eine Machtposition nur dann anstreben, wenn Führung in Liebe und Verantwortung unumgänglich wird. Denn das „bei sich angekommen Sein" beinhaltet die Erkenntnis, dass jeder Mensch ein autarkes und ursprünglich von reiner Liebe bestimmtes Geistwesen ist und es deshalb eine ideale Friedensgemeinschaft aller Völker geben kann. Leider werden Machtpositionen nur zu oft von Menschen angestrebt, die sich dessen nicht oder nur schwach bewusst sind. Sie verstricken ihre Völker in Kriege, lassen korrupte Strukturen zu und sind bestimmt von ihrem Hass oder ihrer Abneigung gegen Andersdenkende, vor allem, wenn diese selbstbewusst und charismatisch sind.

Diese durch ihre Gedächtnislücken Geschwächten reiten gegen alles an, was wahr und echt ist, weil sie dort nicht gewinnen können. Indem sie alles oder Teile von dem vergessen haben, was sie an Wahrem und Echtem in sich tragen, fühlen sie sich genau dadurch bedroht und werden solange dagegen ankämpfen, bis sie es vernichtet haben; oder bis sie selber untergehen. Früher oder später müssen sie untergehen, da das karmische Gesetz sie einholt, ehe sie irreparables Unheil anrichten können. Das karmische Gesetz lautet: „Die liebevollen oder hasserfüllten Schwingungen, die du aussendest, kehren zu dir zurück." Weiterhin besagt das Gesetz: „Je mehr Menschen einer Schwingungsebene sich zusammentun, desto stärker wirkt sich die Gesamt-Schwingung aus."

Da sich Menschen, die noch nicht oder noch nicht ganz zu sich selbst erwacht sind, eher schwach fühlen, wenn sie alleine stehen, neigen sie zur Gruppenbildung. Eine Gruppenbildung aus Angst und Schwäche heraus ergibt eine unvollkommene Gruppe. Ebenso eine Gruppenbildung aus Hassmotiven, Eifersucht und Vernichtungsdrang. In den Kirchen und religiösen Gemeinden bilden sich die Gruppen mit hoher Zielsetzung. Dies kann zu mehr Liebe führen, muss es aber nicht. Es hängt von der Wahrhaftigkeit ab, mit der geliebt wird. Es darf nichts Schein-Heiliges, Gezwungenes daran haften; man soll sich nicht mühen müssen, lieb zu erscheinen. Im Gegenteil: Wenn wir ganz lockerlassen, nichts wollen oder anstreben, sondern nur da sind, kann sich die Liebe, die unser aller Quell ist, am besten in uns ausbreiten und aus uns herausstrahlen. Wir haben dann eine gute Ausstrahlung und fördern die Besinnung auf die Lichthaftigkeit all derer, die mit uns zu tun haben.

Wir können auf diesem Wege auch die Erde beeinflussen. Neben den Verhaltensweisen, mit denen wir Gutes tun und der Umwelt nützen können - keine weiteren Neuversiegelungen oder Abgrabungen von Naturflächen für vermeidbare und schädigende Projekte, Verzicht auf den Gebrauch umwelt- und menschenschädigender Substanzen in Haushalt und Garten, Einschränkung des Gebrauchs umwelt-, menschen- und tierschädigender Medikamente, Fahrrad statt Auto, Korb/Beutel/Tasche statt Plastiktüte, unverpackte Nahrung statt in Plastik eingeschweißter „Stilleben", Kauf regionaler Produkte, Unterstützung der Biobauern und alternativen Denker, Eigenanbau im Garten oder auf dem Balkon, weniger Fleisch und Fisch, das eine wegen verantwortungsloser Tierhaltung, das andere wegen der Leerfischung der Meere - können wir vor allem mit geläutertem Denken das Klima beeinflussen. Nach dem Prinzip „Wie oben - so unten, wie innen - so außen" entstehen die Wirbel eines verheerenden Sturmes immer auch als Reaktion auf Hasswirbel, die durch Kriege und Diskriminierung im Feld entstehen. Die Volks(ver)führer, die die ihnen Anvertrauten zu Hass und Mord auffordern, überhaupt jeder, der Hass, Rache, Krieg im Sinn hat, kreiert teils massive irdische Reaktionen. Da wir alle in diesem gigantischen Frequenzfeld „Schöpfung" miteinander verbunden sind, bleibt kein noch so kleiner Gedanke ohne Wirkung. Je mehr Menschen einen kleinen Hassgedanken denken und fühlen, desto größer fällt die Resonanz im Raum aus.

Jede/r einzelne von uns besitzt ein Gehirn, in dem unablässig elektrische Entladungen stattfinden, die sich dem gesamten Körpersystem mitteilen. Wer „unter Strom steht", weiß, wovon ich rede. Deshalb können Systeme auch durchbrennen. Der „Burn Out" ist ein Kurzschluss, der das Gehirn vor dem kompletten Ausfall schützen soll. Wenn wir uns klarmachen, wie viele Gehirne derzeit mit Hass-, Rache- und Zerstörungsgedanken gefüllt sind, verstehen wir, warum die Lage auf dem blauen Planeten wieder so explosiv ist. Stromwellen gehen um den Erdball, von Menschen gemachte plus von Menschen gedachte plus von Menschen gefühlte Stromwellen.

Jeder, der friedlich denkt und fühlt, besänftigt das hektisch schwingende Feld ein kleines bisschen. Je mehr Menschen friedlich denken und fühlen, desto mehr Auswirkungen hat dies auf globale Erscheinungen. Deshalb zählt jeder einzelne viel mehr, als sie/er vielleicht denkt. All die Beschimpfungen und Schuldzuweisungen im zwischenmenschlichen Bereich lassen das Feld „brennen." Löschen können wir es nur gemeinsam durch Liebe, Weisheit, Toleranz und Lächeln.

LIEBE

Liebe ist im engeren und weiteren Sinne immer auch Umweltschutz.

Mehr denn je wird uns allen bewusst, wie wichtig die Liebe für uns in allen Belangen ist. Ohne Liebe sind wir nichts. Warum nur ist sie so schwer zu fassen, so schwer zu leben, so schwer festzuhalten und dauerhaft anzuwenden? Jeder scheint etwas anderes darunter zu verstehen. Ich verstehe darunter die Einfachheit, die Bereitschaft, kindlich und unverstellt zu sein, schnell zu verzeihen und zu vergessen, die Fähigkeit, sich über Kleinigkeiten ebenso zu freuen wie über große Ereignisse, den Mut, seine Gefühle offen zur Schau zu stellen und in klare Worte zu fassen, die weder schmeicheln noch die Wahrheit verdrehen. „Was ist Wahrheit?", wird mancher einwenden, und: „Ist die Wahrheit des Kindes absolut? Und wenn sie es wäre, ab wann wäre sie es nicht mehr, da doch Prägung und Erziehung die Wahrheit des Kindes der Wahrheit der Eltern in den allermeisten Fällen anpassen?"

Die Wahrheit des Kindes ist solange absolut, wie sich das Kind in seiner absoluten Liebesfähigkeit befindet. Manchmal geht diese sehr schnell verloren, wenn es sich zum Beispiel in einer familiären Dauerstreitsituation wiederfindet. In einem italienischen Film aus den Siebzigern befahl die Mutter den noch kleinen Kindern, sich mit je einem Kissen bewaffnet in die Betten zu verziehen und sich darunter zu verstecken, denn der Vater und sie hätten etwas zu „bereden." Die Kinder sausen in ihr Zimmer, und noch während sie die Türe hinter sich schließen, gehen die beiden Eheleute lautstark aufeinander los.

Hier verlieren die Kinder schneller ihre „Unschuld", nämlich den respektvollen Umgang miteinander und die reine Freude, in einer Familie zu leben, geschützt und geliebt zu sein. Die beiden Kinder streiten auch oft, obwohl sie noch recht klein sind. Aber sie haben das Konzept der Eltern schon übernommen und ebenso deren Wortwahl. Trotzdem wohnt die

Wahrheit der Liebe noch in ihren Kinderherzen. Diese Wahrheit wird sich nie in Lüge verwandeln. Das Herz lässt da nicht mit sich handeln. Es ist der Wohnort der wahren, unverbrüchlichen Liebe. Deshalb ist und bleibt es die Institution, an die sich jeder Mensch früher oder später hilfesuchend wendet. Sie befragen ihr Herz in wichtigen Dingen.

„Was fühlst du? Ist es richtig, was ich tue oder nicht?" Und wenn das Herz schmerzt, ahnt der Herzbesitzer, dass er womöglich gegen die Regeln der echten Liebe verstoßen hat; es sei denn, er ist durch die Lieblosigkeit eines anderen verletzt worden. Auch das wird sofort richtig eingeordnet. Das Herz wird leer und schwer, es bricht und ist manchmal nicht mehr zu heilen.

Viele Menschen suchen einen Partner, den sie aufrichtig lieben können. Sie wollen ihm ihr ganzes Herz schenken, ihre ganze Liebe, sind aber oft genau dort verletzt und schenken mit ihrem ganzen Herzen auch ihre ganze Trauer und oft auch die ganze Unfähigkeit, sich wirklich hinzugeben, zu verschenken, vertrauensvoll zu lieben. Diese Unfähigkeit entsteht natürlich häufig durch die Verletzungen des Kinderherzens, das zwar im Laufe des Erwachsenwerdens größer, aber nicht gleichzeitig heiler wird. Trotzdem sind wir nicht dazu verdammt, auf wahre Liebe zu verzichten, nur weil irgendwann irgendetwas in unserer Vergangenheit passiert ist. So wie wir ja auch nicht ein Leben lang humpeln, nur weil wir uns einmal den Fuß verstaucht haben. Schwieriger ist eine dauerhaft dissonante Kindheit, etwa vergleichbar einer chronischen Krankheit.

Trotzdem gilt auch hier: Da unser Körper regenerationsfähig ist, sollte es auch unsere Seele sein. Und weil die Seele Befehlsempfänger des Geistes ist, obliegt es diesem, für Ordnung und Struktur zu sorgen. Denn Lieblosigkeit bewirkt mit vorhersagbarer Gesetzlichkeit das Chaos im negativen Sinne. Im Geiste sollen wir uns befehlen, was wir uns für unser Leben vorstellen und wie wir es FÜHREN wollen. Ein echter

Führer führt in das Glück, in die Sicherheit einer alltagstauglichen Harmonie. Ein unreifer Führer führt letztlich in den Untergang. Wer also sein Leben führen möchte, sollte sich darüber im Klaren sein, dass tägliches Glück nur durch tägliche Liebe zu erreichen ist. Der Mensch, der täglich murrt und grollt, beleidigt und fordert, anklagt und einklagt, ist unglücklich und wird immer unglücklicher werden. Das ist nicht nur logisch, sondern auch wahr.

Liebe ist nicht kompliziert, wie manche meinen. Warum sollte sie kompliziert sein, da sie doch das Einfachste von der Welt ist. Warum ist es so einfach zu lieben? Weil wir mit der Liebe gekommen sind. Sie ist sozusagen unser einziges Gepäck, wenn wir auf der Erde landen. Und sie ist auch das einzige, dass wir wieder mit zurücknehmen, wenn wir nicht alles an Liebe aufgebraucht, verschleudert oder vergessen haben; sollte dies der Fall sein, dann kamen wir mit vollen und gehen mit leeren Händen. Haben wir dann eine Spur auf der Erde hinterlassen? Ja, aber ist es eine Spur, die hilfreich war, die den Mitmenschen Orientierung gab, oder ist es eine Spur, die ins Verderben führte und viele Menschen auch nach unserem sogenannten „Ableben" in die falsche Richtung lotst? Oder ist es nur eine Spur, die schnell vom Regen verwischt wird, weil sie zu undeutlich war, in zu viele verschiedene Richtungen führte, vor- und zurückwies, sich im Kreise drehte?

Jeder Mensch, der lächelt und gelassen bleibt, wenn andere sofort hektisch, beleidigt, schroff und schuldzuweisend reagieren, verändert die Welt ein kleines bisschen zum Guten. Denn dieser Mensch zeigt den Hektischen, Verwirrten, Verletzten eine Alternative auf. Sterblich sind wir vom materialistischen Gesichtspunkt aus alle. Wir werden früher oder später den Körper, den wir zurzeit bewohnen, verlassen und aufgeben müssen. Deshalb ist selbst in Krisen weder Verzweiflung noch Wut hilfreich, sondern allein das Wissen um unsere Unsterblichkeit, unser Schöpfertum und unsere unendliche Liebesfähigkeit. All das zusammengenommen befähigt uns, Lösungen zu finden. In der Ruhe, im stillen Zentrum unseres wahren Da-Seins, befindet sich die Kraft, aus der wir immer und überall schöpfen können. Vergessen wir diesen Kraftort dauerhaft, dann verzweifeln wir an der Illusion unserer Ohnmacht. Kinder kennen diesen Ort und schöpfen aus ihm. Viele Geschichten erinnern uns an ihn. Doch der von sich selbst entfremdete Mensch wird diese Geschichten zurückweisen, sie Ammenmärchen oder Wunschgeschichten nennen, die dem Realisten ein Gräuel sind. Doch wer ist der wahre Realist: Der Liebende oder der, der die Liebe verloren hat? Die Antwort liegt auf der Hand. Wer also sein Leben in Liebe führt, ist ein echter Führer, nicht nur für sich, sondern auch für die anderen in seinem Umfeld.

Nicht ganz da sein
Abwesend sein
Dichtmachen
Wegblenden
Zerstreut sein
Außer sich sein
Neben sich stehen
Aus sich herausgehen
Über sich hinauswachsen
In sich gehen
Ruhe geben

DEPRESSION

Ich betrauere die Trauer in mir und die Fröhlichkeit außerhalb von mir.

Wem es prinzipiell schlecht geht, den setzt perfektes Frühlingswetter doppelt unter Druck. Umringt von jubilierenden Vögeln und in allen Farben und Formen blühenden Bäumen müsste es uns eigentlich gut gehen. Doch wir müssen uns der Erkenntnis stellen, dass der äußere Frühling nicht automatisch den inneren im Schlepptau hat. Während draußen der Lenz linde Lüftchen produziert und sein blaues Band um alles schlingt, was nicht niet- und nagelfest ist, herrscht dann in unserem Inneren erst recht eine eisig-mehlgraue Winterstarre mit den Rufnamen: Verzweiflung, Kraftlosigkeit, Einsamkeit. Wir können den unüberbrückbaren Kontrast zum Farbenreichtum der Erde kaum verwinden.

Wichtig ist es, sich nicht unter Druck zu setzen. Wir dürfen jederzeit traurig sein. Es ist unser verbrieftes Recht, jedes Gefühl zu fühlen, denn wir sind freie Wesen. Wir sollten uns also keinesfalls „auf lustig trimmen“, sondern uns bemitleiden, vor allem dann, wenn kein anderer es tut. Das heißt nicht, dass wir sofort zu Hypochondern oder „Jammerlappen“ mutieren, die bei der kleinsten Gelegenheit zusammenbrechen. Nein, oft ist das Gegenteil der Fall: wir haben uns zu lange zusammengerissen und so getan, als sei alles in bester Ordnung und als wir seien starke, leistungsfähige Personen, mit denen man „Pferde stehlen kann“, die alles meistern, was ihnen abverlangt wird, die „immer zurechtkommen.“ Dieses „Zusammenreißen“ haben wir von unseren Eltern gelernt. Das Wort deutet auf eine gewisse Brutalität hin, mit der wir uns behandeln. Wir sollen offensichtlich an uns zerren, statt uns zu trösten und in Ruhe nach Lösungen zu suchen. Das Reißen suggeriert Ungeduld, Heftigkeit und Hektik. Wie kann sich Heilung und Lösung aus einem Prozess entwickeln, der uns derart unterjocht und keine Zeit gewährt, vernünftige Strategien zu entwickeln? (Vernunft definiere ich hier als Zusammenarbeit von Herz und Verstand). Andererseits sollen wir uns ja auch nicht „hängenlassen“

wie Blumen im Hochsommer, die kein Wasser bekommen und schlaff darniederliegen.

Es gilt also, die Mitte zwischen beiden Verfahrensweisen zu finden und anders mit uns umzugehen. Wir können uns fragen, warum wir traurig sind und anerkennen, dass wir unsere Gründe dafür haben. Wir können überprüfen, wie lange wir schon traurig sind und worüber. Wir können uns und unsere Gefühle ernst nehmen und dann neue Wege gehen, damit wir aus der scheinbaren Ausweglosigkeit herausfinden. Wir können feststellen, welche Möglichkeiten außer der Traurigkeit, Kraftlosigkeit, Verzweiflung wir besitzen, um auf Menschen oder bestimmte Vorfälle zu reagieren. Es steht uns ein ganzer Fächer von Reaktionsmöglichkeiten zur Verfügung. Es gilt also herauszufinden, wann wir welche Gedanken, Gefühle und Verhaltensweisen aktivieren und benutzen, wann sie uns dienen und wann schaden. Wir können Vorfälle thematisieren, auch wenn sie lange zurückliegen. Wir können wiedergutmachen, wo wir uns fehlverhalten haben und verzeihen, wo man uns Leid zugefügt hat. Und da, wo wir nichts mehr ändern können, können wir lernen, anders darüber zu denken. Wir üben zusätzlich konsequent daran, uns von Gegenständen, Situationen und Personen über die Jahre hinweg dauerhaft manipulieren zu lassen.

Die Basis für dieses bewusste Umgehen mit uns selbst ist die vollkommene Annahme unserer Person, mit allen Ecken und Kanten. Auf dieser Basis ist Veränderung machbar. Bei uns selber schauen wir zu ungenau hin, wir sagen uns gleich: „Du bist wertlos, unfähig, niemand wird dich jemals lieben können." Wären wir ein Haus oder ein Auto, wäre uns dies oft klarer. Wir würden das Haus anschauen und sagen: „Hier und da will ich etwas reparieren oder verschönern." Wir sagen nicht gleich: „Dieses Haus ist untragbar, es muss abgerissen werden." Beim Auto sagen wir: „Es muss ein neuer Auspuff her, die Scheibenwischblätter müssen erneuert werden" und nicht gleich: „Dieses Auto ist eine Zumutung, ich lasse es verschrotten."

Schauen wir also, was wir bei uns verbessern, verändern und renovieren können. Den Hinweis auf den konkreten Bedarf geben uns Gefühle wie Traurigkeit, Wut, Eifersucht, Verzweiflung, sich wiederholende Karussellgedanken im Kopf. Das Nervensystem in unserem Körper ist unter anderem dafür zuständig, uns durch Schmerz auf einen Mißstand im Körper hinzuweisen, der behoben werden muss, damit wir gesunden. Ebenso helfen uns Gedanken und Gefühle, die uns traurig, kraftlos oder wütend machen, einen Mißstand im Kopf oder Herzen zu bemerken und zu erkennen, dass ein Mißstand vorliegt. Wir sollen ihn auf keinen Fall ignorieren! Wegschauen, Weghören, Wegfühlen bedeutet Verdrängen. Die Verdrängung verlagert und verschärft das Problem. Das ist wie bei einer Überschwemmung. Nehmen wir an, ein Kellerraum unseres Hauses ist überschwemmt. Ich kann diesen Notstand ignorieren, was zur Folge hat, dass alles schimmelt und stinkt und die Basis des Hauses angegriffen wird. Vielleicht muss ich irgendwann aus dem Haus ausziehen, weil es entweder grundsaniert oder sogar abgerissen werden muss. Besser ist es also, dass ich das Problem nicht verdränge, sondern den Keller trockenlege.

Ich schaue also auf das, was mich alarmiert hat: Ich höre dem Problemgedanken zu und frage mich, wie ich das Problem lösen kann. Ich schaue auf eine Situation, die mich zuverlässig in schlechte Laune versetzt und frage mich, wie ich das Problem lösen kann. Ich nehme ein ungutes Gefühl wahr und frage mich, was es mir konkret zu sagen hat. Dafür brauche ich Liebe und Zeit.

Letztlich können wir mithilfe von Liebe und Zeit aus allem etwas machen. Das ist deshalb so, weil wir in der zweipoligen Welt leben: wo Traurigkeit ist, ist auch Freude. Es lohnt sich, die Münze zu wenden und auf die andere Seite zu schauen. Dann macht uns der Frühling im Außen auch wieder so richtig Spaß und alle anderen Jahreszeiten ebenso.

DER GESUNDE MENSCHENVERSTAND

Die Liebe verbindet mich mit dem Paradies in mir.

Die modernen Techniken haben unser Leben sowohl vereinfacht als auch verkompliziert. Während früher ein Brief mehrere Tage unterwegs war (so wie in Italien oder Frankreich immer noch) und der Schreiber auf die Antwort wartete, die ebenfalls innerhalb von einigen Tagen erfolgte, (wenn sie erfolgte), spielt sich heutzutage alles innerhalb weniger Sekunden bis Minuten ab. Nachrichten werden sofort übermittelt und wollen sofort beantwortet werden. Lässt der Empfänger einige Stunden verstreichen, wird er schon beargwöhnt, die Nachricht nicht beantworten zu wollen, krank zu sein, womöglich etwas gegen den Schreiber einzuwenden zu haben oder sich, aus irgendwelchen dubiosen Gründen, um eine Antwort herumzudrücken. Am Bahnsteig sieht man nur noch gesenkte Köpfe und die dazugehörigen, vom Display bläulich erleuchteten Gesichter. In den Cafés sitzen Pärchen und Gruppen zusammen und schicken sich oder Abwesenden „Whatsapp"-Nachrichten, und auf der Straße ist man seines Lebens nicht mehr sicher, weil munter am Steuer telefoniert oder auf den Handys herumgetippt wird.

Man stelle sich vor, zu Jesu Zeiten hätte es schon Handys gegeben. Maria und Josef hätten sich ihre Herberge problemlos bei Booking.com. suchen oder Couch-Surfing in Syrien machen können. Per Navigationssystem hätten sie problemlos zu ihren Zielorten gefunden, nachdem die Wetter-App ihnen die beste Reisezeit verraten hätte. Um das Jesuskind auf der langweiligen Reise zu unterhalten, hätten kostenlose Spiele wie „Spongebob" und „Prinzessin Elsa" zur Verfügung gestanden, und Jesus hätte vielleicht in „Superman" ein Vorbild gefunden, der sich sicher nicht widerstandlos hätte kreuzigen lassen, wäre er je gekreuzigt worden. Zu bedenken wäre allerdings, dass Herodes die Familie natürlich sofort hätte „spotten" und effektiv verfolgen können, es sei denn, die Heilige Familie hätte ihr Handy in den Jordan oder ins Meer geworfen.

Aber: Jesus brauchte natürlich kein Handy. Er verfügte über grenzenlose Geisteskraft und Liebe und war gekommen, um auch uns diese beiden Aspekte unseres Seins auf der Erde wieder in Erinnerung zu rufen. Unser Geist kann alles denken, was er will. Solange wir als Menschen bewusst auf dem Planeten herumlaufen, arbeitet sich das Gehirn an den Widersprüchlichkeiten ab, die uns immer wieder herausfordern und an unsere Grenzen kommen lassen. Doch nachts, während wir schlafen, werden diese Grenzen gesprengt, wir werden mit Surrealem, Übernatürlichem konfrontiert, mit Geschichten, die in uns leben und im Moment des Erlebens von uns für ebenso wahr und real gehalten werden wie die Geschichten, die uns im Alltag begegnen.

All das spielt sich in unserem Gehirn ab und vermittelt uns Grenzenlosigkeit nahe am Wahn-Sinn. Dieses Wort, das früher eindeutig negativ besetzt war, hat sich heute gewandelt und enthält ebenso eine Doppelbotschaft wie alle anderen Wörter und Gegebenheiten auf der polaren Erde. „Das ist der Wahnsinn" kann heute positiverweise bedeuten: „Das ist ja toll! Verrückt! Irre!", was demselben Hintergrund entnommen ist. Der Sinn, auf den Kopf gestellt und zum Un-Sinn gewandelt, das Tolle, Irre, aus dem normalen Bereich Ver-rückte zeigt uns die unbegrenzten Möglichkeiten unseres Geistes, der sich nicht länger mit der „Norm" zufrieden gibt, einer Norm, die nur deshalb „Regel" bedeutet, weil sich Gesellschaften für dieses oder jenes Regelwerk entschieden haben.

Heutzutage existieren verschiedene Konzepte der „Norm" gleichzeitig. Die hart erkämpfte europäische Norm ist demokratisch und basiert auf Freiheit, Toleranz und Respekt in der Vielfalt der Seinsformen. Die orientalische Norm basiert unter anderem auf dem Gruppenzusammenhalt, dem Patriarchat, der Hierarchie, der gezielten Unfreiheit zum Schutze der Gesellschaft oder aufrichtiger: des Regelwerks. Die japanische Norm fordert Anpassung, Disziplin, Gesichtswahrung, Schweigsamkeit, Ehre, die amerikanische Norm Patriotismus, Sportlichkeit und Sieghaftigkeit. Jede Stammesgruppe setzt

Verhaltensweisen fest, jede Familie, jedes Pärchen und jeder Einzelne für sich. Selbst die Regellosigkeit ist in Wahrheit dann Regelwerk, wenn sie wiederholt wird und systematisch wird. Jemand, der immer zu spät kommt, hat sein Regelwerk der konsequenten Unpünktlichkeit erschaffen. Das Regelwerk aber beschränkt die Grenzenlosigkeit des Geistes, der absolute Freiheit braucht, um in seine volle Wirkung eintreten zu können. Erst, wenn er das Nie-Gedachte denkt, kann es Fortschritt oder Wandlung geben.

Das Nie-Gedachte können wir mit zwei Entwicklungen verbinden: Mit der Explosion der technischen Errungenschaften, die uns das Denken letztlich immer mehr abnehmen und dem totalen Tabubruch, der einem gesellschaftlichen Regelbruch gleichkommt und die Gesetze aufhebt, die sich Gruppen zu ihrem eigenen Schutz gegeben hatten. Die Wahlen in Amerika, die Vorkommnisse in der Türkei, das russische „Wittern von Morgenluft" haben uns den totalen Tabubruch mit all seinen Konsequenzen vorgestellt. Das Ergebnis ist ein Totalitarismus, wie wir Erdlinge ihn schon oft überleben mussten und bedeutet: Vollkommene Machtfülle für einen Führer, der nur eine handverlesene Schar demütig Ergebener um sich duldet und jede individuelle Regung sofort abstraft.

Die Geistesfülle des Jesus Christus' hingegen bedeutet immer auch Zuwachs an Liebe. Christus ist ohne Liebe nicht denkbar. Würden Diktatoren wie Trump, Erdogan und Putin ihre Geisteskraft mit Liebe kombinieren, hätten wir geistige Führer, denen nachzueifern sich lohnen würde. Es wären die Mahatma Gandhis, Dalai Lamas, Martin Luther Kings und Nelson Mandelas, nach denen sich die Menschheit sehnt. Die wahren Helden der Menschheitsgeschichte erheben das Volk, die Machtbesessenen drücken es nieder. Wie sollen und können wir ihnen Einhalt gebieten? Durch unser persönliches Verhalten. Nur, wenn wir es schaffen, täglich Liebe und Geist zu verbinden und uns niemals dazu bereiterklären, diese Einheit aufzugeben, können wir echte Stärke entwickeln.

Der Geist kann ohne Liebe viel erreichen, es wird ihm aber an Wärme fehlen. Die Liebe kann ohne Geist viel erreichen, doch ihre Reichweite steigert sich erst durch die Hilfe des Geistes.

Im Deutschen nennt man die Verbindung beider unspektakulär, aber zutreffend: den „gesunden Menschenverstand." Gesund kann der Verstand nur sein, wenn er mit der Weisheit des Herzens verbunden ist. Und sobald diese Vereinigung unauflösbar in uns verankert ist und unser Denken, Fühlen, Reden und Handeln vollkommen bestimmt, sind wir wahre Menschen.

Was das richtige Essen angeht: Wir lernen, es sei gut, mindestens dreimal am Tage etwas zu essen, auch wenn wir keinen Hunger haben. Aber Benzin füllen wir nur nach, wenn der Tank des Autos leer ist.

RESPEKTVOLLER UMGANG

Wer raunzt, hat die Sprache der Liebe vergessen.

Heutzutage wird mehr denn je geraunzt und angegriffen, beschuldigt oder auf stur gestellt, die einfachsten mitmenschlichen Regungen werden einfach nicht gezeigt. Ja, es gibt sie - die Egoisten. Sie haben ihre Gründe, sich zu verweigern, die anderen vor den Kopf zu stoßen und unsozial zu sein. Aber einen Grund zu haben heißt nicht, dass man das Recht an sich reißen sollte, jemanden unglücklich zu machen. Denn schon eine hasserfüllte oder extrem gleichgültige Bemerkung kann in der Seele brennen und Menschen in einen Abgrund fallen lassen, ohne dass der Verursacher es bemerkt. So wie ein kleiner Akt der Menschlichkeit, eine großzügige Geste das Gegenteil bewirken kann.

Also: es hilft nichts – wir empfinden zwar den Schmerz über die Lieblosigkeit, und das umso mehr, als wir uns um den Ausdruck der Liebe in jedem Augenblick des All-Tags mehr oder weniger erfolgreich bemühen. Aber der Schmerz darf uns nicht überwältigen. Selbst wenn er sich zu dem Schmerz gesellt, den wir schon lange mit uns herumtragen. Wer, wenn nicht die, die sich der Liebe verschworen haben, bringen es fertig, trotzdem fröhlich zu sein und nichts darum zu geben, was die anderen machen? Wer sonst soll die Liebe hochhalten, vor allem, da es in der Welt so hoch oder sagen wir treffender: niedrig hergeht?

Aber es geht ja auch an ganz vielen Stellen „hoch" her. Ich denke da an alle Situationen, in denen die Menschen nicht versagen, sondern herzlich sind, mutig, innovativ. Das sind die Momente, von denen die Zeitungen und Fernsehsender seltener, wenn auch inzwischen öfter berichten, weil es schlichtweg nicht nur unmöglich ist, überall präsent zu sein, sondern auch unerwünscht. Es muss nicht alles dokumentiert werden. Aber es sollte nicht vorwiegend das Negative berichtet werden, wie es in den Zeitungen oft noch gehandhabt wird. Wenn wir eine

Zeitung zur Hand nehmen, um uns „eines Besseren belehren zu lassen", werden wir oft eines „Schlechteren" belehrt. Wir lesen da etwa: „Grünen-Politiker stehen auf Todesliste von US-Nazis" oder „Kommen deutsche IS-Mitglieder zurück?", also die Terroristen, die wahllos und im Namen Allahs Menschen abgeschlachtet haben, ein Reich Gottes im Syrien des Bürgerkrieges errichten wollten, von den Kurden in Schach gehalten worden waren und nach Trumps Verrat an den Kurden nun wieder zunehmend in die „Freiheit" entweichen, erneut wahllos Menschen abschlachten und sich schon darauf freuen, in Europa Unfrieden zu schaffen.

Der türkische Präsident benutzt derweil die Terroristen als Druckmittel gegen Europa und verspricht sich von seinem Bund mit Russland eine unbehelligte Errichtung seiner Diktatur, mittels derer er seine frei denkenden Mitbürger unterdrücken und ins Gefängnis werfen kann. Inzwischen entließ er die ersten Islamisten Richtung Europa. Uns trifft es schmerzlich, wir müssen aber angemessen reagieren und den Straftätern den Prozess machen, was wir hoffentlich, trotz Überlastung der Justiz und manch weichgekochter Gesinnung bewerkstelligen. Putin, der russische Erzstratege, benutzt derweil Erdogan, die Iraner benutzen die Palästinenser und die Hisbollah im Süden Libanons und der syrische Präsident Assad, der durch seine selbstherrlichen Aktionen den Nahen Osten durcheinandergerüttelt hat, hält sich mithilfe Russlands immer noch an der Macht.

Das sind Fakten, soweit wir das beurteilen können, doch diese Fakten helfen uns bei der Lösung nicht. Sie erzeugen Angst und Ohnmacht. Wir aber sind nicht ohnmächtig. Wir sind sehr begabte Wesen, die schon sehr viel „auf die Beine gestellt" haben. Ich glaube nicht, dass noch irgendjemand uns erklären muss, warum wir bedroht sind. Ich denke, wir brauchen jetzt eher die Vorschläge, wie wir mit der Bedrohung umgehen. Denn unsere Psyche ist weich und meistens schon von anderen Vorkommnissen belastet. Wir brauchen Aufbauendes, Unterstützendes. Dass wir Deutschen nun Waffen liefern ist das eine; niemand will zusehen, wie Wehrlose abgeschlachtet werden. Aber wir wären nicht wir, wenn wir nicht das Absurde der Situation bemerken würden, nämlich dass wir immer wieder gezwungen werden, in denselben Bahnen zu denken und fühlen und in immer dieselben Fallen zu laufen. Die Gewissensfrage an Kriegsdienstverweigerer und Pazifisten: „Was würdest du denn tun, wenn vor deinen Augen deine Freundin vergewaltigt würde?" stellt sich immer wieder neu und führt die Notwendigkeit der tatkräftigen Verteidigung in einer polaren Welt vor Augen. Eine andere, auch nicht neue Frage schließt sich an: „Wie können wir uns so veredeln, dass wir Fragen dieser Art nicht mehr beantworten müssen, weil sie sich erledigt haben; weil es keine Täter und Opfer mehr gibt; weil wir uns endlich zu den liebenden Wesen entwickelt haben, als die wir uns fühlen wollen?"

Die Antwort ist, wie immer: Jeder überprüfe sich und achte auf sich selbst. Denn wir sind eben nicht perfekt. Jeder einzelne von uns bemühe sich, so respektvoll, tolerant und humorvoll wie möglich mit seinen Mitmenschen umzugehen. Wir sollten fähig sein, uns unserer Gedanken und Gefühle klarzuwerden und sie auszusprechen. Und wir können täglich üben, die anderen nicht als Störfaktoren zu betrachten, sondern als Bereicherung. Wir wählen ohnehin die aus, die uns in Freundschaft nahekommen. Aber all diejenigen, denen wir vielleicht nur einmal begegnen, haben auch unseren Respekt verdient. Es wäre zum Beispiel möglich sich zu informieren, ob in der Stadt, in der wir leben, Flüchtlinge aus den Krisengebieten untergebracht sind. Man könnte vorbeigehen, sie begrüßen, schauen, ob sie etwas brauchen, Hilfe anbieten, wenn sie nicht alleine klarkommen.

Immer und überall können wir die Mitmenschen achten. Indem wir sie wahrnehmen, vielleicht begrüßen oder anlächeln oder indem wir ihnen eine Botschaft zukommen lassen, wenn wir fühlen, dass sie es nötig haben. Das kann eine Aufmunterung sein, aber auch eine Ansage, wenn jemand vergessen hat, wie man sich sozial verhält. Hier sollten wir uns zwar genau überprüfen, ob wir vielleicht zu eng gestrickt sind. Wenn wir aber bemerken, dass jemand sich extrem herzlos verhält, dürfen wir ihn durchaus darauf hinweisen und sollten eben nicht wegschauen. Wenn wir begonnen haben, uns wirklich zu lieben und anzunehmen, sind wir auch zunehmend fähig dazu, für andere einzustehen oder ihnen mutig den Weg zu weisen, wenn sie sich egoistisch verhalten, wenn sie rüpeln, herumgiften, einschüchtern und zuschlagen, kurz: den Weg nicht mehr sehen und im Begriff sind etwas zu tun, was sie früher oder später bereuen werden. Denn böse Taten wiegen schwer und machen sich im Innern irgendwann als Angst, Verzweiflung und, wenn es gut und richtig läuft, als Reue bemerkbar.

Europa steht für den Gedanken der Freiheit. Jeder einzelne darf seine eigenen Erfahrungen machen, solange er die Gemeinschaft nicht ernsthaft schädigt. Wir sind die Gemeinschaft. Jeder einzelne von uns hat mehr Bedeutung als er denkt. Ein Mensch kann unendlich viel bewirken. Wir brauchen genau jetzt und mehr denn je nicht den Egoismus, sondern die Liebe. Sie macht uns stark und überlegen, sodass wir nichts zu befürchten haben. Sie verleiht uns den Durchblick und den Mut, das Richtige zu tun.

Du bist die einzige Person, die dir, ohne zu lügen versprechen kann, immer für dich da zu sein. Wenn du sowieso schon da bist, kannst du auch zu dir stehen.

Zweiter Teil

KARIKATUREN VON FRANK BAHR

WAS KOSTET EINE HALBE WURST OHNE BRÖTCHEN?
MÖCHTEN SIE IN BEQUEMEN MONATS-RATEN BEZAHLEN?
CURRY. WURST 2,90

ABER WARUM KEINE LEDER-AUSSTATTUNG?
BIN DOCH VEGANER
NEULICH BEIM SUV-POLO

ICH HÄTTE ÖFTERS DEN WAGEN NEHMEN SOLLEN

DEN GANZEN TAG HATTE ICH DIE BRILLE GESUCHT UND JETZT MERKE ICH, ICH HAB SIE DIE GANZE ZEIT AUF DEM KOPF

SO - EINMAL ZIMMER MIT MEERBLICK
1€

SORRY ABER DAS IST MEIN PLATZ
DLRG

WIR SIND EIN LAND DER VIELFALT
H&M
STARBUCKS COFFEE
UCKS COFFEE
STARBUCKS

HERRLICH
DIESE UNBERÜHRTE
NATUR

BEVOR ES AUF DEN LEHRPFAD GEHT, HAT NOCH JEMAND FRAGEN?
GIBT'S WLAN UND WENN JA, WIE IST DAS PASSWORT?

MIST, DA GEHT MAN EINMAL ZUM PINKELN...

MÖCHTEN SIE VORWEG EIN SCHWEIN STREICHELN?
VON GLÜCKLICHEN TIEREN

TOLL, EIN BUCH-
NEIN, EINE DVD
"WIE AMAZON UNSERE
WELT ZERSTÖRT"
TOLL, DANKE!
WO HAST DU DAS
GEFUNDEN?
BEI
AMAZON

ICH BREMSE AUCH FÜR INSEKTEN
B ZQ 69

WOLLEN SIE SICH EIN PAAR DOLLAR DAZU VERDIENEN?

STAU VOR DER KITA? DA HABEN WIR WAS SERIEN-MÄSSIG

WESHALB ICH SIE AUF-SUCHE - HERR MÜLLER IHRE GEZ-GEBÜHREN SIND SEIT EINIGEN MONATEN FÄLLIG

WIR LEBEN IN EXTREM BESCHISSENEN ZEITEN
DAS IST DIE TAGESSCHAU VOR ZWANZIG JAHREN

SCHAU MIR WENIGSTENS IN DIE KAMERA WENN ICH MIT DIR REDE

HEUTE NOCH EIN STRANDTAG MORGEN ERKUNDE ICH DAS LANDES-INNERE

HEJ- SIE DA! SIE HABEN WAS VERLOREN!

KOMMST DU? DER DIRIGENT WARTET NICHT AUF UNS
ICH KOMM GLEICH, ICH MUSS NUR EBEN MEINE FLIEGE ANZIEHEN

BITTE NUR HALB VOLL, ICH BIN AUF ENTZUG!

ICH BIN SO DEPRESSIV, KREUZIGT MICH
?

IST ER LEITER VON FLÜCHTLINGS-HEIM ?

EIN LÖFFEL FÜR OMA
NA SCHÖN
FÜR MAMA?
FÜR JESUS.. KARL MARX ..BORIS BECKER ??... HEIDI KLUM..

LEIDER SIND ALLE KINDER IN DEN BRUNNEN GEFALLEN. SIE SUCHEN NOCH
INSTITUT FÜR SCHULE UND BILDUNG

FUND-
BÜRO
ICH HABE EIN HALBES SEMESTER VERLOREN

SIE MEINTE, SICH VON MIR ABGRENZEN ZU MÜSSEN
MEINE FREUNDIN HAT SICH AUCH VOR MIR GESCHÜTZT
EVA, BIST DU'S ?

ÜRG ÜRG ÜRG
ÜRG ÜRG ÜRG
PFOP PFOP
PFUUUP
TUT MIR LEID, ICH KANN NICHT FAHREN, ICH HABE KEINE KRAFT MEHR. ICH BIN EIN VERSAGER

MEIN GOTT NÄ, WAT IS DIE ZEIT IM PFLUG VERGANGEN

EINMAL WASCHEN SCHNEIDEN FÖNEN BITTE

MEIN SOHN KANN NICHT ZUR SCHULE KOMMEN. ER SPIELT BACH

DU HAST SCHON WIEDER ALL DEINE BLÄTTER VERLOREN, DIE ICH DIR KOPIERT HABE!
ABER ES IST DOCH HERBST

UND WOFÜR MÖCHTEST DU DICH EINSETZEN?
FÜR DEN WELTFRIEDEN ABER ERST WENN MEINE ELTERN MEINEN KLEINEN BRUDER IM WAISEN-HAUS ABGEGEBEN HABEN

GELD WÄSCHE
AUTO WÄSCHE
OPEN

ZWEI KÖCHE
VERDERBEN DEN BREI

ICH HABE GELERNT, MEINE MITARBEITER MIT MEHR ACHTSAMKEIT ZU BEHANDELN. SIE SIND GEFEUERT

ICH KOMME GERADE VON DER QUANTEN-HEILUNG
ACH DU WARST BEI DER PEDIKÜRE?

WAS BIN ICH SCHULDIG?
LIEGT ES AN MIR ODER AN IHNEN?
ICH HABE SIE UMSONST BEHANDELT

BIN ICH SCHULDIG?
JA, 100 EURO

WIE SOLL ICH DAS MIT UNSEREM PLANETEN MAL MEINEN KINDERN ERKLÄREN
SCHEISS DRAUF

DU WIRST STUDIEREN KEINE DISKUSSION
GYM-NASIUM
REALSCHULE AUSBILDUNG HANDWERK

DU HAST GESAGT...
PAPA 1920
...ICH SOLL LIEBE WIE EIN TROJANISCHES PFERD IN LIEBLOSE SYSTEME EINSPEISEN
WAR DEIN VATER KEIN GAUL ?

FRÜHER WAR ICH EINE NULL
JETZT IST PLÖTZLICH ÜBERALL
ACHTSAMKEIT ANGESAGT

DIE LEHREN DER NEUROÄSTHETIK: SCHÖNHEIT MACHT GESUND

Moderne Städte haben etwas Entmutigendes. Um das Zentrum herum, das im Idealfall noch eine ästhetische Bauweise und menschenzugewandte Strukturen enthält, wuchern die phantasielosen Nutzbauten wie Krebsgeschwüre. Beim Durchfahren deutscher Landschaften wird man unfreiwillig Zeuge grässlicher Bausünden, als hätten die Bauherren, Land, Städte und Gemeinden, quadratische Selbstbespiegelungs-Gurkenscheiben auf den Augen. Auch anderswo auf der Welt ist diese Seuche ausgebrochen; die Leute lassen scharenweise ihre schönen, alten Häuser abreißen, um neue und blitzblanke Schuhschachteln in moosresistentem, giftigem Weiß dafür einzutauschen. Die neuen Häuser oder Wohnblocks werden regelrecht „hochgezogen", man gibt ihnen keine Zeit zum Wachsen mehr und gesteht den Bauleuten, Architekten und Handwerkern, keine Zeit mehr zu. Gleichermaßen verwehrt man ihnen den Umgang mit echten, ästhetischen Baumaterialien, wirft ihnen stattdessen (oft, nicht immer) Billigprodukte vor und treibt sie an, diese auch auf Kosten der Qualität des Endergebnisses, so schnell und kostengünstig wie möglich zu verbauen. Der Umgangston auf den Baustellen wird verniedlichend als „rau und männlich" beschrieben, er ist in Wirklichkeit häufig respektlos und deprimierend. Gerne werden Menschen eingesetzt, die sich, aus ihrer Not heraus, ausnutzen lassen müssen. Diejenigen, die gerne am Erstellen von Häusern beteiligt sind, können so den Spaß daran verlieren. Und das, was dabei herauskommt, ist zu selten „mit Liebe" gemacht, was jeder, „der Augen hat zu sehen", leicht erkennen kann.

Die nüchterne, rechteckverliebte Bauhausreligion, die wegen ihres hundertjährigen Geburtstages gerade so überschwänglich gefeiert wird, begann interessanterweise unter dem ersten Bauhaus-Direktor Walter Gropius und dem Künstler Johannes Itten als Hommage an die Kathedralen-Bauhütten des Mittelalters. Sie wollten dem Volk nach den Schrecken des ersten Weltkrieges durch aufbauend-erhabene Bauten den Glauben an die Zukunft wiedergeben; Kunst, Handwerk und Gesellschaft sollten zu sinnhaftem Tun verschmolzen werden. Einige Anhänger der teilweise esoterischen Lebensreformbewegung schlossen sich an. Itten lief in einer Mönchskutte umher, verordnete den Studenten spirituelle Rituale und eine materieverhaftungsbefreiende Nahrung aus Isländisch-Moos-Pudding und Knoblauch-Kaltschale. Nach vier Jahren aber wurde „der Mönch" durch den ungarischen Künstler Lázló Moholy-Nagy ersetzt. Der kam im „Blaumann" daher und predigte die Einheit von Kunst und Technik. Und dann nahm das Unglück seinen Lauf. Die neue Devise, unter der die Stilrichtung bis heute bekannt ist, nahm der zweite Bauhaus-Direktor Hannes Meyer vorweg: „Alle Dinge dieser Welt sind ein Produkt der Formel: Funktion mal Ökonomie. Alle diese Dinge sind daher keine Kunstwerke. Alle Kunst ist Komposition und mithin zweckwidrig. Alles Leben ist Funktion und daher unkünstlerisch!" Der Weg zum Plattenbau für den Einheitsmenschen war somit vorhergedacht und ausgesprochen.

Während unter Mies van der Rohe die paradoxe Entwicklung an Fahrt gewann, nämlich nach außen hin puritanisch, nach innen hin immer „stylischer" und luxuriöser zu planen - (für die normalen Menschen also unerschwinglich), schimpften geistige Koryphäen wie Ernst Bloch über „Stahlmöbel, Betonkuben und Flachdachwesen", Bertold Brecht über „Kasernen" und Theodor Adorno über „Konservenbüchsen." Von den Kommunisten wurden die Bauhäusler als „Stütze der herrschenden Klasse", von den Nazis als bolschewistisch und jüdisch beschimpft und aus Dessau vertrieben. Walter Gropius und Mies van der Rohe dienten sich zuerst trotzdem den „Braunen" an; Ehrgeiz und Gestaltungswille waren größer als die moralischen Prinzipien. Einige Bauhaus-Architekten emigrierten nach Israel und erbauten die „weiße Stadt" in Tel Aviv, andere blieben in Deutschland und wirkten an der seriellen Produktion der Nazi-Baracken für rassisch und politisch Verfolgte mit, worunter sich auch ehemalige und nun verfemte Kollegen befanden.

In den USA feierte das Bauhaus wahre Triumphe. Der Mythos einer Ästhetik des Klaren und Wahren unter Gropius und Mies, später Marcel Breuer und Josef Albers, war der perfekten Selbstvermarktung in einer nach schnellen und effektiven Lösungen suchenden Zeit zuzuschreiben. Bis heute gilt ein rechteckiges Flachdachhaus aus Beton, Stahl und Glas als modern, fortschrittlich, hygienisch und praktisch. Zudem ist es auch noch viel billiger als die Konstruktion eines individuellen Hauses mit Satteldach, Gauben und geschwungenen, wie gewachsenen Gestaltungselementen. Doch während ein Haus aus „echten" Materialien wie Stein, Holz, Ziegel, Stroh, Lehm oder ein individuelles Haus (man denke an den Mut und die Verrücktheit eines Hundertwassers und vieler anderer einfallsreicher, moderner Architekten) die Herzen berührt und ein wohliges Wohngefühl vermittelt, lassen Betonhochhauswälder die Herzen erstarren und den Schönheitssinn verkümmern. Deshalb pilgern die Menschen scharenweise nach Rothenburg ob der Tauber, nach Barcelona zu den unverwechselbaren Gaudí-Bauten, nach Paris, dessen unvergleichlicher Charme glücklicherweise nicht durch einen Le Corbusier vernichtet werden konnte, der bekanntlich den Mief vergangener Jahrhunderte mit einem Schlag hatte loswerden und alle historischen Gebäude zwischen Montmartre und Marais einebnen lassen wollen. Sein genialer Vorschlag war gewesen: Die Konstruktion 18 gigantischer Betonbürohochhäuser in Kreuzform. Die Stadt wäre quasi ans Kreuz genagelt worden.

Schönheit erwärmt nicht nur das Herz. Der Neurobiologe Semir Zeki, Erfinder des Begriffs „Neuroästhetik", hat nach vielen Versuchen herausgefunden, was alle Bilder, Körper, Landschaften, Klänge, Formeln und sogar Handlungen miteinander verbindet, die Menschen als schön empfinden: Sie gehen mit derselben Hirnreaktion einher. Wann immer Menschen eine ästhetische Erfahrung machen, wird die Region A 1 im Stirnlappen des Großhirns hinter der Augenhöhle aktiv.

Dies gilt bei allen von uns als schön empfundenen Vorgängen. A 1 wird aktiviert, wenn ein Mathematiker auf eine Formel trifft, die ihn begeistert. A 1 wird aktiviert, wenn ein Fußballfan Zeuge eines gelungenen Passes wird, ein Mensch eine geliebte Melodie erkennt, einem sympathischen Menschen begegnet, eine Landschaft oder einen (moralischen, herzlichen) Vorgang als schön empfindet. Wenn zum Beispiel in dem sehr empfehlenswerten isländisch/ukrainischen Film „Gegen den Strom“ trotz aller Widrigkeiten etwas Gutes stattfindet, verbindet die Zuschauer im Kinosaal die überwältigende Reaktion im Stirnlappen, welche signalisiert: Hier passiert gerade etwas Schönes, Gutes, Heilendes.

Schon Plato beharrte auf dem Zusammenhang von Liebe und Schönheit. Schönheit ist ein überaus wichtiges Gut, das wir hochhalten, erneuern und pflegen sollen. Wenn wir etwas Schönes erschaffen, tun wir nicht nur etwas für uns, sondern für alle, die diesen Anblick ebenfalls genießen dürfen. Plane ich Wohnung und Balkon oder Haus und Garten nach ästhetischen Gesichtspunkten, erfreue ich das Herz und das Gehirn aller Menschen, die das Ensemble betrachten. Die Reisen zu englischen Landhäusern mit ihren verwunschenen Gärten erfreuen sich deshalb größter Beliebtheit, weil sie eine heilende Wirkung ausüben. Wie schön, dass auch immer mehr regionale Gartenbesitzer hierzulande ihre Pforten öffnen.

Es erhält oder fördert ebenso die Gesundheit, in einer hässlichen Umgebung etwas Schönes zu entdecken. Ich wuchs im „Kohlenpott“ auf. Hinter unserem Haus führte die Bahnlinie mit den Kohlenwaggons vorbei, dahinter wälzte sich die schwarz blubbernde, hochtoxische Masse namens Emscher durch das Betonkanalbett, am Horizont fackelte Hoesch ab. Die Luft war schwarz gesprenkelt und stank; besonders in heißen Sommern war dies eine Qual. Die autofreien Sonntage während der Ölkrise im Jahre 1973 waren im wahrsten Sinne des Wortes eine Erleuchtung für mich. Unverwüstlich, doch melancholisch angesichts der Zerstörung und Vermüllung, zog ich durch die Restwäldchen, kletterte auf die Bäume, freute mich an den Tieren, den Himmelserscheinungen, am sanften, grüngeschwungenen Farbklang des alten Emscherbetts, das bald darauf in eine Baumarktasphaltwüste umgewandelt wurde. Ich fand trotzdem immer irgendwo irgendetwas, das doch schön war, auch wenn in mir lange die Überzeugung herrschte, wir seien verloren, da wir doch von so viel Hässlichkeit umgeben waren. Erst Reisen in andere Regionen und Länder konnten mich davon überzeugen, dass noch genügend Schönheit für alle übrig war.

Semir Zeki hat sich eine griechische Statue mit vollkommenen Maßen gekauft und schaut sie sich täglich an, da sie ihn zuverlässig in innere Harmonie versetzt. Wir können dasselbe bewirken, indem wir wieder mehr auf die Kleinigkeiten achten, die es überall zu entdecken gibt: die Schönheit einer Geste oder Handlungsweise, eine vielsagende Zeichnung, lustige Details, unfreiwillige Komik, ein durch ein aufleuchtendes Lächeln verzaubertes Gesicht, eine dünnwandige neonfarbene Nachtkerzenblüte im Mondlicht, ein vergissmeinichtblau schmelzender Blick, eine zu Herzen gehende Kinderbegeisterung, ein sonnengelockter Blitz im Wasserspiegel, die Ästhetik eines geschwungenen Dachgiebels, - viel Kleines und Großes kommt da zusammen. Und so oft uns das Gefühl des Versagens ereilt, so schnell begreifen wir dann wieder, dass es gar nicht um uns geht, sondern um die Schönheit der Existenz. In dem Maße, wie wir zur Schönheit beitragen, ergibt sich der Sinn unseres Daseins. Diese Erkenntnis ist inmitten der sich ausbreitenden Hässlichkeit nicht nur aufbauend, sondern auch handlungsauffordernd.

MIGRATION

Alle Menschen sind ursprünglich Migranten, die aus dem Himmel auf die Erde wandern

Seit der ersten großen Flüchtlingswelle aus Syrien und den nachfolgenden Wellen aus dem Libanon, Irak, Afghanistan und Nordafrika sind die Menschen hierzulande verunsichert, wie sie mit den vielen neuen Menschen umgehen und ob sie sich freuen oder ängstigen sollen. Auch die muslimische Religion und ihre teilweise sehr aggressive Auslegung wird von Teilen der Bevölkerung als Bedrohung europäisch-liberaler Lebensformen gesehen. Im Prinzip können wir uns immer darüber freuen, wenn neue Menschen zu uns kommen und auch bleiben wollen, denn jeder Mensch bringt ein Geschenk mit: Seine Persönlichkeit, sein ureigenes, unverwechselbares Universum, seine Kreativität und Schaffenskraft und vieles mehr. Da wir uns auf dem Planeten Erde befinden, auf dem die Gesetze der Polarität herrschen, bringen die Menschen natürlich auch ihre Probleme mit, ihre Streitigkeiten und ihre schlechten Eigenschaften. Menschen sind eben Menschen und ähneln sich, trotz aller Unterschiede, letztlich sehr.

Allgemein gesprochen, sind die meisten irdischen Völker Migranten gewesen. Es gab schon viele Völkerwanderungen und unzählige Vermischungen der Volksgruppen untereinander, was sich zum Wohl der Gesamtheit ausgewirkt und den Genpool vergrößert und gestärkt hat. Es gab auch religiöse Überwältigungen aller Art, was nicht gut, gerecht und liebevoll ist. Es ist aber trotzdem passiert oder wurde verhindert. Das Meer der Geschichte wogt auf und ab, entweder trägt es uns oder lässt uns untergehen, um uns später wieder hochzuheben. Wir alle sind Migranten. Wir kommen und gehen. Das, was zählt, ist das Ausmaß an Liebe, die wir zu geben imstande sind. Alle Menschen auf Erden wissen, was damit gemeint ist. Ob wir lieben oder nicht, ist an unseren Gedanken, Gefühlen, Worten und Taten ablesbar.

Migranten sind nicht gut oder schlecht, Migranten sind Menschen in Bewegung. Und es ist hier wie anderswo: Es gibt den guten Willen und den bösen Willen, die Liebe und den Hass, die angestrebte Heilung und die rachsüchtige Pflege der Verletzung; es gibt die Lernwilligkeit und Bereitschaft, sich zu öffnen und somit zu profitieren und die Lernunwilligkeit, die Abschottung; es gibt die dankbare Annahme dessen, was zur Verfügung gestellt wird und die Ausnutzung und Verachtung dessen, der gibt.

Ob Menschen vor Kriegen oder aus wirtschaftlicher Perspektivlosigkeit fliehen, ob sie nur unser System ausnutzen und sich einen „lauen Lenz machen", ob sie an unser so freiheitlich wie mögliches, demokratisches System glauben und daran teilhaben wollen oder ob sie uns mit Terrorismus überziehen, zum Islam bekehren und Europa übernehmen wollen, wie der Führer der Muslimbrüderschaft als geheime Devise ausgegeben hat, können wir im Einzelnen gar nicht so schnell beurteilen. Es sind aber wichtige Beurteilungskriterien. Wir müssten im Prinzip also all diese Menschen kennenlernen, um eine Aussage treffen zu können. Das schaffen wir nicht. Deshalb müssen und sollen wir einerseits davon ausgehen, dass Menschen in unfreiwilliger Bewegung einfach nur ankommen und vorübergehend oder dauerhaft bei uns siedeln möchten, Sicherheit und Wohlstand anstreben und als Menschen wahrgenommen werden wollen.

Wer in böser Absicht kommt oder kriminelle und übergriffige Strukturen entwickelt, sollte schnell und zum Wohle der Gemeinschaft zur Rechenschaft gezogen werden. Der Mißstand, der durch Einsparungen und vorhersehbare Fehlstände im Polizei- und Gerichtswesen entstanden ist, ist, vom politischen Standpunkt aus, wenig verzeihlich, muss aber so gut und zügig wie möglich behoben werden, damit sich alle, Polizei, Bürger und auch die gutwilligen oder nicht böswilligen Migranten, geschützt fühlen können.

Während Migranten, die sich bewusst für eine Einwanderung entscheiden und sich darauf vorbereiten, dem Gastland positiv entgegentreten, sind Flüchtlinge gezwungen, Zuflucht zu suchen. Sie treffen unvorbereitet ein und sind häufig noch traumatisiert von Tod, erlittener und wahrgenommener Gewalt, Verrat und Verlust. Es sind Menschen, die aus ihren Dörfern und Städten vertrieben wurden, oft nur ihr Leben bei sich haben und nicht immer alphabetisiert sind. Nicht wenige kommen aus einem einfachen Umfeld, in dem sie sich sicher fühlten und ihr Überleben mehr oder weniger gewährleistet sahen. Sie sind überfordert von einem Deutschland, in dem wir aufgewachsen und sozialisiert sind. Die Traditionen und Vorstellungen sind also das einzige, was die unfreiwilligen Flüchtlinge immer bei sich und in sich tragen. Das Festhalten daran gleicht dem Festhalten an einer Sicherheit. Hier kennt man sich aus. Im Meer der Unsicherheit möchte man wenigstens die Traditionen, die religiösen und gesellschaftlichen Strukturen behalten. Nur wer trotz des Erlebten flexibel genug ist, greift mit beiden Händen nach der neuen Chance und kann sich integrieren.

Üblicherweise sind es die jungen Menschen, die danach streben. Sie werden oft zurückgehalten von den Älteren, die die Jugend nicht an eine ihnen fremde Kultur verlieren will. Deswegen werden Feindbilder aufgebaut. Dazu kommt ein großes Interesse der Männer, ihr patriarchalisches System und somit ihre Autorität und Ehre aufrechtzuerhalten. Herangezogen werden dann in erster Linie religiöse Argumente, die ein großes Gewicht in muslimischen Gemeinden besitzen. Die jungen muslimischen Männer, die ansonsten allzu gerne westliche Lebensformen übernehmen, bleiben also in Fragen der weiblichen Emanzipation relativ lange starr, allerdings nur, was die Frauen aus ihrem Kulturraum angeht. Westliche christliche Frauen werden nur mit dem starren Frauenbild konfrontiert, wenn sie sich zu einer Ehe mit einem muslimischen Mann entschließen, es sei denn, die muslimische Familie ist säkular. Trotzdem wird sehr viel Druck von den Familien ausgeübt. An Religion desinteressierte Muslime geraten mit hoher Wahrscheinlichkeit früher oder später unter Druck. Anzumerken ist, dass dies in allen Religionsgemeinschaften der Fall ist. Unsere christlichen Grabenkämpfe, das enge Weltbild, das unzählige Menschenleben kostete und freie Geister knechtete, sind noch nicht allzu lange her.

Vor allem diejenigen, die ihr „Herz am rechten Fleck haben“, leben uns ihre familiär geprägten, warmherzigen und hilfsbereiten Umgangsformen vor, was uns sehr bereichern kann. Auch Kunst und Kultur, Traditionen und Feste, Essen, Form- und Farbenempfinden haben schon sehr auf unsere Gewohnheiten eingewirkt und sie vielfältiger und reicher werden lassen. Nicht wenige der Migranten sind sehr gebildet und/oder kommen aus angesehen Familien. Nicht viele können indes auf diesen Bonus zurückgreifen. Auch wenn viele hierzulande großes Mitgefühl haben und sich bemühen, den Flüchtlingen beizustehen, können sie unsere gesellschaftlichen Defizite nicht wettmachen. In unseren Großstädten und Gemeinden herrscht eine oft ungewollt kühle oder ruppige Umgangsform samt übersteigertem Individualismus, dazu kommen Ängste, Unsicherheiten und Vorurteile.

Probleme wie „Burn Out“ und Depression sind für die dem Tod oder der Armut Entronnenen Luxuskrankheiten, die sie inmitten all des hier wahrgenommenen Wohlstandes nicht nachvollziehen können. Denn diese Familien haben entweder selber großen Wohlstand eingebüßt oder mussten immer gegen materielle Not ankämpfen. Es gilt im Allgemeinen: Solange wir Menschen arm sind und um Wohlstand oder ums nackte Überleben kämpfen müssen, halten wir einen sicheren Lebensstandard für die Quelle des Glücks. Wohlstand beinhaltet auch Glück, für das wir uns täglich bedanken sollten. Viele von uns tun das übrigens auch.

Sogenannte Wirtschaftsflüchtlinge suchen ihr Glück dort, wo der Wohlstand zu Hause ist. Das ist nachvollziehbar. Sie kommen oft aus entlegensten Dörfern und riskieren alles, weil sie nichts zu verlieren haben außer ihrem Leben. Hätten sie die

Chance, sich zu bilden und ihre Fähigkeiten zu entwickeln, wären sie ein Segen für die globale Gemeinschaft. Bekommen sie diese Chancen nicht, vergehen sie wie Pflanzen, die noch nicht einmal zum Blühen genug Wasser zur Verfügung haben. Egozentrische, bedenken- und gefühllose, kriminelle Flüchtlinge werden das machen, was sie und alle Menschen „dieses Schlags" auf der ganzen Welt immer und überall machen: Sie werden andere ausnutzen. Darüber dürfen wir uns nicht hinwegtäuschen und tun es in den meisten Fällen auch nicht.

Insgesamt gilt für viele der in Gesellschaften organisierten Gruppen: Wenn alle ihren Platz einnehmen und so „funktionieren", wie Sitte und Tradition es vorsehen, gibt es natürlich viel weniger Ärger und mehr Spaß. Sich nach Sitte und Tradition zu verhalten bedeutet aber nicht zwangsweise, dass man mehr Spaß hat. Das hängt von den einzelnen Menschen ab. Auch im strengen Christen- oder Judentum gibt es humorlose, scheinheilige Wesen, die den anderen das Leben zur Hölle machen, auch wenn diese versuchen, sich anzupassen und möglichst keine Fehler zu begehen.

Im Schnitt sind muslimische Frauen sehr fleißig und wissbegierig. Muslimische Jungen haben schon in ihren Familien einen höheren Status und müssen deshalb nicht unbedingt durch Bildung „punkten." Ob sie es tun oder nicht, hängt stark von ihnen selber ab und vom Bildungsstreben der Eltern. Ist dies nicht vorhanden, hat es der Einzelne schwer, sich zu motivieren. Das fällt häufig schon in der Schule auf. Mädchen und Frauen profitieren mehr von der Freiheit in Europa und nutzen die Bildungsangebote. Sie gehen pragmatischer mit dem um, was ermöglicht wird, wenn es ihnen, vor allem von ihren männlichen Familienangehörigen, erlaubt wird. Nicht wenige müssen es auch gegen den Willen der Familie versuchen.

Die Männer pflegen gerne ihr patriarchalisches Vorrecht, wenn es auch bei den hier Geborenen inzwischen oft einen lustigen oder ironischen Umgang damit gibt. Trotzdem gibt es immer noch viele Familien, in denen die Frauen unfrei sind. Somit kann es türkischen Jungen und Männern im Umgang mit Mädchen und Frauen oft an Respekt mangeln, auch und vor allem, wenn sie auf weibliche Autoritätspersonen treffen. Wenn sie sich zum Beispiel in der Schule oder im Berufsleben schwer damit tun, sich von Lehrerinnen oder Chefinnen belehren zu lassen, wird aus dem Miteinander der Kulturen ein gegensätzlicher und/oder paralleler Verlauf. Das dürfen wir in der Größenordnung nicht hinnehmen, vor allem da wir einen wachsenden Zustrom von muslimischen Migranten haben. Hier müssen deutsche Autoritäten wieder energischer auftreten können.

Der im Jahr 2019 herausgekommene Spielfilm über den Ehrenmord an der Kurdin Hatun Sürücü im Jahre 2005 in Berlin weist nachdrücklich darauf hin, dass gefährliche Parallelstrukturen bestehen. Wenn der streng religiöse Bruder den Jüngeren im Verlauf des Films belehrt, wichtig sei erstens der unbedingte Glaube an Allah und zweitens das Misstrauen gegen Frauen, so ist das kein Lügenmärchen. Auch die Aussage des Film-Bruders im Bus, die anderen Fahrgäste seien Ungläubige und Allah habe erlaubt, sie alle zu töten, wurde mir neulich wortgetreu von einem aktiven Christen berichtet, der auf eine Missionierung zum Islam abgeklopft wurde. Man sagte ihm, es sei sicherer für ihn, überzutreten, da Allah ja wolle, dass die Ungläubigen getötet werden sollten. Solche Aussagen sind nicht immer das, als was sie sich geben, sondern oft schiere Angeberei. Im Prinzip aber werden Inhalte dieser Art in bestimmten Gruppen weitergegeben. Die Rolle der Moscheen beschränkt sich sicherlich nicht auf das Predigen von Liebe und Gemeinschaftsgefühl im Gastland. Viele liberale muslimische Frauen und Männer warnen uns davor, allzu zu naiv über die Drohungen hinwegzugehen. Die Frage der Ehre ist eine Frage von Leben und Tod. Derjenige, der seine Ehre verloren hat, ist in den Augen seiner Gemeinde schon tot. Deshalb gilt es, sie um jeden Preis zu verteidigen. Wir sollen auf keinen Fall mit diffuser Angst und vereinfachenden Vorurteilen reagieren. Beide Reaktionsformen sind kontraproduktiv und schlechte Ratgeber.

Im Prinzip kann man sagen, dass es immer nur vergleichsweise kleine radikale Gruppen gibt. In Deutschland leben viele verhältnismäßig große muslimische Gemeinden in Ruhe und Frieden. Sie sind nicht politisch aufgestellt und wollen einfach nur leben. Von den jüdischen Gemeinden spreche ich hier nicht, weil sie, selbst wenn sie politisch aufgestellt sind, unseren Rechtsstaat nicht in Frage stellen und auch, im Gegensatz zum Islam, nicht missionieren wollen. Streng orthodoxe Juden leben aber in ähnlich restriktiven Strukturen wie die muslimischen Gemeinschaften. Für die europäischen Christen ist das Geschichte. Auch der Ansturm christlicher Missionierung ist vorbei. Da sie mit sehr viel Zwang und Blut verbunden war, können wir sagen: Gott sei Dank, dass es vorbei ist. Trotzdem gehören Christentum und Islam weiterhin zu den Religionen mit Missionsauftrag. Die meisten islamischen Länder missionieren aktuell aktiver und lassen anderen Religionen keinen anderen Spielraum als den widerwilliger Duldung. Religiöse oder sehr religiöse Menschen islamischen Glaubens finden es besser, wenn die Menschen in anderen Ländern überhaupt einer Religion angehören und, vor allem, an Gott glauben. „Gottlose" gelten in ihrem Weltbild als das Schlimmste, was es geben kann.

Der einzige Staat im Nahen Osten mit echter Religionsfreiheit ist Israel. Trotzdem gibt es dort Gruppen orthodoxer Juden, die privat oder im Auftrag ihrer Gemeinde sowohl gegen Christen als auch Muslime zu Felde ziehen. Diese Unsicherheit ist aber klein im Vergleich zur Unsicherheit der Christen beispielsweise im arabischen Umfeld. Deshalb sollten wir Flüchtlinge christlichen Glaubens, noch aufmerksamer begleiten und unterstützen. Sie haben sich in ihrem muslimischen Umfeld behaupten müssen und konnten sich nie auf einem sicheren Status ausruhen, wie es in Deutschland und Europa die Angehörigen aller Religionen tun können

Was sich gefährlich auswirken kann, ist das Prinzip des Mitläufertums. Sobald es sich abzeichnet, dass eine kleine, aber radikale und brutal vorgehende Gruppe immer mehr Macht bekommt, beginnt das System zu kippen, und die eigentlich gemäßigten Menschen radikalisieren sich aus reinem Selbstschutz. Dabei versuchen sie, besonders extrem aufzutreten, damit man ihnen den Wandel auch „abkauft." Palästina kann ein Lied davon singen. Viele gemäßigte Palästinenser haben sich allein deswegen radikalisiert und die Zusammenarbeit mit den Israelis aufgegeben, um von ihren radikalen Landsleuten nicht getötet zu werden und das Leben ihrer Familien zu schützen. Viele lügen, um sich zu schützen, legen falsche Fährten, beschuldigen Unschuldige, arbeiten womöglich für beide Seiten und wollen eigentlich für keine der beiden den Kopf hinhalten. Irgendwann kann in diesem ganzen manipulativen Alltags-Durcheinander keiner mehr sagen, welche Aussage der Wahrheit entspricht und ob der Feind wirklich so furchtbar ist, oder ob er aus Propagandazwecken zu einem Popanz aufgeblasen wurde.

Typisch Nahost ist auch wieder folgende Vorgehensweise, die uns Europäern mahnend zuruft, dass wir sehr vorsichtig mit vorschnellen Urteilen sein sollten, da wir die Prozesse im Nahen Osten weit weniger durchblicken als diejenigen, die dort seit langer Zeit leben: Die radikale Hamas, welche Gaza und seine Bevölkerung fest im Griff hatte und, statt zivile Strukturen wie Krankenhäuser, Schulen und Kindergärten aufzubauen, Hilfsgelder vorwiegend für Waffen und Tunnelbau zu verwenden pflegte, verbündete sich beim Schlagabtausch im November 2019 mit dem Erzfeind Israel. Warum? Weil sie um ihr Überleben fürchtet. Die superradikale Gruppe des iranisch gesteuerten „Islamischen Jihad" hat nämlich die Kontrolle im Gazastreifen übernommen und entmachtet nach und nach die Hamas-Führer, die ihre Pfründe schwinden sehen. Israel lässt sich auf den typischen Nahost-Handel ein, weil ihm die Zerstrittenheit der Radikalen untereinander nützt. Wie in manchen Gaunerfilmen würden die Israelis es gerne sehen, wenn sich die Schurken gegenseitig pulverisieren würden.

Israel ist im Vergleich zum korrupten Regime der „Fatah" im Westjordanland und der Schreckensherrschaft der „Hamas" samt iranisch geführter Konkurrenzfirma „Hisbollah“ in Gaza ein Paradies der Meinungsfreiheit, auch wenn nicht alles gerecht zugeht. Die Palästinenser, die im Kernland Israels leben, sind oft gebildeter, informierter, teilintegriert und weltläufiger. Die Palästinenser in den besetzten Gebieten sind permanent desinformiert, weil sie natürlich zum Widerstand aufgestachelt werden. Diejenigen, die nichts gegen Israelis haben, leben im Westjordanland ein gefährliches Leben und ein noch gefährlicheres in Gaza. Die Palästinenserorganisation Fatah im Westjordanland beschwerte sich auch im letzten Jahr unter anderem bei Israel darüber, dass ihre Gesandten von der Hamas in Gaza entführt und gefoltert würden. Jedes Leben endet mit dem Tod, aber hier kann der Tod schneller eintreffen, als man dachte.

Kehren Palästinenser aus den besetzten Gebieten ihrem Dorf den Rücken und kommen zum ersten Mal nach Tel Aviv, begreifen sie staunend, dass Israelis keine Monster sind, wie man ihnen weisgemacht hatte, dass sie auch keine kleinen Kinder töten und auch nicht deren Blut trinken. Sie begreifen, dass Israelis ganz normale Menschen und sie selbst belogen worden sind. Viele akzeptieren diese schmerzvolle Wahrheit nicht und bleiben im Zwischenreich zwischen Dazugehören und Sichfremdfühlen. Flüchten sie sich nach Deutschland, verstärkt sich das Gefühlsgemisch aus Sehnsucht, Enttäuschung und Wut.

Ebenso, wie ein Unterschied zwischen den Familien besteht, die schon lange in Deutschland leben, besteht ein Unterschied zwischen ihnen und den Neuankömmlingen. Sehr auffällig zeigt er sich, wenn sehr gottesgläubige und konservative irakische, afghanische, syrische, libanesische oder aus muslimisch-afrikanischen Staaten stammende Flüchtlinge auf die sogenannten Deutsch-Türken stoßen. Die einen lachen über die Verkrampftheit und Rückständigkeit der Hinzugekommenen, und die anderen wundern sich, teilweise entsetzt, über die Lockerheit der Deutschen. Die Ehrenmorde geschehen aber trotzdem schon seit längerem. Sätze wie:

„Ich schneide dir den Kopf ab, wenn du aus dem Haus gehst", was arabische Frauen sich von ihren Vätern, Männern oder teils jüngeren Brüdern anhören müssen, ist bei den deutschen ehemaligen Migranten vielleicht seltener, aber im Prinzip wissen wir nichts bis wenig, da wir die jeweiligen Sprachen nicht verstehen. Und wir wissen nicht, was beispielsweise hinter geschlossenen Türen in Stadtteilen wie Duisburg-Marxloh oder im Dortmunder Norden vorgeht.

Wir wissen, was auf unseren Bahnhöfen nachts los ist. Sie sind zunehmend rechtsfreie Räume geworden. Die Polizeibeamten dürfen sich einiges anhören und haben keinerlei Machtbefugnisse, um rassistische Ausländer festzusetzen. Der Rassismus dieser Ausländer richtet sich eindeutig gegen uns. Auch in den Schulen ist es bei Eltern mit Migrationshintergrund gängig geworden, die Rassismus-Keule hervorzuholen, wenn ihre Kinder auffällig wurden. Auch bei der Zensurenvergabe ist dies ein häufig benutztes Argument, um für die Kinder eine bessere Note herauszuschlagen. Bei Streitigkeiten auf dem Pausenhof oder später in anderen Zusammenhängen können Gefühle aus diesem Grunde schnell hochkochen. Die Eltern von Migrantenkindern oder-jugendlichen, die auch aus christlich-orthodoxen Gemeinden stammen können wie Ex-Jugoslawien oder Russland, ergreifen automatisch die Partei ihrer Sprösslinge. Im muslimischen Umfeld wird dann eine möglichst große Gruppe aus Familienangehörigen und Freunden aktiviert, sodass es zu Massenschlägereien kommen kann, bei denen unsere Polizeikräfte deutlich überfordert und gefährdet sind.

Junge muslimische Männer mit deutschem Pass betonen allerdings zunehmend eine Benachteiligung und den Rassismus der Deutschen. Ob sie sich nur darauf ausruhen oder ob es eine tatsächliche Benachteiligung gibt, muss im Einzelfall geklärt werden, denn man kann nie verallgemeinern. Vielleicht trifft eine Benachteiligung durch Vorurteile auch ungerechterweise eher die integrierten Menschen, die sich große Mühe geben, statt der Menschen, die das System ausnutzen, an die sich aber weder Politik noch Gesellschaft noch wir

Bürger so recht herantrauen, weil sie viel aggressiver auftreten. Im Leben läuft es ja oft so, dass der beschimpft wird, der sich höchstwahrscheinlich nicht wehren kann und nicht unbedingt der, der ein Unrecht begeht.

Auch bei den Flüchtlingen gibt es sehr große Unterschiede. Abgesehen davon, dass sowieso jeder Mensch individuell und über keinen „Kamm zu scheren" ist, spielen religiöse und anschauungsbedingt strukturierte Gesellschaften eine große Rolle und beeinflussen die Menschen in ihrem Fühlen, Denken, Reden und Verhalten. Viele, besonders junge Flüchtlinge, sind nicht extrem religiös, zeigen sich europaoffen und sind dankbar für das System von Freiheit und Demokratie. Manchmal hegen sie falsche Vorstellung über unseren Reichtum und unsere sexuelle Freizügigkeit, da in ihren Heimatländern oft extreme Kontrolle herrscht. Es gibt das Klischee des muslimischen Mannes, das natürlich mehr als einen Funken Wahrheit besitzt, sodass sich die Männer auch manchmal über sich selbst lustig machen, falls sie Selbstvertrauen besitzen, Humor haben und sich mit dem Klischee als Lebensauffassung nicht identifizieren. Für viele, vor allem junge muslimische Männer, sind Statussymbole das Zeichen ihres Angekommenseins: ein „fettes" Auto, ein großes Haus, eine schöne Frau mit vielen Kindern, ein toller Job, bei dem man, nicht unbedingt mit übermäßig großem Einsatz, so viel Geld wie möglich bekommt, um der Familie, vor allem der Frau Schmuck, Klamotten, Einrichtungsgegenstände und Reisen schenken kann und eventuell die eine oder andere Liebesgeschichte mit einer Europäerin, die als prinzipiell locker und willig eingestuft wird.

Im Gegensatz dazu stehen die Gastarbeiter der ersten Stunden, die im Schnitt aus Ostanatolien kamen, außerordentlich fleißig und strebsam waren, sich gut integrierten und auch von ihren Arbeitskollegen gut angesehen waren. Die Frauen hielten sich meist zurück und lernten die deutsche Sprache eher nicht, die Männer lernten durch ihre Arbeit Deutsch und im Notfall dolmetschten die Kinder, die von ihren Eltern angehalten wurden, in der Schule so viel wie möglich zu lernen.

Die Generationen unterscheiden sich inzwischen deutlich voneinander, nicht zuletzt durch den Einfluss des Internets und dem daraus resultierenden Informationsfluss, der sich mancher Falschmeldungen bedient und Gräben aufreißt und vertieft, statt sie zu schließen. Die Menschen tauschen einander aus, alles wird gefilmt und dokumentiert. In Krisenfällen können auf diese Weise große Gruppen aktiviert werden, was, je nach Anlass, gut oder schlecht sei kann. Die bewunderten und nachgeahmten Vorbilder in den Medien sind jung, schön, reich und lässig. Das ist sehr verführerisch für alle, die diesen Luxus entbehren mussten und denen vorgespiegelt wird, dass er in Europa leicht zu haben ist. Das Bild der reichen Deutschen geistert durch die Gemüter. Deutsche sind „angekommen", müssen nicht viel arbeiten, können sich ihr Geld einfach bei der Bank abholen und besitzen mehrere Autos und Häuser und vieles mehr.

Im Jahr 2018 reiste ich mit dem Zug und wurde von einem syrischen Flüchtling angesprochen. Er zeigte mir auf dem Handy Fotos seiner Frau und der zwei Kinder und fragte mich, ob ich ihm ein Haus geben könne. Ich erwiderte scherzhaft, ich hätte leider gerade kein Haus zum Verschenken dabei. Er hingegen hatte das nicht als Scherz gemeint und reagierte befremdet. Er habe aber doch eine Frau und zwei Kinder und kein Haus. Und ich hätte doch sicher mehrere Häuser zur Verfügung, von denen ich ihm eins schenken könne.

Deutsche Geschäftsleute, die mit dem Fahrrad zur Arbeit radeln, werden in diesem Denk-Zusammenhang häufig entweder belächelt oder verächtlich gemacht. Verständlicherweise werden in vielen Ländern, die über weniger Komfort verfügen, die Luxusgüter sehr hoch bewertet. Der afrikanische König von Eswatini, ehemals Swasiland, importierte im November 2019 fünfzehn neue Rolls Royce und achtzig BMW-Limousinen und SUVs für seine vierzehn Ehefrauen, da jede der Frauen eine gleichermaßen aufsehenerregende Eskorte wünscht. Die Entwicklung des Umweltbewusstseins, das hierzulande zum zunehmenden Verzicht auf Statussymbole geführt hat, darf natürlich nicht darüber hinwegtäuschen, dass auch viele von uns noch süchtig nach Statussymbolen sind und eben nicht mit dem Rad zur Arbeit fahren. In China ist die Sehnsucht danach so groß, dass ein „fettes" Auto gekauft wird, auch wenn die Arbeitsstelle einen Kilometer entfernt liegt. Trotzdem wird vorgefahren und gezeigt, dass man es geschafft hat.

Wir liegen alle gar nicht so weit auseinander, wenn wir es vom menschlichen Gesichtspunkt aus betrachten. Und nur, weil wir uns auf der Basis eines verlässlichen Wohlstandes weiterentwickeln durften, sollten wir nicht den mahnenden Zeigefinger heben. Andererseits ist es nun einmal so, dass der Klimawandel schon in seine bedrohliche Kraft tritt. Deshalb ist es wichtig, dass sich ALLE Menschen darauf einigen, Statussymbole abzuschaffen und sich darauf zu konzentrieren, das Notwendige und Machbare zu erschaffen und genießen.

Die Migranten, die sich diesem Klischee entziehen, werden von ihren Familien und Freunden als „anders" empfunden. Erweisen sie sich als liberal und weitgehend nicht von einer Staatsräson oder Religion indoktriniert, kann es sein, dass sie belächelt, beschimpft oder gar ausgestoßen werden. Die traditionellen Familien bevorzugen Heiraten im eigenen religiösen und kulturellen Umfeld. Viele liberale Familien hingegen integrieren sich soweit, dass sie mit anderen Lebens- und Glaubensformen offen und entspannt umgehen und sich ihre persönlichen Entscheidungen vorbehalten.

Die Sprache ist und bleibt solange ein Problem, bis sie gelernt wird. Um anzukommen und teilzuhaben, ist sie einer der wichtigsten Schlüssel. Ein Teil der Migrantenfamilien konnte und kann sich leider noch nicht so recht zur Erlernung der Sprache und der Aneignung deutscher Kultur entschließen. Da nicht nur Satelittenschüsseln, sondern auch das Internet das Anschauen heimischer Programme erlaubt, sind viele der zum Teil schon lange Ansässigen immer noch nicht über die Belange deutscher Politik, Kultur oder Gesellschaftsgepflogenheiten informiert. Allenfalls im Sport und in der Musik gelingen Integration und Verständigung relativ unproblematisch, obwohl gerade in den letzten Monaten Politik und Religion begannen, sich in zivile Angelegenheiten zu mischen, was an den kalten Krieg und die Sowjets erinnert, an die DDR, die Nazis, und heutzutage die russischen, iranischen, türkischen, chinesischen und nordkoreanischen Instrumentalisierungsmaßnahmen, um nur einige zu nennen.

Auch die Flüchtlinge aus Syrien, Afghanistan, Irak und Nordafrika können sich mit heimischen Fernseh- und „gestreamten“ Internet-Programmen in ihren jeweiligen Landessprachen gut behelfen und leben ein paralleles Leben zum Alltag der Deutschen, da sie genügend Landsleute finden, mit denen sie zumindest ein schwaches Abbild ihrer Heimat bei uns installieren können. Im Gegensatz zu Europäern oder Immigranten der sogenannten westlichen Hemisphäre, die ganz selbstverständlich die Sprache des Landes lernen, in dem sie sich niederlassen, ist dies im Zusammenhang mit Kriegs- und Wirtschaftsflüchtlingen nicht gegeben. Sie wollen nicht zwangsläufig unsere Sprache und Kultur kennenlernen oder gar übernehmen, sie wollen unsere Sicherheit und unseren Wohlstand, manchmal nur vorübergehend, häufiger für immer.

Die Neuankömmlinge werden oft von den anderen Gruppen angefeindet, die entweder in zweiter oder dritter Generation hier geboren wurden oder schon länger im Lande leben. Viele der Kriegsflüchtlinge, die keineswegs freiwillig nach Deutschland gekommen sind und zum Teil unglaublich strapaziöse Szenerien miterleben und überleben mussten, dürfen sich hier, auch in unseren Kleinstädten, anhören, sie nähmen den anderen den Platz weg und sollten sich wieder in ihre Heimatländer zurückscheren. Das ist ganz ähnlich wie auf einem Campingplatz, wo sich die zuerst Gekommenen im Recht wähnen und den Platz für sich beanspruchen, obwohl er ja den Campingplatzeignern gehört.

Die jeweilige Gruppe namens „Wir waren zuerst da“ leitet aus ihrer Lebenschronik einen höheren Anspruch auf staatliche

Unterstützung und Anerkennung ab und ist wütend auf diejenigen, die in ihren Augen „mit Samthandschuhen“ angefasst werden, während sie selbst sich in früheren Zeiten und oft jetzt noch abrackern muss. Das ist ein Vorwurf, der auch in der deutschen Gesellschaft immer wieder erhoben wird und ebenso auf die als ungerecht empfundene „Vorzugsbehandlung“ sozial Schwacher gemünzt ist, die oft mehr bekommen als diejenigen, die fleißig arbeiten und ihre Steuern bezahlen - ein schwer zu behebender Mißstand, denn auch hier sollte man eigentlich vom jeweiligen Einzelfall ausgehen können, was aber organisatorisch nicht möglich ist.

In den muslimisch geprägten Herkunftsländern gibt es einen staatlich gewollten Konsens, Antisemitismus, Christenfeindlichkeit, Homophobie und Ablehnung alternativer Lebens- und Denkformen betreffend. Dort herrschen patriarchalisch strukturierte Systeme, in denen die Macht der Frauen, wenn sie überhaupt zum Zuge kommt, eher privater Natur ist. Demokratie wird zwar als persönliches Paradies angesehen, doch auch als Zeichen von Schwäche interpretiert, weil keiner das ultimative Sagen hat. Geschichtlich gesehen unterscheidet sich das System nicht maßgeblich von dem, was wir in Europa lange kollektiv gelebt, erlebt und überlebt haben.

Lehrer könnten von der gegenseitigen oder einseitigen Anfeindung ein Lied singen, wenn sie die vielfältigen Sprachen ihrer Schüler verstehen würden. Doch da der Anteil der Schüler ohne ausreichende Sprachkenntnisse in den Schulen steigt, wissen die Lehrer häufig nichts von den Grabenkämpfen und den ganz rudimentären Problemen, mit denen sich gutwillige, lernbegierige Migrantenkinder gegen böswillige, lernunwillige behaupten müssen. Wenn christlichen Syrern abfällig zugeraunt wird: „Werd’ Muslim!“ ist das nicht leichtzunehmen. Wir müssen davon Kenntnis haben und reagieren.

Klar abzulehnen sind Terrorismus, kriminelle Tendenzen, Ausnutzungen des sozialen Systems, Fanatismus, Respektlosigkeit, Unterjochung der Frauen, Antisemitismus, Homophobie, Ausgrenzungen jeglicher Art und Missionsversuche. Um negativen Entwicklungen vorzubeugen, wird glücklicherweise der Plan auf politischer Ebene weiterverfolgt, die Imame in Deutschland ausbilden zu lassen und auf Predigten in Deutsch zu beharren. Auch die Gefängnisbetreuung der kriminellen Muslime muss verbessert werden. Wer weiß denn so genau, was der Inhalt ihrer Beratungen ist? Das wurde schon in Frankreich falsch gemacht und zu spät beachtet, was eine hohe Radikalisierungsrate im kriminell-pseudoreligiösen Bereich mit sich brachte.

Aus den Krisenländern fliehen Opfer und Täter und sehen sich hier unfreiwillig oder gezielt miteinander konfrontiert, je nachdem, ob weiterhin böse Absichten auf Täterseiten bestehen. Aus Angst und Sprachunkenntnis wird dies aber selten den Behörden gemeldet. Die Menschen versuchen daraufhin, ihre Probleme selber zu klären. Wird ein Unrecht angezeigt, müssen Übersetzer eingestellt werden. Immer wieder hat sich dabei herausgestellt, dass Übersetzer, besonders bei Frauenbelangen oder innerpolitischen Konflikten in den Herkunftsländern, falsch übersetzt haben. In dem bemerkenswerten Film „Wüstenblume“ von Sherry Horman, nach dem autobiographischen Buch von Waris Dirie aus dem Jahre 2009, werden wir Zeuge einer solchen Manipulation, über die allerorten auch in unserem Land von Flüchtlingen geklagt wird.

Wenn wir auf die USA schauen, den viel beschworenen Schmelztiegel der Kulturen, müssen wir feststellen: dort sind die Kulturen im Prinzip auch nicht verschmolzen. Der gesellschaftliche Konsens beläuft sich eher auf oberflächliche Gewohnheiten, die Vorurteile der einzelnen Gruppen gegeneinander können sofort wieder aufbrechen. Russland, dieses immense Riesenreich, dient als ähnliches Beispiel. Hier werden so viele verschiedene Volksgruppen miteinander verwaltet, dass es unmöglich eine Verschmelzung geben kann. Da der kommunistische Unterjochungsgedanke wegbrach, bleibt die kapitalistische Marktwirtschaft, die in Russland einen Teil der Bevölkerung zu Multimilliardären hat werden lassen, während immer mehr Menschen unbeachtet von der Zentralregierung unter das Existenzminimum rutschen und einzelne Völkergruppen angefeindet werden. Als Reaktion auf den aufflammenden Widerstand in Inguschetien, der kleinsten autonomen Republik der russischen Föderation im Süden Russlands, hat Putin dort im Jahre 2018, quasi als Vorgeschmack für weitere einschränkende Maßnahmen, für zwei Wochen das Internet abschalten lassen. Er strebt nun auch an, die „Provider" zu verpflichten, den Datenverkehr über russische Knotenpunkte zu leiten, sodass sich die Zentralregierung jederzeit mit Filterprogrammen in Prozesse und Informationsströme einklinken und sie unterbinden kann. Verkauft wird dies als Schutz für Russland vor ausländischen Hackern. Da Russland die Welt durch enorm viele Hackerstörungen belästigt, gehört dies zur unfreiwilligen Komik irreführender Nachrichtenverbreitung. Nur gut gebildete Menschen können eventuell dem Ansturm dieser Desinformationsoffensive wiederstehen, falls sie sich nicht einer Ideologie verschreiben und falls sie überhaupt noch an „unbelastete" Informationen gelangen können.

Die Schleuser und Schlepper sorgten mit gezielten Fehlinformationen dafür, dass sich viele Flüchtlinge ein falsches Bild von ihren Fluchtorten machten. In einem Beitrag von ARTE vom November 2019 wurde in diesem Zusammenhang ein junger Mann aus Äthiopien porträtiert, der aus den ärmlichen Verhältnissen im Hochland floh und nach Saudiarabien wollte, aber im Jemen strandete. Er hatte nichts von dem erbarmungslosen Krieg dort gehört und geriet mehrmals zwischen die Fronten. Einmal wurde er von Kriminellen wochenlang geschlagen, weil sie Geld von ihm wollten, das er nicht besaß. Er schlug sich bis Aden durch, wo er nun mit vielen Leidensgenossen auf der Straße vegetiert.

Auch aus Libyen gibt es unzählige Berichte von Foltercamps, Morden und Vergewaltigungen. Ein Junge aus Togo berichtete mir 2017 von seiner Flucht vor dem wahnsinnigen, dem Woodoo-Kult verfallenen Präsidenten Faure Essozimna Gnassingbé, der Jagd auf junge Männer mache, die nicht zu seinem Klan der Kabiye gehören. Der junge Musa durchquerte die Wüste Sahara, wobei links und rechts die Menschen kraftlos hinsanken. Musa sagte: „Wenn ein Mensch in der Wüste auf die Knie sinkt, weißt du, dass ihm nicht mehr zu helfen ist. Du musst weitergehen, du darfst ihm nicht zu helfen versuchen, weil du sonst auch stirbst.“ Irgendwann erreichte er Libyen, wurde entführt, versklavt, geschlagen, konnte entwischen und landete schließlich auf einem Flüchtlingsboot nach Italien. Auch hier starben unzählige Passagiere, die über Bord geworfen werden mussten.

Wir sind also aufgefordert, die Integration zu unterstützen und zur Not durchzusetzen, indem wir den Spracherwerb fordern und fördern, das nötige Lernklima dafür schaffen und darüber hinaus noch viel breitere Strukturen zur Schulung und Eingliederung aufbauen. Wir sollten in diesem Zusammenhang die Menschen auch therapeutisch bei der Aufarbeitung ihrer Traumata begleiten.

Die Ringparabel von Gotthold Ephraim Lessing gilt als Paradebeispiel für aufklärerische Toleranz und Akzeptanz der Vielfalt. Die drei Ringe stehen für die drei großen monotheistischen Religionen und sind gleichwertig. Jeder lässt den anderen leben und glauben, was sie/er will. Diese Idee sollte für uns über allem stehen. In vielen Ländern leben religiöse Gruppen lange friedlich Seite an Seite. Eine Gewähr für den religiösen Frieden samt Selbstbestimmung gibt es trotzdem nicht, wie die Menschen beispielsweise unter ihren vielen Fürsten, Königen und Kaisern, Nazideutschland oder in der DDR deutlich zu spüren bekamen. Wir können froh über all die Erdenbürger sein, die aktiv und positiv an unserer Gemeinschaft teilhaben wollen, egal, woher sie kommen. Lasst uns die unterstützen, die zu uns gehören wollen, ohne ihre Identität aufgeben zu müssen. Und lasst uns dort hinschauen und regulierend eingreifen, wo Gerechtigkeit, Umsicht, Weisheit und Liebe es uns anheimstellen.

DAS VER-REISEN

Wir alle sind dann Ausländer, wenn wir auf Reisen in andere Länder gehen. Das Reisen ist im Prinzip gut. Es bildet und erweitert den Horizont. Wir lernen die Menschen in den jeweiligen Ländern ein wenig besser kennen, wir „schauen über den Tellerrand“ und löffeln nicht nur stur und blicklos unsere eigene Linsensuppe mit Würstchen und Senf. Erich Kästner rief im Angesicht von Rassismus und Intoleranz eine Tatsache aus dem deutschen Gesellenwesen ins Gedächtnis zurück: „Wer nicht in anderen Städten und bei fremden Meistern gearbeitet hatte, durfte selber nicht Meister werden. Man musste ein der Fremde Geselle gewesen sein, wenn man daheim Meister werden wollte.“

Der Geselle, der sich gerne in Geselligkeit begibt, ist vermutlich der Gründer des Wortes „Gesellschaft“, in der sich gleich und gleich gerne gesellt, aber auch viele Ungleichheiten dafür sorgen, dass es in unserer Gesellschaft ungesellig werden kann.

Gesellen reisten meist auf „Schusters Rappen“, also zu Fuß. Das waren Billigreisen im alten Wortsinne. Im neuen Wortsinn sind Billigreisen fragwürdig. Sie beuten Land und Leute aus, ohne dass die Reisenden mit den Menschen in deren Kulturkreisen wirklich in Berührung kommen. Das „All inclusive“ Konzept bewirkt, dass viele Menschen in ihre Hotels in fernen Länder gebracht werden und dort alles haben, was sie begehren: schöne Zimmer, Essen, Lebensluxus, Massagen, Sauna, tolle Läden, das Meer und vieles mehr. Sie müssen gar nicht mehr aus dieser präparierten und isolierten Zone heraustreten und etwa mit den Bewohnern der Länder Kontakt aufnehmen. Sie wollen nicht in die Restaurants, Basare und Geschäfte der Einheimischen gehen und denken nicht daran, sie durch den Verzehr oder Einkauf zu unterstützen, denn es geht um sie und ihre Ferien und ihren Luxus und ihre Entspannung. Ausgewählte Ausflüge versorgen die Teilnehmer vom Veranstalter mit allem, was sie brauchen. Dazu kommen die gigantischen schwimmenden Hochhäuser, die extrem umweltverschmutzend durch die Meere pflügen. In ihnen sind die Reisenden zusammengepfercht. Ab und zu wird ein Hafen angefahren, dessen dazugehörige Stadt periodisch wie von einem Tsunami überschwemmt und letztlich ausgelaugt wird. Von dort bewegen sich zudem Busladungen voller Menschen in die schönsten Städte des Binnenlandes und überschwemmen auch diese wie eine riesige Woge. Die beliebtesten Perlen menschlicher Städtebaukunst samt ihren Bewohnern ächzen inzwischen unter der Last. Alles ist für alle teurer geworden. Wohnraum wird immer unerschwinglicher. Reisen wir auf diese Weise, zerstören wir die Infrastruktur vieler Städte im Ausland. Und so können wir sagen: In diesem Zusammenhang sind wir Migranten, die zerstören und nicht aufbauen. Und in diesem Zusammenhang bildet Reisen nicht sonderlich.

*Es ist wichtig,
in einer Krise, die
länger andauert, darauf
zu schauen, was wir aus ihr
lernen können. Das Schmerzende,
scheinbar Negative drängt sich auf.
Die positive Kehrseite hingegen wird
leicht übersehen, da wir im allgemeinen
Schmerzvermeider sind. Darum erkennen
wir oft erst im Nachhinein, wofür etwas gut,
perfekt oder sogar unerlässlich war und dass
wir es anders nicht hätten erfahren und nutzen
können. Und dieses Kostbare, das wir durch Krise
und Schmerz lernen, bringt uns
manchmal viel weiter als das,
was wir uns wünschten und
für erstrebenswert hielten.*

DAS GEHEIMNIS DES SCHEINS

Wenn ich so bin, wie du es willst, liebst du mich dann?
Wenn ich so bin, wie ich es will, verlässt du mich dann?

Unsere Gesellschaft ist immer noch so aufgebaut, dass der Schein mindestens ebenso wichtig ist wie das Sein. Die Sorge namens „Was sollen die Leute sagen?" ist noch ein Kriterium, nach dem viele ihr (Wohl)Verhalten ausrichten. Man könnte kindlich „naiv" (also weise) feststellen: „Die Menschen wollen aus lauter Angst, kritisiert zu werden, lieber nicht echt sein."

Aber es geht noch weiter: Wir wollen, dass die Leute gut von uns denken, so wie wir als Kinder wollten, dass die Eltern, dass Mutter und Vater gut über uns dachten. Denn wenn sie nicht gut über uns dachten, weil wir vielleicht „über Tisch und Bänke gingen", frech waren, faul oder vorlaut, hatte das Konsequenzen, die unangenehm waren. Körperliche Strafen wichen in den letzten fünfzig Jahren anderen, verständnisvolleren (und manchmal vollkommen unwirksamen) Methoden. Und auch die Beurteilung dessen, was als frech und vorlaut gilt, hat sich grundlegend gewandelt. Und trotzdem bleibt dieses Gefallen-Wollen, Sich-Anpassen, denn eine Mutter, die zwar nicht schimpft, wenn wir uns nicht so verhalten, wie sie sich das von uns wünscht, aber traurig ist und vielleicht eine Stunde oder länger nicht mehr mit uns spricht oder seufzt und sich leise oder laut beklagt, kann ganz schön „an die Nieren gehen" und wird uns als Kinder ebenso reglementieren wie der alte Lehrer mit Bambusrohr, Kopfnuss oder Lineal.

Wir passen uns seit der Kindheit nach allen Seiten hin an, doch die unbewusste Sehnsucht lässt uns nach der Freiheit gieren, der Unbeschränktheit, nach einem Zustand, in dem wir tun und lassen können, was wir wollen. Doch wenn diese Möglichkeit gegeben ist, fehlt uns oft nicht nur der Mut, wir selber zu sein, sondern auch die Kenntnis unserer selbst. In Ermangelung dieser Selbsterkenntnis, lassen wir uns bei gesellschaftlichen Feiern und Festen leicht zu etwas überreden, das die Freude über das originale Sein und Verhalten ohne Reglementierung ersetzt, zwar unvollständig und unbefriedigend, aber immerhin ist etwas da, an dem man sich „festhalten“ kann, auch wenn er einem schließlich die Beine unter dem Körper „weghaut“: Der Alkohol.

Ein bisschen Alkohol im Blut nimmt Hemmungen und mag jene freier machen, die sich sonst gehemmt fühlen. Ein bisschen mehr Alkohol im Blut (also zu viel) bewirkt, dass sich plötzlich die (antrainierten und schließlich selbst auferlegten) Benimm- und Verhaltens-Fesseln in unserem Gehirn lösen; die echten, oft unterdrückten Gefühle werden freigeschaltet, Kontrolle wird ersetzt durch ein großes Loslassen, der Mund geht auf, irgendwelche Worte fliegen heraus, alle lachen, und man selber lacht auch. Kein Satz, den man in diesem Zustand äußert, bringt uns oder andere weiter, es liegt keine Wahrheit darin, außer der Wahrheit der Materie. Aber das ist uns egal. Und es ist ja auch so schön. Und alles ist so leicht und lustig. Und man fühlt sich gar nicht mehr.

„Um sich zu finden, muss man sich verlieren?,“ fragt das naive Kind erstaunt.

Wohl wahr, das ist ein Paradoxon, und es wird leider nicht zum Ziel führen. Hat man nämlich übergenug Blut im Alkohol, rebelliert der ganze Organismus und will den Alkohol samt Würstchen und Pommes so schnell wie möglich wieder loswerden. Dann findet man sich wieder, aber in einer unangenehmen Lage. Man fühlt sich schwer und krank und leidet laut oder leise und hofft, dies möge bald vorbei sein, wird sich aber bei der nächsten Gelegenheit auf der Suche nach Spaß/Vergessen gleich verhalten.

Es gibt viele Gelegenheiten, Alkohol zu trinken und die Maske fallen zu lassen, denn in den letzten Jahrzehnten hat es sich eingebürgert, das Feiern mit dem Genuss von Alkohol gleichzusetzen. Das traditionelle Fest für Maskierung und Demaskierung ist der Karneval. Häufig ist er verbunden mit exzessivem Alkoholgenuss. Aber das Fest gibt dem einen Rahmen, der den anständigen Schein braucht: Nicht ich betrinke mich sinnlos, sondern das Wesen, in dem ich stecke beziehungsweise das Wesen, das mich versteckt. Es kann ein Cowboy sein oder eine spanische Flamencotänzerin, ein Narr oder eine Prinzessin, ein Gespenst oder der Tod mit einem Klapperskelett. Nicht ich schlage also über die Stränge, sondern mein Alter Ego, das in jedem Jahr anders aussehen kann. Und ich verletzte keine Regel, denn beim Karneval ist alles erlaubt.

Und so wird der Karneval mit seinen imaginären und befristeten Freiheiten von nicht wenigen Menschen mit Erleichterung vollzogen: „Endlich kann ich das aus mir herauslassen, was ich sonst verbergen muss!“ Im Karneval könnten uns darüber hinaus Kostüm-Rollenspiele mit unserer eigenen Vergangenheit versöhnen oder Möglichkeiten aufzeigen, die wir noch nicht in uns ausgeschöpft haben. Das Verkleiden, das „in eine andere Haut Schlüpfen“, das Spiel mit dem „Was wäre wenn“ könnte eine Wahrheit oder eine Vergangenheit in uns aufzeigen. Denn, was wir wählen, sagt etwas über uns aus.

Doch was geschieht beim Karneval und seinen Ablegern abseits von traditionellen und rituellen Veranstaltungen wie beispielsweise in Süddeutschland und der Schweiz meist anders als ein Hineinschlüpfen in vorgefertigte Polyesterkostüme und besinnungsloses Lossaufen? Das Problem ist nicht neu. Zu allen Zeiten versuchten und versuchen die Menschen, ihrem Da-Sein und So-Sein durch Orgien samt Alkohol und Drogen zu entkommen; entweder weil sie zu arm oder zu reich waren, zu abhängig oder zu frei. Sie waren und sind unzufrieden und immer auf der Suche nach einem Selbst, das sich gerade dann entzieht, wenn man sich unfähig macht, ihm zu begegnen. Da hilft es auch nicht langfristig, wenn Gesetze gegen den Sittenverfall erlassen werden.

Savonarola, ein strenger Dominikanermönch ließ beispielsweise 1497 seine sittenstrengen Anhänger und vor allem Anhängerinnen beim Florentiner Karneval, der Jahr für Jahr mehr aus dem Ruder lief, alles verbrennen, was Menschen eitel macht: Kleider, Schmuck, Bücher, Luxusgüter aller Arten. Natürlich verbot er auch bei Höllenstrafe Alkohol, aufreizenden Tanz und Tanz überhaupt, Völlerei und Sex an öffentlichen Plätzen und Sex überhaupt (außer zum Kinderzeugen). Florenz wurde grau und öde, scheinheilig und selbstgerecht. Üblicherweise kehren also die Menschen, die die Extreme brauchten, um zu vergessen, was sie suchen und zu finden, was sie nicht gesucht haben, nach Schock und Entsagung schließlich zu ihrem gewohnten Verhalten zurück, denn es fehlt die Liebe. Die Liebe zu sich selbst, diesem göttlichen Lichtwesen, das sich verkennt aus Mangel an Wärme und echter Hilfe.

Wir können feiern, wir können Spaß haben, wir können auch Alkohol trinken, dabei besser keine harten, hochprozentigen „Sachen", und alles Mögliche sagen und tun. Doch bei allem bestimmt das Maß in allen Dingen und das Maß an Liebe letztendlich auch das Maß an Freude und Glück während und, vor allem, nach dem Ereignis. Wir können jedes Fest dazu nutzen, um uns und unsere vielen Eigenschaften zu entdecken und uns ausmalen, wie wir jede unserer Eigenschaften einkleiden würden, welches Kostüm es sich anziehen und welches Verhalten es an den Tag legen würde. Ich würde mir Fragen beantworten:

„Habe ich etwas Königliches, Herrschaftliches in mir? Besitze ich despotische Anteile? Bin ich eine Königin/ein König zum Anfassen oder ein Exemplar, das Distanz und Anbetung wünscht? Liebe ich es, zu delegieren und lasse mich gerne bedienen, statt, wie im Alltag, alles für alle zu regeln? Bin ich ein Clown, immer zu Witzen aufgelegt und doch unrettbar melancholisch? Bin ich ein Robin Hood, der viel lieber den Menschen helfen würde, als sie, wie in meinem Berufsalltag, zu schröpfen? Bin ich eine Krankenschwester, die überall ein Pflästerchen draufkleben will?"

Und so sieht man mal wieder, dass man sogar vom Karneval profitieren kann, wenn man mehr über sich wissen will. Die

Fastenzeit kann man dann dazu nutzen, die Selbsterkenntnisse auszuwerten und auf das zu verzichten, was man ohnehin nicht mehr leben und praktizieren will. Welche Erkenntnis der Alkohol zu bieten hat? Eine sehr profane, nämlich: In Maßen genossen und bei Bewusstsein erlebt, gehört er zu unserer Kultur, im Übermaß und in Abwesenheit geschluckt, bringt er uns früher ins Grab.

Die
Eifersucht
ist in Wirklichkeit
Sehnsucht, ist die
Suche
nach
dem, was Dich
einzigartig macht.
Sobald Du beginnst,
alles in Dir zu finden,
wirst Du Deinem Eifer
dafür
danken,
dass er Dich
hat suchen lassen.

GLÜCK

Glücklich sind wir in der
Anschauung und Nachahmung des Heilen.

Wann sind wir glücklich? Es gibt so viele Definitionen von Glück, dass viele von uns zwar glücklich werden wollen, aber nicht genau wissen, was sie damit meinen. Wir denken oft, der richtige Mann/die richtige Frau verhelfe uns zu unserem Glück oder der richtige Arbeitsplatz, Gesundheit oder Kinder, genügend Geld, Überzeugungen politischer oder religiöser Natur, die uns stützen und/oder die Freiheit, tun und lassen zu können, was man will. In Konfliktländern wäre Glück gleichbedeutend mit Frieden, Wohlstand und Unversehrtheit, Glaubens- und Bewegungsfreiheit. Andere werden glücklich durch Machtausübung, im Negativen durch Manipulation und Größenwahn. Es ist wahrlich eine Definitionsfrage.

Was aber vereint uns in unserem Streben? Wir alle wollen lieben und geliebt werden, wir wollen einen Platz im Leben haben, Teil einer Gemeinschaft sein, es soll „Sinn machen", dass es uns gibt.

Wie lassen sich nun die verschiedenen Glückswahrnehmungen mit der Liebe vereinen, da sie ja unverzichtbar ist? Wie lässt sich zum Beispiel das Glück der Machtausübung mit der Liebe zu den Menschen vereinen? Zwei Beispiele:

Ein Herrscher oder Anführer einer Gemeinschaft kann dann Macht und Liebe verknüpfen, wenn er die Gruppe, die er führt, als Familie ansieht, weise agiert und diejenigen lenkt und anleitet, die unsicher sind. In der Geschichte gab es diese Figuren immer wieder, die „guten" Könige und Kaiser, die väterlichen Industriellen usw., die zwar auch ihre Schwächen hatten, aber immer das Gemeinwohl im Blick hatten. Sobald Macht aber zum Liebesersatz wird, geht die Weisheit verloren und macht dem Egoismus Platz, dem Berauschen durch die Macht, dem häufig von Rache getragenen Wunsch, die fehlende Liebe zu kompensieren, indem man den anderen ihr Glück nimmt.

Im Prinzip ist jeder ein Machtausübender. Kinder üben ebenso Macht aus wie ihre Eltern oder Geschwister. Je reiner der Mensch, desto mehr wird Macht als wahre Stärke empfunden und bewundert. Denn der mächtige Mensch, der sich die Reinheit seines Herzens bewahrt oder wiedererkämpft hat, ist klar und offen, durch Einsicht und Überblick unverletzlich, ist tolerant, weil er nichts fürchtet, ist demütig, weil er sich nicht überschätzt. Insofern müssen Macht und Liebe kein Widerspruch sein, wenn eben die Liebe die Macht trägt und definiert.

Zweites Beispiel: Wie kann man Geld mit Liebe verbinden? Geld kann Liebe sein, wenn es als ebenso materielle wie geistig-seelische Fülle verstanden und behandelt wird. Es dient als Tauschmittel, das uns erhält, kann aber auch Unterstützung und Wertschätzung bedeuten. Das Geld, das großzügig gegeben wird, egal ob der Mensch viel oder wenig besitzt, wird von dem Beschenkten als Wärme, als Großherzigkeit empfunden. Das Phänomen, dass Arme oft großherziger sind als Reiche, weist darauf hin, dass Reiche das Geld als Ersatz für Liebe gescheffelt haben und in der Kälte des Herzens geblieben sind, sobald sie es geizig horten und immer mehr davon haben wollen, koste es, was es wolle; es kostet sie ihre eigene Liebesfähigkeit, weil sie sich immer wieder über die Vorgaben des Herzens hinwegsetzen müssen. Indem sie oft auf der Suche nach mehr Geld andere übervorteilen, ausbremsen und dafür lügen und manipulieren, laufen sie Gefahr, Liebes-Bankrott zu gehen.

Wie kann man glücklich sein, wenn man weder Macht noch Geld noch eine Familie oder einen Partner hat? Dann ist es wichtig, sich genau auf die Qualität zu besinnen, die wir verkörpern, wenn wir auf die Welt kommen. Wir als Baby lächeln und sind glücklich, ohne das Glück an sich definieren zu müssen. Wir stellen sich nicht in Frage, sondern sind einfach da, leben noch in der Liebe des „Jenseits“ und genießen jeden Augenblick des Daseins, wenn man es uns nicht gleich vermiest. Wir sind einfach, direkt, fröhlich, tatendurstig. Ja, natürlich: im Kampf mit der Materie sind wir dann auch hungrig und durstig, werden mit Schmerz konfrontiert, mit Ohnmacht. Trotzdem bewahren wir uns den starken Willen, voranzukommen auf der Suche nach unserem Platz im Leben, auf der Suche nach Glück, also Liebe. Dafür sind wir bereit alles zu geben. Die Liebe und Antriebskraft der Kinder ist grenzenlos und so stark und hochfrequent, dass man sofort alle Atomkraftwerke abschalten könnte.

Indem wir uns also auf unsere Grundeigenschaft besinnen, können wir ab sofort glücklich sein. Wir können lächeln bei dem Gedanken, dass wir einfach nur da sind und dass es gut so ist. Und dann kommen die vielen Gesichtspunkte dazu, warum wir zusätzlich auch noch glücklich sein können. Schon ein Waldspaziergang entschädigt für das, was wir nicht haben. Ja – auch hier gibt es die Einschränkung: Was, wenn ich unheilbar krank bin, wenn ich eine heillose Ehe führe und nicht daraus fliehen kann, wenn ich vereinsame und lebensmüde bin, wenn ich so arm bin, dass ich nicht überleben kann, wenn ich verfolgt werde und vieles mehr? Dass einige von uns aber selbst dann noch lächeln und beten, verzeihen, singen, tanzen, sich aufraffen und neu anfangen – das ist das wahre Wunder Mensch. Diese Erkenntnis kann schon wieder glücklich machen.

GELD

Geld ist eine Währung, keine Wahrheit.

Geld hat schon immer die Eigenschaft gehabt, Menschen von dem abzubringen, was sie eigentlich edlerweise im Sinn trugen und stattdessen auf den eigenen Vorteil bedacht zu sein und das Geld, Gold, Besitztum derart zu horten, dass man sich gleichzeitig im Besitz von Sicherheit wähnte. Schon wenn ein Einbrecher diesen Besitz schmälerte, geht dies auf Kosten des Sicherheitsgefühls. Wir sind nun mal irdisch-materieller Gesetzmäßigkeit ausgeliefert. Kein Geld kann bedeuten: Kein Dach über dem Kopf, keine Nahrung, keine Kleidung, kein Schutz, keine Ansprache, kein Respekt, keine direkte Möglichkeit, Ideen in Projekte umzuwandeln und vieles mehr.

Geld ist eine Währung, keine Wahrheit. Ist Geld von echtem Besitz hinterfüttert, also von wahrer Ware, ist seine Wahrheit immerhin seine reine Existenz. Bei den internationalen Geldgeschäften handelt es sich allerdings häufig um „Luftgeschäfte"; es wird mit Waren gehandelt, die nicht existieren. Werden dann noch Schulden auf das gehäuft, was ohnehin nicht existiert, können Märkte und somit Staaten völlig zusammenbrechen.

Wir brauchen wieder echte materielle Werte und die entsprechende Wertschätzung dafür. Ein Ei muss nicht eine Millionen Reichsmark kosten, wie zu Zeiten der schrecklichen Inflation, die vorwiegend stattfand, weil der erste Weltkrieg finanziert werden wollte. Es soll aber auch nicht für 10 Cent verschleudert werden. Ein Ei ist etwas sehr Wertvolles! Leben kann daraus entstehen. Jedes Ei, das wir essen, nimmt einem Küken die Möglichkeit zu leben. Wir sollten völlig anders auf die Materie schauen, die uns umgibt.

Der Spruch „Geld kann man nicht essen" korrespondiert mit der Erkenntnis, dass Geld, selbst wenn man es essen könnte, nicht sattmacht, sondern eher im Gegenteil: Hungrig! „Geld kommt zu Geld," heißt es und „Geizig und reich gehören zusammen," und „Sie stinken vor Geld!" oder lakonischer „Geld ist auch nicht alles." Das stimmt. Es ist wie mit dem Ei, zu viel ist zu viel, aber gerade richtig wäre schön. Daher ist es gut, die gerade richtige Einstellung zum Geld zu bekommen. Es ist weder dreckig noch sauber, es ist einfach nur da und stellt sich als Währung für möglichst existente Ware zur Verfügung. Wer Geld verdient, also einer Sache und dem Funktionieren der Gesellschaft dient und dafür entschädigt wird, (wobei es nur einen Schaden gibt, wenn die Arbeit überfordert und nicht angemessen belohnt wird), hat gutes Geld in der Tasche. Wer mit Geld spekuliert, gerät schnell in die Nähe jener, die Geld stehlen. Der Spekulant profitiert von Hungersnöten, Über- und Unterangeboten, insgesamt am meisten von Notsituationen. Wer gerät in diese Not. Die Menschen. Meistens nicht die sehr vermögenden Menschen, sondern die weniger vermögenden. Warum ist ein reicher Mensch vermögend?

Weil er mithilfe finanzieller Mittel etwas zu bewegen vermag. Ob das etwas Gutes oder Schlechtes ist, hängt von seiner Moral ab. Ein vermögender Mensch mag meistens das Geld, es sei denn, es ist ohne sein Zutun oder sein Streben danach zu ihm gekommen. Im Konjunktiv II ergibt sich ein enger Zusammenhang von Macht und Geld. „Ich vermöchte dies und das zu tun", heißt es dann. Das Möchten führt zum Machen führt zum Gemacht haben führt zur Macht. Der Vermögende, der sein Geld weder durch Erbe noch durch Schenkung bekommen hat, vermag durch sein Möchten, Macht zu erlangen.

Die deutsche Sprache ist da immer sehr klar und analytisch. Nichts bleibt hier verborgen. Mittels der Sprache vermögen wir, alle unsere psychologischen Geheimnisse zu lüften. Wer also die Macht der Sprache benutzt, bekommt selber Macht - sie färbt auf ihn ab.

Zurück zum Geld: Geld ist kalt, Erbarmen ist warm. Die Armen ohne Erbe brauchen das Erbarmen der Begüterten. Die Güter, die der Besitzende besitzt, sind nicht gut, sie sind einfach nur da. Es können Landgüter sein, also Häuser und Farmen, es können auch Dinge sein. Sie werden erst dann zu guten Gütern, wenn der Besitzende Güte walten lässt.

Das muss nicht heißen, dass Arme immer arm bleiben. In Deutschland gibt es unendlich viel Möglichkeiten, nicht arm zu sein. Es gibt allerdings auch unendlich viele Möglichkeiten, nicht reich zu sein, sogar am Existenzminimum zu leben. Das soll keiner tun müssen. Leider ist das System zur Erkennung sozialer Notfälle samt Förderungswürdigkeit von Projekten, die aus der Notlage herausführen könnten, ziemlich blind. Das sind Systeme immer. Ein System ist kein Mensch. Und die Menschen, die innerhalb der Systeme agieren, müssen sich an die zuvor erarbeiteten Regeln halten. Die Regeln werden von Menschen erstellt. Hält sich nicht jeder an diese Regeln, sind sie hinfällig geworden. Dann kann sehr schnell das Chaos ausbrechen.

Chaos in Bezug auf Geld will niemand. Aber Ordnung in Bezug auf Geld schon; vor allem wenn diese Ordnung eine Sinnhaftigkeit beinhaltet. er etwas Nützliches für die Gesellschaft vollbringt, soll Geld dafür bekommen. Jeder kann irgendetwas Nützliches für die Gesellschaft tun. Ich kenne viele sehr idealistische Menschen, die immer bereit wären, etwas für die Gesellschaft zu tun. Diese Menschen darf man nicht ausnutzen. Auch andere Menschen, die die sozialen Notprogramme ausnutzen, also etwas für die Gesellschaft tun könnten, aber keine Lust dazu haben, sind verantwortlich für das Leid derjenigen, die vom naturgemäß blinden System mit ihnen in einen Topf geworfen werden. Leider können die wachen Menschen, die innerhalb des Systems arbeiten, nicht tun, was sie aus eigener Beobachtung heraus tun wollen würden, sondern müssen das tun, was sie sollen und was im Regeltext steht.

Um dieser Ungerechtigkeit Vorschub zu leisten, setzt sich gerade nach dem Vorbild von Neuseeland und der Schweiz die Idee durch, staatliche Fördergelder den Projekten zu bewilligen, die durch das Los ermittelt wurden. In einer Vorauswahl sind uninteressante Projekte von vorneherein ausgeschlossen. Was nett und gerecht klingt, ist eigentlich eine Unerhörtheit! So viele gute Ideen haben wir ja offensichtlich nicht in einer Zeit, die sehr viele gute Ideen nötig hat. Man könnte sicherlich sinnlos und immer noch täglich verschwendete Gelder misslungener öffentlicher Bauprojekte wie der Berliner Flughafen abziehen, um es in alle guten Projekte fließen zu lassen, nicht nur die derjenigen, die das Lottoglück auf ihrer Seite haben.

Wir brauchen bisher noch Ware oder Geld für unser tägliches Leben. Es ist Bestandteil des Lebens auf dieser Erde in dieser Art der Gesellschaft, die wir, (leider nicht nach der Vorstellung aller), gestaltet haben. Experimente mit Allgemeinbesitz wie in den israelischen Kibbuzim scheiterten am Wesen der Menschen. Möge also jede/r so viel Geld bekommen, wie sie/er es sich wünscht, ohne das Maß zu verlieren.

Das, was wir aus Freude erschaffen, gelingt uns besser als das, wozu wir uns genötigt fühlen. Unser wahres Potential entwickelt sich erst in der Freiheit, die wir uns gönnen.

DAS SHOPPEN

Sinnhaftigkeit ist kostenlos.

Ich höre immer wieder, dass der Begriff „Shoppen" fällt, wenn es um Genuss geht. Im Schwäbischen würde man etwas anderes darunter verstehen, nämlich den täglichen Schoppen Weißwein, den es zu sich zu nehmen gilt, da sonst die Langlebigkeit und Fröhlichkeit leidet. Es geht aber nicht um den Schoppen, sondern um das „Shoppen", welches sich aus dem Englischen herleitet. Mittels dieses Schlagwortes, denn so klingt es, versucht man uns seit längerer Zeit das Kaufen von Dingen in diversen Läden als Glücksgarantie zu verkaufen. Das SHOPPEN beinhaltet in seiner Sinnleere mehr als das reine Kaufen eines notwendigen Gegenstandes. Es bezeichnet die Erfüllung eines Selbstzwecks, verspricht einen Ersatz für etwas, das wir nicht bekommen haben. Das „Shoppen" füllt die Lücke im Herzen, die sofort nach dem Kauf wieder aufschnappt wie ein unersättlicher Fisch.

Eine Reklame für ein Einkaufszentrum zeigt eine auf einer Bank sitzende Frau, die nur noch ansatzweise zu sehen ist, weil sie von Plastiktüten und Paketen nahezu verschüttet ist. Der Gehirnwäschetext darunter lautet: „Mehr für mich!" Wie verträgt sich das mit „Geiz ist geil?" Es verträgt sich schlichtweg durch ausbeuterische Massenproduktion mit Dumpingpreisen.

Warum unterwerfen wir uns der Sklaverei dieser unmoralischen und uns widerstehenden Gedanken- und Sachwelt? Warum dienen wir Systemen, die nichts anderes im Sinn haben, als uns zum Kaufen zu animieren? Wir tun dies, falls wir es überhaupt noch tun, weil uns das Kaufen des an sich Überflüssigen trotzdem befriedigt und die Sinnhaftigkeit für einen kurzen Moment, einen sogenannten Nu ersetzt. Der Anblick der Ware vermittelt uns das Gefühl, uns unsere eigene Wertschätzung gezeigt zu haben, indem wir uns beschenken. Wenn es schon kein anderer tut.

Was passiert in uns, wenn wir etwas Neues gekauft haben? Wir spüren einen Anflug von Glück. Dieses Glück ist flüchtig, denn allzu schnell wird aus dem Neuen etwas Bekanntes in einer Weise, dass wir es nicht mehr zu schätzen wissen. Das Neue, noch Unberührte fasziniert uns. Wir fühlen uns einen Augenblick lang erhaben. Und sobald dieses Gefühl verschwunden ist, wissen wir ja, dass wir es erneuern können, indem wir wieder etwas Neues kaufen. Es findet sich viel auf unserer Erde, ganz viel, was wir eigentlich nicht brauchen, was uns aber dieses Gefühl der Besonderheit vermittelt. Neuerwerb und Besitz können eine Weile lang innere Leere und Traurigkeit übertönen. Solange, bis es nicht mehr funktioniert und wir nach wahren Werten suchen: Sinnhaftem Tun, Freunden, Liebe.

Wir können täglich üben, sinnhaft zu handeln, wahre Freunde zu sein, zu lieben. Alles hängt miteinander zusammen. Wir empfinden Liebe als sinnhaft. Den Prozess des Kaufens empfinden wir nur als relativ sinnhaft, wenn er dem Lebenserhalt dient; relativ deshalb, weil wir eher Tauscher sind als Käufer. Ich gebe dir dies, du gibst mir das. Kreisläufe sind sinnvoll. Einbahnstraßen entpuppen sich häufig als heimliche Sackgassen.

Indem wir dauerhaftes Glück wegen eines Mangels für unmöglich erklären, wird es unmöglich. Wir kennen viele Situationen, in denen uns etwas oder jemand entglitt, das oder den wir für überlebensnotwendig hielten. Wir können versuchen uns durch „Shoppen“ zu trösten, aber wir werden niemals die Sicherheit der Liebe kaufen können. Aber wir können uns für die Liebe entscheiden. Wir brauchen dazu kein Geld, keine Läden, keinen Tausch von Geld gegen Ware. Sinnhaftigkeit ist kostenlos. Und obwohl heutzutage jeder sparen und trotzdem ganz viel bekommen will, erkennen noch zu wenige, dass wir diese einzigartige Fähigkeit in unseren Köpfen und Herzen haben: nämlich die ultimative Sinnhaftigkeit durch Liebe zu erzeugen. Dies erfordert unsere Präsenz, unsere Sensibilität, unsere Bereitschaft, auf andere zuzugehen und uns nicht in unseren Häusern zu verschanzen, vor denen wir einen Teppich aus grauem Kies ausgegossen haben, damit uns weder Mann/Frau, noch Maus, noch Gras aus der Unruhe bringen können.

Wenn
Du jemandem in
die Augen schaust,
betrittst Du seine
inneren Räume.
Es zeigt sich
schnell,
wie
weit
Du
gehen
darfst.

Böse Taten
rächen sich am
Täter. Wenn die
irdische Gerichtsbarkeit
den Täter nicht zu fassen vermag,
wird die Strafe, die er über sich selber
verhängt, weitaus schlimmer sein als die
der Richter, und sie wird ihn eine Ewigkeit
lang nicht ruhen lassen. Und nur die Liebe
wird ihn
retten
können.

Mir fiel nämlich neulich bei einem Gang durch die Stadt auf, dass es heutzutage mehr denn je möglich ist, unter vielen Menschen einsam zu sein. Zu den üblichen Ursachen wie mangelnde Selbstliebe, Problembelastung, Selbstzweifel, Kommunikationsprobleme kommen die Dauer-Ablenkungen durch überwältigende Außenreize und das stets mitgetragene Handy, sodass die Wahrnehmungsfähigkeit und Energie in Bezug auf andere echte, also nicht digitale Menschen zusätzlich leidet. Die Blicke mancher Menschen sind stumpf geworden, da die kleinen und großen Bildschirme dauernd zu viel von ihrer Aufmerksamkeit und Kraft beanspruchen.

Wir brauchen wieder mehr Menschlichkeit und Nähe im Alltag. Wir brauchen mehr Wärme, mehr Ansprache, mehr Humor. Wir brauchen Leichtigkeit und Liebe. Es gibt zum Beispiel keine sauertöpfischen spirituellen Meister, wenn sie echt sind. Ihr könnt sie an diesen Merkmalen erkennen: Entweder sind sie sehr lustig oder ehrwürdig ernst und weise; sind sie ehrwürdig, ernst und weise, zeigen sie ihren Humor seltener, aber wenn er aufstrahlt, lacht das ganze Universum mit. Echte Meister sind nie schlecht gelaunt. Schlechte Laune ist für einen Meister kein Luxus der Bequemlichkeit, sondern ein Ding der Unmöglichkeit. Ein echter Meister mit echter, nicht gespielter schlechter Laune ist wie trockenes Wasser. Man kann es noch nicht einmal denken.

Wir können viele Rollen ausfüllen, wenn wir auf der Erde wandeln und handeln. Wir können Königinnen und Könige sein, Priesterinnen und Priester, Heilerinnen und Heiler, Närrinnen und Narren; dies nicht im karnevalistischen Sinne, sondern eher im Sinne des Clowns, des Hofnarrs, der sich alles erlauben und alles sagen kann und somit eine extrem wichtige gesellschaftliche Stellung ausfüllt.

Die erste Clownsregel besagt: „Du kannst nichts falsch machen.“

Übersetzt heißt das: „Trau dich! Trau dir zu, du selbst zu sein. Benutze mutig deinen Humor. Wer wirklich lacht, ist echt."

Für gute Clowns gelten Höchstanforderungen! Sie sollen wagen, was die meisten anderen Menschen nicht unbedingt wagen würden. Clowns können andere nur zum Lachen bringen, wenn sie witzig sind. Witzig sind sie nur, wenn sie sich entspannen. Wer wirklich entspannt ist, ist witzig. Wer nur so tut, als sei er entspannt, verspannt sich und wird weniger oder gar nicht witzig. Das Publikum erkennt das sofort. Ein unlustiger Clown verspannt die Menschen.

Jeder Mensch hat viel zu sagen. Trotzdem gibt es viele Menschen, die nichts sagen oder nicht das, was ihnen wirklich wichtig ist und am Herzen liegt. Viele Menschen trauen sich nicht, ihre Meinung auszudrücken. Manche trauen sich noch nicht einmal, ihre Meinung zu bilden. Deshalb ist die Stützung des Clownanteils in uns wichtiger denn je. Er steht für Zivilcourage. Nichts fürchten Tyrannen mehr als Komiker!

Warum fürchten nicht nur Tyrannen den Clown? Das fällt im Zirkus auf. Nur die ganz Mutigen setzen sich nach vorn (die kleinen und erwachsenen Kinder); nicht nur, weil sie eine Ladung Wasser oder Konfetti abbekommen könnten, sondern weil die Gefahr besteht, vom Clown für eine Nummer ausgewählt zu werden. Der „normale" Mensch exponiert sich nicht gerne. Er hat ziemlich viel Zeit seines Lebens damit verbracht, sich anzupassen, die Unwägbarkeiten des Lebens zu kontrollieren und in eine Ordnung zu pressen. Je älter der Mensch bereits ist, desto mehr Selbstkontrolle übt er aus. Selbstkontrolle bedeutet in diesem Zusammenhang: Lange zu üben, nicht das zu sagen, was man denkt und fühlt und nicht das zu tun, was man wirklich tun möchte, sondern das, was andere einem vorschrieben oder sich von einem wünschen.

Je jünger der Mensch an Jahren oder im Geiste ist, desto weniger hat er Angst vor dem Clown. Der sehr junge, unbelastete Mensch ist offensichtlich der Meinung, keine Kontrolle zu brauchen. Er ist noch frei und spontan genug, um Unwägbarkeiten abzufedern und darüber zu lachen. Er ist noch neugierig und lösungsorientiert genug, um kein Konzept zu haben, sondern das Leben einfach nur auszuprobieren.

Ein zu früh ERSTELLTES Konzept kann den Tod der Phantasie nach sich ziehen. Man denkt es aus und ein und vor und zurück und stellt es schließlich hin. Da steht es nun. Was aber, wenn es sich hinsetzen oder -legen will? Was, wenn es tanzen oder fliegen will? Was, wenn es lacht, aber nicht lachen, sondern ernst sein soll? Was, wenn es ernst ist und einfach nicht lachen will? Das Konzept steht still und kommt einfach nicht in Gang.

So ist es oft besser, kein Konzept zu haben, alles auf sich zukommen zu lassen und davon auszugehen, dass sich alles fügen wird, wenn wir auf unsere innere Stimme hören. Der echte Clown besitzt vielleicht ein lockeres Konzept und weiß ungefähr, in welche Richtung es gehen wird, lässt sich aber sofort auf ein anderes Thema oder eine andere Zielrichtung ein. Mittels seines Humors bringt er Menschen oft zum Lachen über sich selber. Dabei würde der echte Clown nie jemanden in Verlegenheit bringen wollen. Das hohle, schale Gelächter auf Kosten eines Menschen mit all seinen Unsicherheiten und Verletzlichkeiten und jede Art von Bloßstellung sind nicht sein Anliegen. Wenn wir einem echten Clown begegnen, dürfen wir uns sicher fühlen.

Neulich standen wir im Empfangsbereich einer Firma. Die Dame an der Rezeption sagte gerade zu einem Kunden: „Sie können gerne am Termin vorbeischauen." Ich warf spontan ein: „Ist das nicht voll ungünstig, am Termin vorbeizuschauen?" Sie starrte mich ihrerseits verwundert an und sagte schließlich: „Alles gut." Das klang so, als hätte ich gesagt, alles wäre schlecht. Das sagte mir Folgendes: Im Prinzip hat jeder das weise lachende Kind in sich. Aber nicht jeder hat es griffbereit.

ZUKUNFT

Unsere Zukunft ist das Jetzt.

Immer wieder segeln Lichtbringer auf diesen Planeten nieder. Die neugeborenen Kinder, aus deren Augen liebende Altersweisheit, Humor und grenzenlose Kraft spricht, stürzen sich neugierig ins Getümmel. Sie interessieren sich für das Alte und das Neue. Nach den beängstigenden Flauten belebt sich der Wind irgendwann wieder, und Totgeglaubtes ersteht zu neuem Leben. Goethe drückt es folgendermaßen aus:

Meeresstille

Tiefe Stille herrscht im Wasser,
Ohne Regung ruht das Meer
Und bekümmert sieht der Schiffer
Glatte Fläche ringsumher.
Keine Luft von keiner Seite!
Todesstille fürchterlich!
In der ungeheuern Weite
Reget keine Welle sich.

Glückliche Fahrt

Die Nebel zerreißen,
Der Himmel ist helle,
Und Äolus löset
Das ängstliche Band.
Es säuseln die Winde,
Es rührt sich der Schiffer.
Geschwinde! Geschwinde!
Es teilt sich die Welle,
Es naht sich die Ferne;
Schon seh' ich das Land.

In den letzten Jahren gab es zum Beispiel kaum noch junge Menschen, die sich für das Streichquartett begeistern konnten. Große Musiker haben sich dieser filigranen und höchst anspruchsvollen Gattung gewidmet, die durch die Besetzung erste und zweite Geige, Bratsche und Violoncello auf nur vier Musiker beschränkt. Trotzdem gelingt es Brahms, Beethoven, Mozart, Haydn, Dvořák, Mendelssohn und vielen anderen genialen Komponisten einen Klangreichtum herzustellen, als sei ein ganzes Orchester anwesend. Die Musiker müssen durch intensive Proben förmlich zusammenwachsen, um einen einheitlichen Klangkörper herstellen zu können. Die Mitglieder eines Streichquartetts verbringen also sehr viel Zeit miteinander, sodass sie sich irgendwann in und auswendig kennen.

Erstaunlicherweise erlebte diese Kunstform gerade in den letzten Jahren eine Renaissance. Viele junge Ensembles spielen mit einer Begeisterung und künstlerischen Reife, dass hieran die Zukunft förmlich abzulesen ist. Da ist kein Niedergang zu sehen, im Gegenteil: Altes wird mit Neuem so kombiniert, dass Höhenflüge von Geist, Seele und Körper erreicht werden. Der Höhenflug ist eine Fluggattung, die es uns ermöglicht, nicht zu versteinern, sondern uns immer wieder neu auf das geistig Bestimmende in uns zu besinnen und mit Liebe aufzufüllen.

Was im musikalischen Bereich gelingt, kann überall gelingen. Eine Jugend, die keine Mißstände vorfindet, beginnt sich zu langweilen und Mißstände zu produzieren. Eine Jugend, die Mißstände vorfindet, beginnt sich für die Behebung der Mißstände zu begeistern und erfindet sich und die Welt immer wieder neu und anders.

Viele junge Leute werden stufenlos Veganer. Sie setzen sich für die Umwelt ein, für das Tierwohl, für neue Formen des Zusammenlebens und schließen sich hier zusammen mit denjenigen, die schon länger auf Erden weilen und sich denselben Themen hingegeben haben. Daraus entsteht Dynamik.

Bald werden alte Bauformen wie Lehm- und Fachwerkhäuser kombiniert mit neuen Ideen. Bäume und Pflanzen im Allgemeinen in ihrer Wuchswucht und höheren Ästhetik können sich, sobald Stahl, Glas und Beton aus der Mode geraten, mit neuen Bauformen zunehmend kombinieren und für Wunderwerke der Architektur sorgen.

Die Gedankenkraft wird nicht nur von Technikfreaks benutzt und von der Wirtschaft missbraucht werden. Sie wird Menschen auf der ganzen Welt vernetzen und denen mehr Macht verleihen, die die Erde retten wollen und geeignete klare Ideen dafür wie mentale Satelitten „in Umlauf bringen." Immer auch wird das alte Handwerk die Jugend begeistern. Schmiede, Schnitzer, Schreiner, Bootsbauer, Permakulturfachleute und viele andere Berufsständler werden ihr Wissen weitergeben dürfen. es wird nicht in Vergessenheit geraten. Selbst der letzte Kasperleschnitzer aus Hohenstein wird noch eine Möglichkeit dazu bekommen, engagierten Kulturträgern das Wissen zu übermitteln, ohne dass wir in die Steinzeit zurückfallen würden. Denn sobald der Strom ausfällt, sind wir auf echtes Wissen angewiesen, das sich auf echten Umgang mit echter Materie bezieht.

Nicht nur die Jungen regen sich. Begeisterungsfähigkeit und Erfindungskraft ist alterslos. Wir brauchen das Alte und Bewährte. Und wir brauchen neue Ideen! Jede/r ist willkommen in unserem schönen, großen, fantasievollen JETZT ohne Gewalt und Tyrannei, ohne Hass und Resignation. Wir brauchen einander, wir, die wir nicht aufgeben und immer wieder aufstehen und immer wieder ganz penetrant an das Höchste in uns und in allen appellieren: An unsere wunderbare Kraft der Liebe! Wir schaffen das!

Dritter Teil

HINWEISE UND ANREGUNGEN

Leider erklärt uns niemand, wenn wir Kinder sind, die Geheimnisse des Schlafs. Wir bemerken von Anfang an, dass die Mutter und der Vater nicht nur gerne möchten, dass wir schlafen, sondern sie möchten, dass wir regelmäßig schlafen. Wir hören: „Du musst jetzt schlafen." Der Schlaf wird uns als Pflicht vorgestellt. Zugleich fühlt sich Schlaf erquickend an. Wir lieben es, in ihn hinüberzusegeln. Wir segeln wie ein Segelschiff in den Schlaf wie in eine Nebelbank. Wir verlieren uns in ihm und kehren gestärkt zurück, es sei denn, ein Alptraum wirft uns wie ein plötzlich auftretender Sturm an Land. Dann erwachen wir mit einem Schreck, haben die Bilder des Grauens noch vor uns und machen uns verwirrt bewusst: „Es war nur ein Traum." Vielleicht erkennen wir erst sehr viel später, dass Träume nicht nur Träume sind, sondern Geschenke, die es auszupacken gilt; und dass der Schlaf keine Pflicht, sondern eine Freiwilligkeit ist, die uns Ausflüge aus unserem Körper erlaubt, der einfach nur still daliegt, von uns aus der Ferne wohl noch beatmet wird, dessen Herz weiterklopft, dessen Körperfunktionen noch funktionieren, aber mehr auch nicht. Wir wollen Mütter und Väter haben, die uns das alles erklären, etwa so: „Liebes Kind, jede Nacht darfst du deinen Körper hinlegen. Dein Geist darf die Seele dazu einladen, einen Ausflug zu unternehmen. Du fliegst mit ihnen durch den großen, samtschwarzen Sternenhimmel, lächelst dem Mond zu, richtest den Planeten deine Grüße aus, unterhältst dich mit ein paar Engeln und kehrst irgendwann zurück in deinen Körper. Und dein Körper bastelt aus all dem, was du am Tag und bei deinem nächtlichen Ausflug erlebt hast, einen Traum. Dieser Traum ist dein persönliches Märchen. Jede Nacht erzählst du dir ein anderes Märchen. Warum ist das so? Also, der liebe Gott dachte sich bei unserer Erschaffung: ‚Wenn ich jetzt schon neue Wesen erschaffe, dann sollen sie Märchen erzählen und fliegen können.' Und so ist das alles gekommen."

Täglich erwachen wir in eine Welt voller Ereignisse. Sie steht niemals still. Alles befindet sich in steter Bewegung, sogar der Planet Erde selber dreht und dreht sich und fährt unbeirrbar seine Karussellrunden durch das All. Welche Rolle kommt uns dabei zu? Sind wir dazu da, die Bewegung mitzumachen, zu verlangsamen, zu beschleunigen? Sollen, ja können wir das Leben auf der Erde verbessern, verschönern, erleichtern? Ja, wir sollen und können. Wir haben eine Menge Ideen, die sich leichter oder schwerer verwirklichen lassen. Doch mit dem Verbessern, Verschönern und Erleichtern kommen wir selten einfach so durch. Warum nur? Weil die Gesetze der Polarität uns immer wieder das Gegenteil dessen servieren, was wir gerade verbessert, verschönert und erleichtert haben, denn wir sollen ja erkennen, dass alles mindestens zwei Seiten hat; und in diesen zwei Seiten stecken jeweils nochmal so viele dicke Bücher mit unendlich vielen dichtbeschriebenen Seiten, die unsere Sicht um jeweils einen Millimeter verschieben und die Schöpfung in einer Vielfalt unbegreiflich begreiflich werden lassen, sodass wir aus dem Staunen nicht mehr herauskommen. Und so ist es eigentlich eine ununterbrochene Aneinanderreihung von Erstaunensmomenten, die uns Menschen am Leben und Wirken hält; sogar im Schlaf geschehen Wunder, dort spielen sich seltsame Geschichten ab, die uns, wenn wir zuhören, neue Erkenntnisse zuspielen. Diejenigen, die sich ängstigen, können die täglichen Geschenke nicht so gut wertschätzen wie diejenigen, die sich zum Staunen, Freuen und Wundern entschließen. Kinder staunen, freuen und wundern sich. Sie lachen, spielen, variieren und pendeln zwischen Beobachtung und Reaktion, ohne im mindesten ihre Kraft zu verlieren. Diese Kinder wohnen noch in uns. Wir sind nämlich die Kinder, die uns aus dem Spiegel heraus zulächeln, sobald wir uns zu diesem Lächeln entschließen.

Wir sind gekommen, um Liebe zu leben, Feinsinnigkeit, Menschlichkeit, Harmonie - und meinen nun, dies in einer so harten Welt nicht durchführen zu können. Wir finden den zauberischen Zugang nicht, den Lichtpfad, der alles verwandelt und in seiner Sinnhaftigkeit aufstrahlen lässt. Der Pfad beginnt in unseren Herzen. Wir brauchen unsere innere Landkarte und Wegweisung wieder. Unser Geist weist uns den Weg, damit wir uns nicht verlaufen, während unsere Liebe dafür sorgt, dass wir unterwegs nicht erfrieren.

Wenn wir etwas äußern, reichen wir es von innen nach außen und setzen es in die Welt. Das in die Welt Gesetzte bekommt Beine und läuft los. Falls wir uns unbedacht geäußert haben, läuft etwas in der Welt herum, das unserer Wahrheit nicht entspricht. Wir können dann versuchen, es wieder einzufangen, was nicht leicht sein wird; oder wir können etwas anderes, Wahreres in die Welt zu setzen, das sich dann auf der Fährte des zuvor Geäußerten bewegt, es einfängt und das Unwahre von seiner eigenen Unwahrheit überzeugen hilft. Dann nimmt das Wahre den Platz des Unwahren ein, und das Unwahre kehrt in unsere Innenwelt zurück, wo es in reine Kraft zurückverwandelt wird und darauf wartet, als etwas Wahres erneut in die Welt gesetzt zu werden.

Liebe ist kein Gefühl, sie ist ein Seinszustand. Die wahre Liebe im reinen Sein ist ein Zustand, aus dem und mit dem wir als Geistwesen auf die Erde kommen und mit dem und in den wir zurückkehren, sobald wir unseren Körper aufgegeben haben. Die Seele hingegen stellt uns die mannigfachen Gefühle im materiellen Seinszustand zur Verfügung. Unsere Aufgabe ist es, die Gefühle der Seele mithilfe der ewigen, übergeordneten Liebe zu veredeln. Und so kann aus menschlicher Leidenschaft eine ewige, unverbrüchliche Liebe werden. Aus menschlichem Glück wird überirdische Seligkeit. Nur, wenn wir das Überirdische in das Irdische einfließen lassen, adelt uns die Benutzung unserer Gefühle. Nehmen wir die Gefühle nur in irdischer, materieverhafteter Weise an, beschweren sie uns, verirren und verwirren sich, bewirken, dass wir alles falsch verstehen und auf uns beziehen, taumeln umher, widersprechen sich gegenseitig und bewirken Unglück und Chaos.

Mit positiven Sätzen sollen wir meditieren und unsere Tage verbringen. Die aufbauenden Inhalte stärken und leiten uns an. Es ist folglich besser, sich an ihnen auszurichten, als an der Wahrnehmung dessen, was nicht funktioniert. Aber die interessierte und möglichst analytische Wahrnehmung dessen, was nicht funktioniert, bewahrt uns vor der Ahnungslosigkeit in Bezug auf das, was uns und unsere unmittelbare Umgebung umtreibt.

Unser Verstand wird oft als „verkopft“ gescholten. Dabei ist er, wenn er gesund ist, ein solider Anker, der unser Schiff im Hafen oder sicher vertäut in unserer einsamen Inselbucht hält. Auch wenn die Gefühlsstürme dann das Wasser aufwühlen, auf denen unser Schiff tanzt, können wir auf die Haltbarkeit des Ankers vertrauen. Sobald der Himmel aufklart, die turmhoch drohenden Wolken abgezogen und die Vögel wieder mutig genug geworden sind, lauthals vom letzten Regenwurmfilet zu schwärmen, befinden wir uns immer noch sicher und vertäut im Hafen und können unsere nächsten Schritte an Land in Ruhe planen.

Manchmal entsteht in unserem Leben eine Hänsel-und-Gretel-Situation: Wir werden verstoßen, mit einer Lüge in den kalten, dunklen Wald geschickt, irren umher und landen bei einer Hexe, die uns mästen und fressen will. Dann ist es höchste Zeit, die Gretel in uns zu aktivieren, egal, ob wir Mann oder Frau sind. Das Märchen von Hänsel und Gretel, ein Überbleibsel aus matriarchalischen Zeiten, verlagert den passiven Anteil in den Jungen und den aktiven in das Mädchen. Gretel ist lösungsorientiert und nutzt ihre Chancen. Sie stellt die Gerechtigkeit wieder her, indem sie dem Bösen nicht ausweicht, sondern es wandelt. Die Verbrennung der Hexe im Ofen klingt brutal, ist aber nur ein Bild für die Transformation des Bösen in uns durch das Feuer der Erkenntnis. Aus der Asche erblüht der Phönix der Erneuerung.

Rotkehlchen sind hochintelligent und freundlich. Sie suchen menschliche Nähe und profitieren gerne von der Gartenarbeit der Zweibeiner, da diese Würmer und sonstige Insekten, falls noch vorhanden, zu Tage fördern. Das sichert den Rotkehlchen ihr Futter. Sie wissen auch sehr viel mehr über uns, als wir denken. Vermutlich kommunizieren sie inzwischen mit speziellen Rufen, welche Zweibeiner Gift oder Laubsauger benutzen und somit eine unzumutbare Gefährdung und Geräuschbelästigung darstellen. Beobachtenswert wäre es, ob jene überhaupt noch Rotkehlchenbesuch bekommen.

Beziehungen und Freundschaften sollen keine Kraft kosten, sondern Kraft geben. Wir alle haben einfach zu viel Angst davor, nicht geliebt zu werden. Deshalb wollen wir uns ganz und gar verständlich machen. Wenn wir dann falsch verstanden werden und wenn wir es auch durch Erklärungen einfach nicht schaffen, die Missverständnisse aus dem Weg zu räumen, glauben wir nicht mehr an uns. Wir geben auf. Wir denken, wir sind falsch und schlecht, dabei wollen wir doch richtig und gut sein. Die Lösung ist die vollkommene Entspannung und das Wissen, dass wir gut sind und dass alles gut ist. Wir müssen nicht um Liebe kämpfen. Sie ist einfach da. Wir nehmen sie für uns und nehmen sie für andere und verteilen sie dort, wo sie nötig ist. Nicht mehr und nicht weniger.

Vertrauen zu haben bedeutet nicht vorrangig, dass alles „gut" wird, denn wie sollen wir wissen, was gut ist, solange das Gute für den einen gut und für den anderen schlecht ist? Vertrauen bedeutet die Erkenntnis, dass alles einen Sinn ergibt. Ohne Sinnhaftigkeit verlieren wir den Lebensmut. Die Propheten der Sinnlosigkeit gaukeln uns vor, wir seien ein Zufallsprodukt, ohne Bedeutung und ohne Einwirkungsmöglichkeit. Wir können die Sinnlosigkeit aber auch nutzen, um die Sinnhaftigkeit besser zu verstehen. Die Sinnlosigkeit kann uns ganz leicht werden lassen. Sie kann uns aus der Materieverhaftung lösen. Somit können wir die Sinnlosigkeit in eine neue Sinnhaftigkeit verwandeln, ohne uns von der Materie ver-haften, uns also unserer Bewegungsfreiheit berauben zu lassen. Die/der Verhaftete ist eine Person, die sich die Geistesleichtigkeit des reinen Seins verwehrt und in die Gefängniszelle der Sinnesverhaftung sperrt.

Jesus wird mit dem Ausspruch zitiert: „Lasset die Kindlein zu mir kommen." Ist es so zu verstehen, dass er die Kinder den Erwachsenen vorzog? Nein. Seine Botschaft lautet: „Kommt in all eurer Kindlichkeit zu mir, so seid ihr mir am liebsten, denn als Kinder seid ihr noch uneingeschränkt der bedingungslosen Liebe ergeben."

Wir erkennen die Menschen in ihren Augen. Der wahre Mensch schaut uns geradeheraus an, in seinen Augen ist keine Falschheit. Wir fühlen uns unter diesem Blick wohl. Die Augen sind warm, herzlich, sprühen vor Leben oder sind ganz weich und sanft. Manche Augen zeigen uns Traurigkeit oder Verletzung, verschließen oder verheimlichen diese aber nicht. Der Mensch ist somit zugänglich. Wir sollten in jedem Falle auf unsere spontanen Gefühle achten. Ein kurzes Unwohlsein, ein Schatten, ein Schauder oder auch nur ein kleines Unbehagen - all das weist uns auf Ungereimtheiten oder sogar Lüge in einem Menschen hin. In seinen Augen zeigt sich der Mensch. Lässt er uns nicht hinein, ist er also verschlossen, abweisend, kalt, sind wir auf jeden Fall davor gewarnt, dass der Mensch, der vor uns steht, problematisch ist, dass er gelitten hat und dies nicht zeigen will. Kombiniert sich die Verschlossenheit mit Strenge, Wut oder Boshaftigkeit, warnt uns unsere Intuition davor, dass er womöglich etwas Böses im Sinn hat. Kombiniert sie sich mit Leid, Verzweiflung oder Trauer, öffnet sich unser Herz in Mitgefühl, und wir gehen auf den Menschen zu.

Wenn wir uns dringend wünschen, dass andere uns mögen sollen, reagieren viele Menschen ablehnend. Sie fühlen sich unter Druck gesetzt. Instinktiv wissen sie, dass sie unsere Wünsche niemals erfüllen können. Deshalb ist es so wichtig, dass wir sie uns selber erfüllen. Unser dringendster Wunsch ist es, geliebt zu werden. Üben wir also, uns mit ganzem Herzen zu lieben, ohne hochmütig oder egoistisch zu werden. Alles andere ergibt sich dann müheloser.

Die übergeordnete Liebe ist licht, leicht und warm. Um sicherzustellen, dass wir die Gefühle veredeln, benutzen wir unseren Humor. Er befähigt uns dazu, aus uns herauszuschlüpfen und von außen zu betrachten. Erst dann fallen uns die vielen unfreiwillig komischen Verhaltensweisen auf, denen wir anhängen. Sobald wir noch darüber lachen können, ist alles in Ordnung. Befinden wir uns allerdings in einem Gefühlssturm, leidet der Humor als erster. Sobald der Humor leidet, leidet auch die Gesamtsituation.

Viele Revolutionen entwickelten sich aus einem stark empfundenen Mangel heraus; meistens war es der Mangel an Nahrung oder Wohlstand, manchmal der Mangel an Freiheit. Eine blühende Wirtschaft kann den Mangel an Nahrung und Wohlstand beheben, nicht aber den Mangel an Freiheit

Obwohl so viel Ungerechtes, Unlogisches und Grausames auf der Welt zu passieren scheint, beruht alles nur auf der Täuschung, man könne zwischen Liebe und Hass wählen. In Wirklichkeit gibt es keine Wahl. Es gibt nur Liebe. Die Liebe ist das einzige Element unseres Daseins, das nicht auf Sinnestäuschung beruht.

Das Leben auf der Erde ist sehr schwer für diejenigen, die eine große Liebe in sich tragen und erleben müssen, wie viele Menschen herumlaufen, die ihre Liebe nicht leben, obwohl sie es könnten. Sie müssten ihre Sichtweise nur um ein winziges Bisschen verschieben und nicht nur sich, sondern das Ganze sehen, dann würden sie sich besser und warmherziger verhalten. Unsere Gesellschaft verroht aus vielerlei Gründen. Trotzdem oder gerade deswegen brauchen wir jeden einzelnen Liebenden. Wir sollen nicht denken, wir seien Sandkörner und hätten sowieso keine Macht. Jeder einzelne von uns, der sich entschließt, in unsicheren Zeiten sicherer zu werden, sich auf sich, seinen Geist und seine Liebe zu verlassen, wird immer stärker werden und immer mehr Rückhalt bekommen. Denn es gibt vielleicht nicht so viele von denen, die verrückt genug sind, ihrem Leben einen Sinn durch soziales Denken und Handeln verleihen zu wollen. Es gibt viele von der anderen Seite, die Egoisten und Materialisten. Und es gibt unendlich viele Mischungen aus beidem. Wir können trotzdem täglich versuchen, uns zu veredeln, besser, klarer im Denken, Fühlen und in der Kommunikation zu werden. Wir geben uns idealerweise Zeit und Raum, uns und unsere wahren Ziele zu erkennen und nach außen zu erkennen zu geben. Wir versuchen, ein Vorbild für andere zu sein, ohne mit dem moralischen Zeigefinger zu wedeln. Wir suchen uns Bereiche aus, in denen wir dabei mithelfen können, die menschliche Gemeinschaft ein bisschen besser zu machen. Wir versuchen, Liebe, Respekt, Dankbarkeit und Demut in den Menschen zu erwecken, falls sie etwas davon vergessen haben. Indem wir etwas für andere tun, verleihen wir unserem Leben Sinnhaftigkeit. Wenn wir dann irgendwann gehen, blicken wir auf ein Leben zurück, über das wir sagen können: „Ich habe versucht, ein guter Mensch zu sein und anderen dabei zu helfen, auch ein guter Mensch zu sein. Ich habe versucht, diesen wunderbaren blauen Planeten auch für die folgenden Generationen im Blick zu behalten und, in meinen Grenzen, das Bestmögliche zu tun.“ Das ist der Schlüssel zum Glück.

Da wir in jeder Lebenssekunde entscheiden, wie wir uns fühlen, was wir denken, tun und sagen, liegt es völlig in unserer Macht, all das so zu beeinflussen, dass es uns nützt und stärkt, aufbaut, freudig und zuversichtlich stimmt. Wir sollen nicht alles rosarot einfärben. Es ist wichtig, mit klarem Geist auf das zu schauen, was vor uns liegt. Sollte dieses Etwas ein Problem sein, müssen wir diesem Problem keine Macht verleihen, sondern können entspannt und lösungsorientiert damit umgehen. Und so werden aus Problemen natürliche Stimmungsaufheller, da uns ein gelöstes Problem und eine überstandene, transformierende Krise mit Befriedigung erfüllt.

Beim Märchen von der „Prinzessin auf der Erbse“ handelt es sich um den Hinweis auf Blockaden durch Familien- und Gesellschaftsgeheimnisse. So viele Matratzen man auch auf die „Erbse“ türmt, sie schmerzt doch immer noch. Erst die Besichtigung der „Erbse“ hilft bei der Lösung des Problems. Dass man die Prinzessin in diesem Zusammenhang als verwöhntes, heikles Wesen darstellt, ist nur ein Ablenkungsmanöver der Gesellschaft, die nicht will, dass die sorgsam gehüteten Geheimnisse herauskommen. Aus der „Erbse“ wird das „Erbe,“ das ererbte (vielleicht vererbste) Familien- und Gesellschaftsgeheimnis. Der gute Ruf muss gewahrt bleiben. Die Prinzessin wird verunglimpft. Doch der Ruf aus der Vergangenheit will einfach nicht verstummen.

Das Labyrinth repräsentiert unsere Verstrickung in die Welt der Materie, somit die schrittweise Entfernung von der Liebe. Das Labyrinth befindet sich irgendwann in uns selber, denn auf der Suche nach der vorenthaltenen Liebe ersinnen wir immer neue Wege, sie doch noch zu erlangen. Irgendwann sitzen wir verloren mitten im selbsterdachten- und somit erschaffenen Irrgarten und finden nicht mehr heraus. Der rote Faden der Ariadne, mithilfe dessen sie Theseus aus dem Labyrinth des Minotaurus führt, symbolisiert den Leitfaden Liebe. Der Garten Eden jedoch kommt vollständig ohne Labyrinth und rote Fäden aus.

Dass fast jeder im Laufe seines Lebens zu etwas Verbotenem verführt wird, gehört zum Leben. Die Märchen, in denen dem Mädchen/Jungen untersagt wird, ein bestimmtes Zimmer zu betreten („Du darfst alle betreten, nur dies eine nicht!!!“), folgen der inneren Logik des Planeten Erde. Natürlich wird genau dieses Zimmer durch das Verbot besonders interessant und gerät in den Mittelpunkt des Begehrens. Das Paradoxon, das sich nun entfaltet, ergibt in der Summe: Erst wenn das Verbot übertreten wird, können sich Heldin und Held zur wahren, innewohnenden Größe entwickeln. Denn der Mensch bzw. das Geistwesen in menschlicher Hülle, kann nur von innen heraus lernen, wenn die Krise, die Gefahr, das Risiko in das Gefühlsleben eingreifen. Das ist das Einzigartige und zugleich Prekäre des Menschseins.

Auch wenn die Welt sich manchmal zu verdüstern scheint, so ist und bleibt es eine Welt, die auf den Schöpfungsgrundsätzen der Liebe errichtet ist. Und je mehr wir zurück in die Sonnenhaftigkeit unserer Liebe finden, desto mehr erkennen wir in allen Vorgängen das Wirken einer höheren, glückhaften Vernunft. Das sogenannte „Böse" wird niemals triumphieren können, da es dem Licht und der Liebe untersteht; es ist nur insofern Bestandteil der Schöpfung, als es erlöst und in Licht und Liebe verwandelt werden will. Das Böse ist somit, wie im Märchen, das Unerlöste. In Wahrheit ist „das Böse" ein in seinem eigenen Düsterwald verirrtes Kind. Alles, was wir durch unsere Liebe erlösen, wird selber Liebe und somit hell. Deshalb ist es so wichtig, dass wir nicht düster durch unser Leben gehen. In unserer komplizierten Welt ist es wichtiger denn je, dass wir unseren geschützten Standort in uns selber finden und uns so lieben, dass sich unser Inneres nicht, wie ein Hexenhaus, mit Lebkuchen darstellt, das uns nur von der dahinter verborgenen Wahrheit ablenken will, sondern wie ein warmes Wohnzimmer anfühlt, in das wir uns jederzeit zurückziehen können. Sorgen wir dafür, dass in uns und unserem Herz-Wohnzimmer immer eine Lampe leuchtet, dass es dort echte Nahrung gibt, also etwas, das unsere Liebe nährt (Gedanken an geliebte Personen, Tiere, Schauplätze, Situationen, schöne Sätze) und dass wir dieses Licht durch unser Lächeln aus uns herausstrahlen lassen, um auch unser Umfeld zu erwärmen.

Wichtig ist, dass wir zuerst Klarheit über uns erlangen wollen, nicht über andere. Die anderen kommen deshalb an zweiter Stelle, weil wir nur handlungs- und auch glücksfähig sind, wenn wir in uns das Glück, die Lebensfreude, die Liebe zu uns und unserer Originalität entwickelt haben. Durch unsere Kindheit haben wir eine bestimmte Sicht und Haltung übernommen, die nicht unbedingt mit unserer originalen Haltung übereinstimmt. Unser Glück ergibt sich aus der Begegnung mit unserem wahren Selbst. Wir können täglich versuchen, so original wie möglich zu sein und uns an unserem Kindsein zu orientieren. Wir können uns in Situationen, die uns verunsichern, wütend oder traurig machen, fragen, warum sie so verlässlich diese Wirkung auf uns haben. Wir haben als geistige Wesen erstens sehr viel Macht mitgebracht und zweitens sehr viel Macht eingebüßt. Die Macht an sich ruht aber noch unverfälscht und kraftvoll in uns. Die Liebesmacht des geistigen Wesens ist unverwüstlich. Sobald sie sich Bahn bricht, sind wir selbst-bewusst und strahlend. Der strahlende Mensch ist über-zeugend, er ist Zeuge seiner selbst und der Liebesmacht, der nichts widerstehen kann. Es ist eine geistbestimmte Macht, der wir dann anhängen, daher sind wir weder anfällig für Hochmut noch für Gleichgültigkeit. Der zu seiner Macht erwachte Mensch ist immer auch sozial. Und damit treten automatisch die Mitmenschen in unseren Aufmerksamkeitsmittelpunkt.

Wir sollten, um endlich frei zu werden, über die Erkenntnis hinausgehen, dass unsere Kindheit und Jugend womöglich nicht optimal verlaufen ist. In jeder Generation haben Menschen gelitten. In jeder vorangegangenen Generation wurden sinnlose Kriege ausgefochten, Hungersnöte und Seuchen erlitten, es gab Gewalt und Missbrauch. Deshalb sollen wir uns über das JETZT freuen und dankbar dafür sein, wenn keine dieser Schrecken vorkommen. Wir wissen, was Liebe ist und wie sie sich anfühlt. Nur darum geht es im JETZT, dass wir eben diese Liebe zu geben und empfangen bereit sind. Dabei ist es dann zwar noch wichtig, was früher passierte oder wie sich unsere Eltern oder Kinder in ihrer liebevollen Unwissenheit vielleicht immer noch verhalten, es muss aber nicht mehr in negativer Weise beeinträchtigend sein, weder für die eine noch für die andere Seite. Wir können Wahrheiten, Ursachen und Wirkungen wahrnehmen, müssen aber nicht mehr darauf reagieren.

Was bedeutet die Wiederkunft des Messias? Es wird keine äußere, gloriose Erscheinung sein, in der das Christuswesen zu einem bestimmten und schon festgelegten Zeitpunkt wieder verkörpert ist und in dieser heillos verwirrten Menschenwelt Ordnung schafft. Die Wiederkunft bezeichnet die Liebe, die in jedem einzelnen Menschenherzen aufleuchten und, mit der Kraft des Geistes versehen, das innere und äußere Paradies erschaffen wird. Eine Erde, die von diesen wahren Menschen bewohnt wird, ist dann kein unsicherer, den Naturgewalten ausgelieferter Ort mehr. Sie ist kein Ort mehr, wo der Große den Kleinen frisst, sie ist vielmehr ein Ort der Harmonie, ein Klanghimmel, ein Wohlgeruch, ein Farbenrausch, der sich nicht länger gegen Farblosigkeit verteidigen muss.

Manchmal haben wir es wirklich schwer. In diesen Situationen hilft es, jemanden zu haben, mit dem wir reden können und der uns in den Arm nimmt. Aus höherer Sicht betrachtet, sind unsere menschlichen Nöte und Zwistigkeiten trotzdem sehr klein und unwichtig im Angesicht des Todes, der uns irgendwann wieder auf die andere Seite des Erlebens schicken wird. Von dort lächeln wir vielleicht im Nachhinein über uns und unsere kleinen Sorgen, da sie doch lösbar sind, wenn wir es nur stark genug wollen.

Die vielen Bäume, die gerade umfallen, sind ein deutliches Zeichen für einen Neubeginn. Sie verlassen uns nicht. Sie sind bei uns und stärken uns dabei, neues Gedankengut auf dem Planeten zu verwurzeln. Sie werden sich dann wieder zu großen Wäldern verdichten. Da die „Gegenseite“ und „wir“ in Wahrheit eins sind und nichts zerstört werden kann, was nicht in anderer Weise wieder aufwächst, müssen wir uns keine Sorgen machen.

Natürlich können wir anderen helfen. Doch nur sie allein entscheiden, ob sie etwas verändern wollen. Sie entscheiden auch, wann es für sie richtig ist, einen Schritt zu machen. Wir können da sein und Liebe geben. Wir sollen uns damit begnügen, dass wir nicht MEHR machen können. In Wirklichkeit ist das Lieben und da sein ja schon das MEHR.

Es lohnt sich, auf die schönen Kleinigkeiten achtzugeben, die es inmitten einer noch so großer Hässlichkeit überall zu entdecken gibt: lustige Details, unfreiwillige Komik, die Ästhetik eines geschwungenen Vogelfluges, ein markantes Gesicht, eine fließende Bewegung. Denn so oft uns das Gefühl des Versagens ereilt, so schnell begreifen wir dann wieder, dass es gar nicht um uns geht, sondern um die Schönheit der Existenz. In dem Maße, wie wir zur Schönheit beitragen, ergibt sich der Sinn unseres Daseins. Die Schönheit unserer Gesten, Handlungsweisen, unser Lächeln, eine gelungene, ganz beiläufig auf die Rückseite eines Briefumschlags geworfene Zeichnung, die Intensität eines Augenblicks, ein Glücksgefühl, eine Dankbarkeit, viel Kleines und Großes fließt zusammen, um uns wiederaufzubauen.

Wenn wir zu einer Trennung gezwungen sind, helfen folgende Sätze: „Ich fange neu an. Ich lasse mich nicht unterkriegen. Die Zeit mit ihr/ihm war kostbar und hat mich zu mir selber zurückgeführt. Ich habe mich schön und wertvoll mit ihr/ihm gefühlt. Ich bin auch schön und wertvoll ohne sie/ihn. Mein Leben liegt vor mir. Meine Bestimmung ist die Liebe. Ich werde Liebe leben. Ich werde lachen. Ich will mein Leben verzaubern, weil ich es so will!"

Wir können dem anderen schreiben, dass wir sie/ihn loslassen, auch wenn es wehtut. Damit schenken wir Zeit. Das ist das wertvollste Gut, welches in einer solchen Situation geschenkt werden kann. Für jeden von uns ist die Zeit der Schlüssel zur Erkenntnis und Transformation, auch wenn wir denken und fühlen, sie würde uns davonrennen. Das tut sie aber nicht. Wir sind es, die immerfort rennen, vor allem in unseren Gedanken. Die Zeit hingegen ist einfach nur ein Raum und eine große Chance.

Bei jedwedem Vorhaben gilt: Keine Tiefstapelei. Wir sollen immer genau das anstreben, was vor unserem inneren Auge schwebt. Künstlerische Kompromisse werden oft aus Angst geschlossen. Je weniger Angst der Mensch hat, desto höher ist seine Position in der Gesellschaft. Denn nur der weitgehend Angstfreie wird authentisch sein können und sich mutig den anderen zeigen. Authentizität wird in der Gesellschaft zuerst belächelt, dann beneidet, dann bekämpft und dann verehrt.

Wenn wir erkennen, dass das Spiel, das mit uns gespielt wird und das wir bereitwillig mitgespielt haben, nicht mehr unseren tief empfundenen Regeln entspricht, wird es Zeit, auszusteigen und ein neues Spiel zu beginnen. Wir entschließen uns dazu, das, was uns kränkt, nicht weiterzuführen und das zu beginnen, was uns gesunden und heil werden lässt.

Jeder, der es will und danach sucht, wird seine Bestimmung finden. Denn wir alle besitzen die innere Stimme und das Gewissen. Darin liegt alles, was es zu wissen gibt. Ein schlechtes Gewissen bekommen wir, wenn wir wider besseren Wissens handeln. Das gute Gewissen stellt sich ein, wenn wir das tun, was stimmig ist. Das Stimmige versetzt uns in gute Stimmung und zurück in unsere Ursprungsharmonie. Am Ursprung ist die Quelle klar und rein und die Quellnymphen singen.

Geh in dich. Was fehlt dir noch zu einem Sein im Glück?

1. Deine Selbstliebe
2. Viel mehr Geduld
3. Die tägliche Nutzung deines Humors
4. Barmherzigkeit
5. Demut
6. Zuverlässigkeit
7. Die prinzipielle und unausrottbare Freude, auf dieser wundervollen Erde leben und mithelfen zu dürfen, für sie zu sorgen, so wie sie auch für dich sorgt.

Wenn du auf diese sieben Dinge achtest und versuchst, sie konsequent umzusetzen, wendet sich dein Leben unaufhaltsam zum Guten.

Es geht für jeden von uns immer um Echtheit und Wahrheit. Wir sollen uns von Grund auf sortieren und erkennen, wer wir wirklich sind und was wir wirklich wollen. Erst durch die Selbsterkenntnis werden wir handlungsfähig. Wir weigern uns, uns weiterhin von Prägung und Erziehung fernsteuern zu lassen. In jeder Faser unseres Körpers spüren wir, wie gut es sich anfühlt, authentisch zu sein. Wir üben im Alltag, nur noch das zu sagen und tun, was wir fühlen und denken. Wir sagen nicht mehr das, was von uns erwartet wird, wenn das von uns Erwartete nicht mit unserer Überzeugung übereinstimmt. Wir gehen dabei gründlich, entspannt und nicht zu schnell vor. Wir atmen immer erst, bevor wir uns äußern, damit wir nicht aus Versehen einen Pfeil abschießen und andere verletzen. Denn es ist kein Kampf, der sich entspinnen soll, sondern eine Wiedergeburt. Wir üben, ganz und gar so „un-befangen" zu sein, wie wir als Kinder gekommen waren. Wir üben, die Erfahrungen unseres Erwachsenenlebens zu reinigen, auf Tauglichkeit abzuklopfen und entweder wieder ein- oder auszusortieren. Wir sortieren die handelsübliche Kommunikationsform „Kritik und Schuldzuweisung" komplett aus unserem Repertoire aus. Wir haben sie nur gelernt, sie gehört nicht zu uns. Sie gehört zu keinem von uns. Wir haben sie geerbt wie eine Laufmasche, die sich von Generation zu Generation durch den familiären und gesellschaftlichen Strumpf zieht. Von nun an dürfen die Strümpfe laufmaschenfrei bleiben.

Demenz ist ein wirklich großes Problem, vor allem, weil es meistens auch den Menschen sehr schmerzt, der die Demenz entwickelt. Daher ist die Verdrängung nachvollziehbar, aber sehr belastend für die Menschen, die damit konfrontiert sind. Sie ist häufig ein Resultat der Tatsache, dass uns schon in der frühen Kinderzeit niemand darüber aufklärt, wie man sein Gehirn am besten benutzen kann. Niemand erklärte uns den Umgang mit unserem Gehirn und den Vorgang des Denkens. Deshalb ist es dann auch irgendwann nicht mehr bereit, so zu funktionieren, wie es eigentlich vom Ursprung her sollte und wollte. Es ist ähnlich wie bei Gegenständen: Wenn wir sie pflegen, können sie sehr lange halten und bleiben in einem guten Zustand, pflegen wir sie nicht, rosten sie, bekommen Sprünge und Risse, verbleichen, verkalken, brechen, wackeln und vieles mehr.

Wer sagt schon seinem Kind zum Beispiel: „Liebes Kind, du hast in deinem Kopf ein sehr leistungsstarkes Gehirn. Du musst es richtig benutzen, dann ist es ein Zaubergerät. Du sollst am besten nicht zu viel auf einmal denken, das mag es nicht. Höre auf deine Gedanken, weil sie die Macht besitzen, etwas zu verbessern oder zu verschlimmern. Wenn du Gedanken hast, die wie auf einem Karussell immer rund und rund fahren, ist es ganz wichtig, dass du dich fragst, welche Gedanken da eigentlich sitzen und wie du die Karussellfahrt abstoppen kannst. Denn sonst wird deinen Gedanken am Ende noch schlecht, und das ist nicht gut für deine Gesundheit."

Wenn wir Opfer sexuellen Missbrauchs wurden, so bedeutet das nicht, dass wir nun und für immer Opfer bleiben müssen. Wir können das Geschehene anerkennen, auch wenn wir uns nicht oder nur verschwommen daran erinnern, die Symptome indes eine so klare Sprache sprechen, dass wir sie nicht länger ignorieren sollten. Mögliche Symptome sind: Scham, Angst, mangelnde Selbst- und Körperliebe, Verfügbarkeit, wenn Sexualität eingefordert wird, oft sogar eine aufreizende Körpersprache bei gleichzeitiger Ablehnung von Sexualität, Unterordnung, Selbstaufgabe, manipulatives Verhalten dem sexuellen Partner gegenüber, Suizidgedanken, Selbstverletzung, auch Hass, Niedertracht, Rachegefühle und anderes. Um aus dem Opfer-Kreislauf herauszufinden, können wir in dem Bewusstsein weitergehen, dass wir geistige und sehr starke Wesen sind. Im Jenseits, also unverkörperten Bereich, sind wir asexuell, Triebe spielen keine Rolle, einfach deswegen, weil es sie dort nicht gibt. Da wir rein geistige Wesen sind, die sich der Seele und des Körpers nur vorübergehend bedienen, können wir uns sagen: „Es ist etwas mit mir geschehen, das manipulativ und erniedrigend war. Ich weigere mich aber, mich dadurch von meiner Liebe zu den Menschen und zum Leben auf der Erde abbringen zu lassen. Nichts und niemandem wird das je gelingen!" Durch diesen Entschluss verlassen wir konsequent die Opferebene und sind wieder und mehr denn je in selbstbestimmter Form handlungsfähig.

Die Ängste, die sich aus der Kindheit entwickelt haben, gründen immer auf realen Erfahrungen. Wir wurden oft mit älteren Kindern und Erwachsenen konfrontiert, die aus ihrer eigenen Unsicherheit heraus manipulierten, sich aufspielten, sich größer, besser, schlauer und machtvoller fühlen wollten. Wir unschuldigen, liebesbedürftigen und liebevollen Kinder eignen uns natürlich bestens zur Aufpolierung des Selbstbewusstseins eines Menschen, der zu kurz gekommen ist und daraus nicht unbedingt den Schluss zieht, dass der Weg der Liebe in die Heilung führt. Für viele Menschen führt der Weg also zunächst in die Irre der Machtausübung. Dabei spielen Geltungsdrang, Rachegefühle und extreme Unsicherheit eine große Rolle. Die besonders feigen Täter wenden sich den kleinsten Kindern zu, weil davon ausgegangen wird, dass sie sich nicht erinnern, oder selbst wenn, sich nicht äußern können. Deshalb sind die daraus resultierenden Ängste später so schwer zu packen und wandeln. Sie entziehen sich, weil sie die Angst beinhalten, etwas aufzudecken, womit wir, die nun erwachsenen oder besser „großgewachsenen" Kinder, nicht zurechtkommen werden.

Missbrauchsopfer können sich nicht positionieren. Und so passiert es ihnen immer wieder, dass sie Menschen begegnen, die sich wie ein Mühlstein um ihren Hals legen und gerettet werden wollen. Denn der ursprüngliche Missbrauchsakt geschieht durch einen feigen, sehnsüchtigen, gebrochenen Menschen, der Mitleid erregen und gerettet werden will. Da die Großen ihn nicht retten, sollen es die Kleinen tun; daher so viel Missbrauch an Kindern oder Wehrlosen. Das Opfer aber wird fixiert auf die Rettung schwacher, feiger Menschen, die nichts von sich aus zu ihrer eigenen Rettung beitragen wollen. Daher ist es so wichtig, die Fixierung zu überwinden und nur dann zu helfen, wenn kein innerer Zwang besteht. Den inneren Zwang erkennen wir daran, dass es keine Alternative zum

Helfen zu geben scheint. Die Verweigerung der Hilfe käme bei einem auf Hilfe fixierten Menschen einem Akt der Vernichtung des anderen gleich. Hier brauchen wir Geist und Verstand. Beide helfen bei der Rationalisierung und der Erkenntnis: Keinem kann geholfen werden, der sich nicht auch selber hilft und zu erkennen gibt, dass sie/er wirklich erkennen und lernen will. In diesem Zusammenhang kann Hilfe gut oder schlecht sein. Manchmal tun wir in diesem Zusammenhang einem Menschen Gutes, wenn wir ihm nicht helfen.

Es ist nicht einfach, in dieser Welt ein authentischer Mensch zu sein. Durch Erziehung und Prägung verlieren wir oft den Bezug zu unserem wahren Wesen und passen uns aus Liebe und Furcht an das an, was Eltern und Gesellschaft von uns wollen. Doch was wollten wir ursprünglich? Welchen Plan, welche Mission verfolgten wir, bevor man uns „in die Mangel nahm?" Wir sind ja nicht dumm und planlos vom Himmel gefallen, sondern waren als Babys erstaunlich weise, aufmerksam, liebevoll und überdies dazu fähig, unseren Körper von innen heraus aufzubauen und wachsen zu lassen, damit er zum Gefährt unserer Wünsche wird. Es lohnt sich, dass wir uns im Original wiederherstellen. Und es macht Spaß!

In unklaren Liebesangelegenheiten ist manchmal ein längeres Schweigen geboten, weil es besser vermissen lässt. Wird niemals Nähe entstehen können, entsteht auch kein Vermissen. Ein gutes Vermissen hingegen führt zu mehr Nähe. Somit führt das Schweigen zu mehr Klarheit über den Zustand dieser Liebe.

Die Be-Stimmung verweist auf die Verquickung unserer höheren, sinnhaften Aufgabe im Leben mit der Fähigkeit, die Stimme zu erheben und unseren Gedanken und Gefühlen Ausdruck zu verleihen. Somit versteht es sich von selbst, dass wir dem, was wir lieben und wofür wir stehen, eine Stimme geben sollen. Wenn wir uns für jemanden oder etwas einsetzen, dann sollen wir reden. Dahinter aber liegt unsere schweigend zuverlässige Liebeskraft.

Spiritualität gehört zu uns, egal, ob wir inkarniert sind oder nicht. Der „spiritus" (lateinisch Geist) ist unser Merkmal. Wir kommen als Geistwesen in Liebe. Insofern ist jede unserer Lebensäußerungen spirituell. Diejenigen, die sich als „unspirituell" bezeichnen oder meinen, Spiritualität sei so etwas Ähnliches wie eine Sekte, verkennen die Tatsache, dass auch sie diesen gefährlichen Spiritus in sich wohnen haben.

Es ist schier unmöglich, ein Bild vom Menschen an sich zu bekommen, denn wir werden nie mit allen Menschen reden können, und selbst, wenn wir dies könnten, würde aus unterschiedlichen Gründen nie die ganze Wahrheit über sie herauskommen, schon allein deswegen nicht, weil die meisten Menschen weder ihre persönliche noch überpersönliche Wahrheit kennen und benennen können.

Esoterik gehört zum Begriff Spiritualität. Spiritualität ist der Oberbegriff aller geistigen Erkenntnis- und Erleuchtungswege. Zur Esoterik werden aber auch Pseudolehren gerechnet. Jeder kann im Grunde irgendetwas behaupten und vortäuschen. Wir finden in der Esoterik Wahres, Falsches oder sowohl Wahres als auch Falsches. Der Grad unserer Bewusstheit entscheidet, ob wir uns von Scharlatanen verleiten lassen. Wahre Esoterik verhilft uns zu unserer eigenen Stärke, Handlungs- und Urteilsfähigkeit mittels unseres Geistes, der logisch denken darf und unseres Herzens, das zur Liebe erwacht. Die Scharlatane erkennt man an ihrem Hochmut, dem Druck, den sie ausüben, an ihrer Kälte und Geldgier, an absurden Theorien, die schnell logisch zu widerlegen sind und an unserem Unwohlsein, das sich immer mehr in uns ausbreitet und nur widerwillig folgen lässt. Tritt dieses Unwohlsein in Erscheinung, ist es höchste Zeit, aus dem Prozess auszusteigen. Besser ist es, vorher genau hinzuschauen und der inneren Stimme zu folgen. Schlechte Ratgeber sind dabei Ungeduld, unbedingtes Streben nach Erleuchtung, Eitelkeit, Unzufriedenheit, Wut und Erfolgsdruck.

Missverständnisse gibt es nur in der Welt der Täuschungen. Wenn jemand sagt: „Du hast mich schwer enttäuscht", dann könnte dabei Dankbarkeit aufklingen. Denn wer will schon in der Täuschung leben? Andererseits wird der, der schon im Besitz der Wahrheit über den anderen war und sich nun seiner Ent-Täuschung hingibt, womöglich die Wahrheit über ihn verlieren und ein Bild über ihn stülpen, weil er auf irreführende Stimmen hörte. Somit vollführt die Wahrheit einen Salto rückwärts, und die Enttäuschung verwandelt sich rückwärts zur Täuschung. Das dauert so lange, bis beide Teile sich die Mühe machen, gemeinsam zu klären, wo ihre jeweilige Wahrheit zu suchen und zu finden ist. Dann erst wird aus dem Miss-Verstehen das Verstehen, aus dem Miss-Trauen wird das Trauen, aus dem Miss-Mut wird der Mut. Ohne Mut wird man nie zur Wahrheit gelangen können. Und somit beruht das langfristige Missverständnis auf dem noch unverwandelten Miss-Mut.

Beziehung funktioniert nur, wenn jeder weniger oder mehr in sich ruht und die Erlösung nicht vom anderen erhofft. Wir können uns gegenseitig Kraft geben, aber oft wollen wir dabei zu viel Halt vom anderen haben. Um das Optimum zu bekommen, neigen wir zum Projizieren von Eigenschaften auf den Partner, die dieser gar nicht hat oder nur vorspiegelte, weil sie/er spürte, dass wir genau das und nichts Anderes von ihr/ihm haben wollen. Doch irgendwann kann der andere den Schein nicht mehr aufrechterhalten. Wir bekommen sein „wahres" Gesicht zu sehen, dies aber nur mit Einschränkungen, da das echte und „wahre" Gesicht höchstwahrscheinlich noch von Erziehung und Prägung „verwischt" ist. Und so ist eine eventuelle Trennung auch unvollkommen und könnte auf der Täuschung beruhen, für deren Entlarvung wir uns auf unserem Erkenntnisweg nicht genug Mühe gegeben haben.

Nimm dir Zeit für dein Leben, deine Partnerin, deinen Partner, die Kinder, Verwandte, Freunde, sei geduldig wie ein Weiser und denk dir, dass dein Alltag ein spirituelles Seminar ist, das du täglich unentgeltlich besuchen darfst. Der Alltag ist dein Meister. Du lernst dabei das Allerwichtigste, nämlich die Umsetzung von Liebe in all ihren Facetten. Wenn du irgendwann auf dem Sterbebett liegen und auf dein Leben zurückschauen darfst, ist die Umsetzung der Liebe das, was dich auch im Rückblick am meisten zufriedenstellen wird.

Wie das Spiel „Leben" geht? Es geht beispielsweise so, dass wir gleichermaßen auf uns achten und von uns absehen. Wenn wir hier nicht die Balance halten können, rutschen wir unablässig von der Selbstunterschätzung über die gesunde Selbsteinschätzung in die Überschätzung und somit in zu große Nähe zu unseren Belangen. Wie bei dem Instrument „Meeresrauschen" werden die winzigen Anteile in uns wie Sandkörnchen vom Meer hin- und herbewegt, und wir kommen nicht zur Ruhe. Um zur Ruhe zu kommen, können wir uns ein sanftes, sonnenwarmes Meer vorstellen, das an einen Strand mündet, der ausgebreitet liegt wie ein sanftes, sonnenwarmes Tuch, auf dem wir uns niederlegen und mit weit geöffneten Augen in einen sanften, sonnenwarmen Himmel schauen können. Nach einiger Zeit setzen wir uns auf, schauen auf das Meer, beobachten den Flug der Vögel und erblicken das kleine rote Boot, das sanft und sonnenwarm schaukelt und auf uns wartet. Wir können aufstehen, uns hineinsetzen, uns mithilfe eines Ruders vom Ufer abstoßen und uns ein wenig tragen und wiegen lassen, bevor wir an Land zurückkehren und uns sagen: „Diese Elemente, das Meer, den Himmel, den Strand und das Boot, trage ich immer in mir. Aus ihnen schöpfe ich die Kraft zur inneren Balance."

Wenn wir imstande sind, uns zu lieben, in Ruhe zu lassen und mit erlernten, unpassenden Vorstellungen zu verschonen, können wir auch in einer Partnerschaft dauerhaft glücklich sein. Das kann sofort geschehen. Wir sollten dann alles aufgeben, was in uns sagt: „Du brauchst erst dies und das, du musst dich erst so oder so verhalten, du musst erst dieses oder jenes können, um glücklich zu sein, du musst es erst verdienen, vom anderen wahrgenommen und geliebt zu werden!" Das stimmt nicht. Wir haben bereits jetzt alles, was wir brauchen.

Die starke Schulter, an die du dich lehnen willst, kann schnell zu einer starren Schulter werden. Achte auf das Gleichgewicht in deiner Beziehung. Jeder soll in bestimmten Augenblicken der Mensch für den anderen sein, der die starke Schulter bietet.

Das Leben verlangt manchmal schreckliche Lernschritte von uns! In diesen Situationen wollen wir nicht mehr weitergehen, wir verwünschen die Tatsache, dass wir überhaupt gekommen sind und wollen einfach nur flüchten. Halten wir diesen schrecklichen Zustand aber aus, fliegt plötzlich die Erkenntnis in Lichtform in uns ein. Wir fühlen uns leicht und hell und verstehen alles und wissen, dass wir nichts, aber auch nichts festhalten können. Das einzig Sichere ist unsere Liebe. An ihr sollen wir festhalten. Es muss nicht die Liebe zu einem einzelnen Menschen sein, sondern die Liebe zur Liebe an sich. Diese Qualität, die alles zum Strahlen bringt, um die geht es. Wir können einen anderen Menschen nicht dazu verpflichten. Aber wir können uns selber dazu verpflichten, sie als Prinzip nie aufzugeben, egal was passiert.

Manchmal leiden wir am ganzen Körper samt Gehirn und Herzen. Es ist der Erweckungsschmerz, der uns einerseits zeigt, dass wir erwacht sind und andererseits, dass wir uns im falschen Umfeld auf dem falschen Weg befinden. Warum falsch? Alles deutet darauf hin, einfach alles. Trotzdem ist es ein richtiger falscher Weg, denn nur richtige falsche Wege lassen uns in die Erkenntnis kommen, was wir hier eigentlich wirklich wollen.

Richtet euch jeden Morgen auf, als wärt ihr frisch gegossene Pflanzen, die sich der Sonne entgegenrecken und blühen, weil das das Beste ist, was man in dieser Welt tun kann: Blühen und sich der Wärme, des Windes, des Regens zu erfreuen, Freude verbreiten, Schönheit, Harmonie - alles, wonach wir uns alle sehnen. Um das tun zu können, müssen wir uns dem Schmerz stellen, und das, obwohl wir geborene Schmerzvermeider sind. Schmerz verdunkelt die Sinne und verschließt das Herz.

Doch je genauer wir die Ursachen des Schmerzes benennen können, desto besser können wir ihm begegnen und ihn wandeln. Es gilt: Nur den Schmerz, dem du dich stellst, kannst du wandeln.

Wenn wir als fremde, bunte Vögel kommen, müssen wir unsere Andersartigkeit ertragen lernen und ihr dankbar sein. Sie erleichtert es uns, unseren Weg zu gehen und nicht zu sehr auf die anderen zu hören. Unsere Eltern haben dann nur das „falsch" gemacht, was uns dabei helfen sollte, uns fremd zu fühlen. Und nur, wenn wir uns fremd fühlen, suchen wir unser wahres Zuhause in uns. Haben wir es gefunden, sind wir gestärkt und können uns in Liebe den anderen Menschen zuwenden.

Achtsamkeit ist in Mode gekommen. Es ist ein uralter Begriff, eine uralte Seins- und Meditationsform, die sich Bahn bricht. Die Acht, Sinnbild für die Ewigkeit, für kosmische Ordnung und Gerechtigkeit, begleitet uns auf unseren irdischen Lebenswegen. Wir bringen einander, wenn möglich, Achtung entgegen. Jemand, der, aus gerechten oder ungerechten Gründen, keine Achtung verdient/erhält, wird geächtet oder verachtet, was dem Gegenteil der Achtung entspricht. Wir achten auf etwas, an dem wir vielleicht bisher achtlos vorübergegangen waren, damit wir es in seiner Wichtigkeit erfassen und dementsprechend angemessen darauf reagieren können. Wir beachten Gesetze. Wir begutachten etwas, das unserem prüfenden Blick vorgelegt wird. Mit dem Zuruf „Achtung!" werden wir auf Gefahren hingewiesen oder zur (von Hierarchien verordneten) Ordnung gerufen. Ein Achtungserfolg wird von „wichtigen" Menschen als wichtig erachtet. Daraus kann M-Acht entstehen. Der Mensch, der Macht errungen hat, ist ein gemachter Mensch. Die Macht enthält immer auch die Komponente eines Gegenübers. Denn wer Macht über andere ausüben möchte, braucht die anderen. Dabei ist nur das Wesen wirklich mächtig, das Macht über sich selbst errungen hat. Da dies das höchste und am schwersten zu Erreichende ist, begnügen sich viele mit der Macht, die sie über andere ausüben.

Wann stehe ich gut da? Nicht, indem ich so tue, als ob ich gut dastünde, sondern indem ich bin, was ich bin, wenn ich es bin: Aufrecht. Mit reinem Herzen. Mit klarem Blick. Bin ich es nicht, kann ich mich von nun an täglich darum bemühen.

In Bezug auf die Verklärung wilder Tiere innerhalb unseres unmittelbaren Lebensraumes ist zu bedenken, dass nicht alles Wilde automatisch gut ist. Es gibt wilde Tiere ebenso wie wilde Menschen. Wilde Menschen sind auch nicht automatisch gute Menschen. Sie sind auch nicht automatisch schlecht. Aber sie können uns gefährlich werden. Wir müssen uns vor ihnen schützen. Und wenn in den abgelegenen ländlichen Regionen die Kinder wieder Angst vor dem ganz realen bösen Wolf im Wald bekommen, dürfen wir mit diesem Sachverhalt nicht ahnungslos umgehen und das Banner des Naturschützers hochhalten. Wir müssen immer auch hier immer zuerst an die Menschen und ihre Schutzbedürftigkeit denken.

Wenn eine Verletzung verheilt, bleibt eine Narbe zurück. Verheilt sie nicht, bleibt eine Wunde zurück. Wir sollten es nicht dabei belassen. Denn vor allem diejenigen leiden, die eine Wunde in sich tragen. Um sie zu heilen, muss der Leidende in Aktion treten. Es nützt nichts, auf die Reaktion eines anderen Menschen zu warten. Unsere eigenen Wunden müssen wir selber heilen. Aber wir können sicher sein, dass liebende Menschen uns dabei helfen werden. Irgendwo ist immer ein Mensch, der uns liebt.

Wenn wir uns selbst dabei beobachten, wie wir mit anderen umgegangen sind, wissen wir, dass wir oft keine ideale Liebe leben. Das hat nichts mit Schuld zu tun, sondern mit Versagen, genauer: dem sich und anderen die Liebe versagen. Warum geschieht dies? Weil wir es zulassen. Es ist ein Mangel an Disziplin. Diesen lassen wir aus Schwäche zu. Wer bringt freiwillig schon die Motivation dafür auf, jeden Morgen stark zu sein und sich zu motivieren, das Beste zu geben, wo es doch ein Großteil der Menschheit nicht zu tun scheint? Wer will schon ein Musterschüler sein in einer Zeit, in der jeder, der diszipliniert und sozial ist, ein Streber genannt wird? Trotzdem würde es sich lohnen, es zu tun. Wir dürfen Streber sein. Vielleicht sollen wir in dieser Zeit sogar besonders streberhafte Streber sein, denn es geht um eine Erneuerung unserer Gesellschaft.

In unserem Leben gehen wir Schritt für Schritt, und keiner dieser Schritte ist ein Fehler und keiner dieser Schritte ist unumkehrbar. Alles fließt, alles befindet sich in stetiger Bewegung, somit auch wir und unser Leben. Jede noch so kleine Entscheidung beein-flusst den Strom der Ereignisse, die daraus resultieren.

Bei dem angstvollen Satz „Was sollen die Nachbarn denken?" ist es sehr schade, dass niemand darauf kommt, sich zu fragen, was die Nachbarn wirklich denken sollten. Denn dann würde man vielleicht besser auf sie eingehen und bei Bedarf positiv beeinflussen. Wenn sie zum Beispiel intolerant Meerschweinchen gegenüber wären, könnten wir uns konstruktiv fragen: „Was sollen die Nachbarn denken?" Oder besser: „Was wünsche ich mir, dass sie denken?" Bin ich ein Meerschweinchenunterstützer, möchte ich natürlich, dass auch die Nachbarn Meerschweinchen zu lieben beginnen. Vielleicht führe ich ihnen mein Exemplar vor, lasse sie das willige Tierchen streicheln und führe ihnen mit Grabesstimme ein tristes Leben ohne Schweinchen vor Augen. Wenn sie mich dann, mit Tränen echter Rührung, zum dritten Frühstück einladen und ein Kind meines Meerschweinchens adoptieren wollen, habe ich gewonnen.

Bedenke noch einmal in all seiner Tragweite, dass du als Kind viele Probleme nicht hattest. Du warst frei und lebenslustig, leicht zu erheitern und kraftvoll „bis zum Abwinken." Hol dir diese Eigenschaften wieder. Sie ruhen in dir. Sie haben sich nicht aufgelöst, sie warten auf Wiederbeatmung! Nutze dein zauberisches Denken und Wünschen, Elemente, die dir deine Lebensfreude und Handlungsfähigkeit wiedergeben.

Wenn es sich aus irgendwelchen Gründen ergibt, dass wir als Erwachsene vorübergehend oder dauerhaft wieder zu den Eltern oder Vater oder Mutter ziehen müssen oder wollen, und auch, wenn wir nur zu Besuch kommen, brauchen wir keine Angst davor zu haben. Es ist leicht zu bewältigen, ohne dass wir unsere innere Freiheit verlieren - im Gegenteil: Das Zusammensein mit Mutter oder Vater erlaubt uns ein noch besseres Selbststudium und womöglich eine Befreiung oder Erklärung von Verhaltensweisen und Denkformen, die wir erst dann und aus größter Nähe heraus erkennen können. Wir werden in uns viel Neues entdecken, das sich aus unserer Herkunftsfamilie erklärt. All das, was beispielsweise unsere Oma und Mutter, unser Opa und Vater nicht gelebt haben, liegt als Potential und womöglich Sehnsucht in uns. Wir sollen uns Zeit geben und uns nicht unter Druck setzen. Was kann schon passieren? Mehr Erkenntnis kann passieren, mehr Glück. Eine Straße in die Zukunft kann gebaut werden, die wir alle zusammen gerne betreten und bewandern werden, weil am Straßenrand so viele Blumen blühen, die Bäume uns Schatten und Trost spenden und wir uns in ihrem Wipfel vom Wind schaukeln lassen können. Das bedeutet: Es ist ein Weg zurück in unsere Kindheit und kindliche Kraft, unsere Fähigkeit zur Begeisterung für Wunder. Denn unsere Eltern haben vielleicht doch nicht alles falsch gemacht. Sie haben vielleicht nur das gemacht, was ihnen richtig erschien. Und das wollen wir doch auch. Haben wir in unserem Leben schon alles richtiggemacht?

Ein Studium an der Universität ist ein Konstrukt unserer Gesellschaft. Menschen mit menschengemachten Diplomen haben sich Inhalte ausgedacht, die sie für relevant halten und Prüfungen ersonnen, an denen sich jeder messen soll. Das kann gut oder schlecht sein oder irgendetwas dazwischen, je nachdem wie integer, begeisterungsfähig, neugierig, hingebungsvoll und menschenfreundlich die Lehrenden sind. Trotzdem ist es ein Konstrukt und nicht real. Das, was relativ real ist, ist das Leben auf dieser Erde. Geh also viel lockerer mit dem Studium um. Lockere dein Gehirn, wenn es um Lerninhalte geht. Das Gehirn ist enorm leistungsfähig, wenn du es nicht durch Angst daran hinderst. Es geht manchmal weniger um die Studieninhalte als um das, was du darum herum beobachten kannst. Nimm wahr, wie die Menschen um dich herum strukturiert sind. Geht es ihnen gut oder nicht? Nimm wahr, was ihnen fehlt. Schau dir an, wie sie darauf reagieren, ob sie sublimieren oder auf das Problem zugehen; ob sie sich belügen oder ihre eigene Wahrheit nicht nur verkraften, sondern aus ihr ihre Kraft beziehen; ob sie sich verbiegen oder sie selbst zu bleiben oder werden versuchen. Versuche, in diesem ganzen Wirrwarr authentisch zu bleiben oder werden. Lerne, wie man Position bezieht, ohne Angst vor der Meinung anderer zu haben, wie man auf Menschen zugeht, die man mag, wie man eine Gruppe Gleichgesinnter bildet, in der du aufgehoben bist. Schaffe innerhalb der Kälte, die ein Studium manchmal mit sich bringt, eine warme Zone.

Als ich ein Kind war, wohnte Tante Wiechern, eine Oma, ganz oben in unserem Haus. Ich stiefelte, sobald ich laufen konnte, regelmäßig zu ihr hoch. Es gab dort leckere Plätzchen aus einer mit Bildern gestanzten Blechdose. An Worte erinnere ich mich nicht, nur an die große Standuhr, die Tocktocktock machte und bei voller Stundenzahl gewaltig und metallen aufklang; und an die große Kastanie, die im Frühjahr ihre Kerzen bis ins Fenster hineinleuchten ließ und im Herbst mit edelbraun glänzenden, aus den igeligen Kapseln herausspringenden Bällen um sich warf und bei Sturm an die Scheiben klopfte wie ein mürrischer, klatschnass geregneter Wanderer, der nur noch die Stiefel ausziehen und sich ausruhen wollte. Tante Wiechern war eine echte Oma mit weißem Dutt und Brille auf der spitzen Nase. Sie schenkte mir ein Bilderbuch über freche Kätzchen, die nur Unsinn machten, auf allen Vieren durch den frisch gebackenen Blaubeerkuchen krabbelten oder wild mit Wollknäueln spielten, woraufhin sie sich so verstricken, dass sie gerettet werden mussten. Zum Schluss baten sie mit großen Augen um Verzeihung; sie hätten es doch nicht böse gemeint. Und dann wurde ihnen verziehen. Solch ein Kätzchen wollte ich auch sein.

Wenn wir glauben, für irgendetwas nicht „gemacht" zu sein, zum Beispiel in der Liebe oder im Beruf, so ist es hilfreich, sich aus dieser Festlegung zu lösen. Es geht nicht darum, ob jemand für etwas gemacht ist oder nicht. Wir sind absolut freie Wesen, wir können böse oder gut sein, altruistisch oder egoistisch, pessimistisch oder optimistisch und alles dazwischen. Es kann uns kümmern, was andere von uns denken oder nicht oder nur ein bisschen. Wir können Beziehung anstreben oder nicht - das ist unsere Entscheidung. Es ist auch unsere Entscheidung, wie viele Kompromisse wir dafür einzugehen bereit sind. Viele Menschen, die in einer Beziehung leben, beklagen ihren Mangel an Freiheit. Viele unfreiwillig Alleinlebende beklagen ihren Mangel an Beziehung. Letztlich geht es um die Frage und Antwort: „Liebst du dich selber, kannst du also auch andere Menschen lieben?" Wenn wir uns nicht endlich anzunehmen bereit sind, werden wir immer an allem und jedem etwas bemängeln müssen. Wenn die Quelle gelb sprudelt, nimmt alles, was aus ihr herausquillt und von ihr abstammt, eine gelbe Färbung an. Ist sie grün, wird alles grünlich. Ist keine Liebe da, wird alles ein wenig lieblos, ein bisschen dunkler und hoffnungsloser. Davon geht das Universum nicht unter, aber unser Bewusstsein davon, was wir hier eigentlich verloren haben und doch um jeden Preis gewinnen wollten.

Denke immer das, was du dir wünschst, nicht, das, was dir Angst einjagt. Wir Menschen sind magische Schöpferwesen. Da wir dies vergessen haben, denken wir wild durcheinander und erschaffen Realitäten, die wir nicht haben wollen und vor denen wir uns sogar fürchten. Achte also auf deine Gedanken und erschaffe dein tägliches Glück. Wer in Gedanken Liebe sät, wird Liebe ernten.

Beziehung kann nur wirklich genossen werden, wenn jeder von beiden die eigenen Traumata bearbeitet und gelöst hat; denn sonst wird immer wieder projiziert und gekämpft. Wir sind starke geistige und unsterbliche Wesen, die in der menschlichen Ausführung jedoch manchmal wie kleine Marionetten agieren oder wie Maschinchen aus dem „Off" und aus ferner Erziehungs-und Prägungsvergangenheit heraus ferngesteuert sind und auf deren Knöpfe irgendjemand drückt, um vorhersehbare Reaktionen zu bekommen. Wir sind dann verletzlich und einsam, egozentrisch und unleidlich. Im Grunde wollen wir aber nur lieben und geliebt werden.

Romantik, das Gefühl für Wertigkeit und positive, sinnvolle Verklärung in der Beziehung aufrechtzuerhalten, ist paradoxerweise eine Frage der Disziplin. Natürlich muss ein liebender Mensch es aushalten, dass die/der andere sich nicht im bestmöglichen Zustand befindet oder anderer Meinung ist, doch wenn dies so ist, wird es oft überbewertet, denn beide Teile leiden meistens unter bewussten oder unbewussten Verlustängsten. Es entzündet sich Streit an unwichtigen Themen, Worte fallen, die nicht gedacht werden wollten und nicht zurückgerufen werden können. Ein Heilungsmittel ist die Bemühung, insgesamt fröhlicher und positiver zu sein, die Beziehung nicht durch zu viele Ängste und Zweifel zu belasten und zu überlegen, was beide Seiten tun können, um wieder Romantik, Verklärung und Leichtigkeit hineinzubringen. Es gibt tausend kleine bunte Möglichkeiten. Wenn beide Partner dies beherzigen, kann etwas ganz Neues entstehen. Und wenn sich beide auch noch die Mühe machen, ganz und gar echt zu werden und wie die Kinder neu aufeinander zuzugehen, steht eine Liebesrevolution bevor.

Prinzipiell ist es gut, eine Position zu der Sichtweise bekommen, mit der andere uns beurteilen. Auch wenn wir uns so klar wie möglich zu uns und unseren Meinungen äußern, kann es sein, dass wir missverstanden werden. Natürlich werden wir vorwiegend und vorhersehbar von den Menschen missverstanden, die sich nicht auf einer „Wellenlänge“ mit uns befinden. Die, die es sind, verstehen uns, und das oft auch ohne Worte. Deshalb ist es eines unserer wichtigsten Anliegen, uns nicht darum zu sorgen, was die Leute, die uns sowieso nicht verstehen werden, von uns denken, sondern was die Leute von uns denken, die uns nahestehen. Hier gelingt ein besserer, fruchtbarerer und müheloserer Austausch.

Hier sollten wir dann auch genauer hinhören, wenn sie uns etwas zu sagen haben.

Überall dort, wo wir noch in Deckung gehen, sollen wir hinschauen und uns gegebenenfalls mutig korrigieren. Sobald wir nämlich die Deckung verlassen und sichtbar auf der Horizontlinie unserer eigenen Erkenntnis erscheinen, erkennen die anderen Menschen uns plötzlich und sagen: „Ja, jetzt weiß ich, was du willst und wie du es meinst, was du sagst." Dieses Verhalten führt zu wahrem und strapazierfähigem Glück.

Beachte immer zwei Aspekte: Herz und Verstand. Dein Gehirn braucht Logik. Das ist gut und wichtig, denn der Geist, der sich im Gehirn niedergelassen hat, ist an die Logik des Universums angebunden. Dein Herz braucht Liebe und Logik. Die Logik des Herzens ist Weisheit. Weisheit ergibt für alle Menschen spontan einen Sinn. Alle großen Führer bedienten sich der Weisheit, die man etwas unspektakulär auch „gesunden Menschenverstand" nennt. Gesund ist der Verstand erst dann, wenn er die Logik von Herz und Verstand in Liebe, also im verantwortungsvollen Wissen um Ursache und Wirkung auf unser Umfeld benutzt.

Oft haben wir das Gefühl, dass wir mehr geben als empfangen. Vielleicht entspricht dies manchmal auch der Wahrheit. Vielleicht auch nicht, denn die Menschen, mit denen wir verbunden sind, haben womöglich denselben Eindruck, nämlich, dass sie mehr geben als nehmen. Prinzipiell erkennen wir weniger gut, wie viel wir tatsächlich lieben und wie gut und wahrheitsgetreu wir die anderen Menschen wahrnehmen oder wie sehr wir nur daran glauben, es zu tun. Deshalb ist es so wichtig, immer wieder anzufangen und von nichts anderem als von der reinen Liebe auszugehen, die wir versuchen zu geben. Letztlich erkennen wir am Ergebnis unseres Handelns, ob sich die Menschen in unserem Umfeld von uns geliebt fühlen oder nicht. Wir erkennen es am Grad unserer Vertrautheit, der sich entwickelnden Herzlichkeit und dem Ausmaß der Verlässlichkeit, die uns auch in schwierigen Zeiten trägt.

Das Höhere Selbst ist der Kutscher. Die instinktgebundenen Gefühle sind die Pferde. Die Kutsche ist der Körper. Wir, die geistigen Wesen, sind die in der Kutsche Reisenden. Ob wir im edlen Brokatfrack mit Zylinder, als Zigeunerin oder Handelsreisender, als Gesandte, Königin oder Schuhverkäufer reisen, bleibt uns überlassen. Das entscheiden wir, bevor wir in die Kutsche einsteigen.

Glück entsteht im Kopf. Es währt genauso lange, wie wir es denken. Sobald wir an Unglück, Krise, Versagen denken, erschaffen wir genau diese Zustände. Wir sollten uns also überlegen, was wir erschaffen wollen: Unser Glück oder unser Unglück. Wir sind Schöpferwesen, sind uns dessen aber zu selten bewusst. Viele halten sich sogar für unkreativ oder unschöpferisch. Das gibt es aber nicht. Erfolg oder Versagen beruhen auf unserer Definition von Kreativität, von Erfolg und Versagen. Von oben betrachtet ist alles, was wir denken, fühlen, sagen und tun, schöpferisch.

Alles, was wir in Handlung umsetzen, schöpft eine neue Kette von Ereignissen. Das führt unweigerlich und absehbar zu Komplikationen, weil unendlich viele Ereignisreihen gleichzeitig in Kraft und Wirkung sind. Deshalb ist es auch schwer zu sehen, wohin etwas führen wird. Dieses Etwas, diese eine Handlungsentscheidung, die wir „treffen", kann sich verwickeln und verstricken oder auch pfeilgrade irgendwohin sausen, wo sie ursprünglich gar nicht hinsausen sollte und dort etwas anrichten, was wir nicht beabsichtigt hatten. Und je nachdem, was gerade gleichzeitig abläuft, da ja auch jeder andere in jeder Sekunde etwas in Gang zu setzen das Recht hat, geht die Verwicklung und Verstrickung der Ereignisse immer weiter und weiter und mündet in etwas, das keiner wollte, zum Beispiel im totalen Chaos, welches zur neuen Ordnung erklärt werden muss, damit das Spiel nicht zu Ende geht.

Wenn wir uns schon morgens dazu entschließen, nur einen Satz zu denken, zum Beispiel: „Ich ruhe in mir", „Ich bin leicht und frei" oder „Mein Herz ist voller Liebe" werden wir verblüfft feststellen, wie wohltuend sich puristisches, reduziertes Denken auf den Verlauf und Inhalt unseres Tages auswirkt.

Zufälle sind Zu- beziehungswiese Ein-Fälle. Sie werden von unseren Engels-Begleitern erschaffen und sind Zeichen und Geschenke an uns. Sie fallen, von „oben" geworfen, in uns ein, werden idealerweise von Herz und Geist entschlüsselt und, zum Wohle aller und um dem Leben die Schwere zu nehmen, im materiellen Umfeld eingesetzt.

Leider ist es so, dass wir erst einmal lernen müssen, uns selbst zu hundert Prozent zu glauben und vertrauen. Das ist das Schwerste. Viel Leid wird dadurch erzeugt, dass wir von anderen erwarten, was wir selber nicht geben, da wir auch uns nicht zugestehen, es bekommen zu dürfen. Daher ist die Ent-Täuschung so groß, wenn der andere sich nicht so verhält, wie wir es erwartet haben. Aber welches Recht haben wir eigentlich, eine Täuschung aufzubauen, den anderen an sie anzuketten und ihr/ihm vorzuwerfen, er/sie habe uns getäuscht, wenn wir selber nicht fähig dazu sind, uns klar und rein zu erkennen und zu wissen, wer wir wirklich sind? Welches Recht haben wir, vom anderen einzufordern, was wir noch nicht einmal uns selber geben können? Wir dürfen nur über uns bestimmen, nicht über andere. Wir dürfen andere lieben, aber nur in aller Freiheit. Wir dürfen gerecht sein, wahrhaftig, offen, herzlich, großzügig. Wir müssen nicht, wir dürfen. Aber wir dürfen es nicht von anderen einfordern. Wenn wir es aber schaffen, uns wahrhaftig zu lieben und mit diesem liebeserfüllten Herzen und Wesen auf andere zuzugehen, wird etwas Besonderes geschehen, etwas Freiwilliges, in aller Schönheit und Größe.

Wir müssen nicht einsam sein, wir müssen uns nicht von den Menschen zurückziehen, um etwas zu erschaffen. Aber wir sollten das Alleinsein auch nicht scheuen, denn wir sind von Natur aus Einzelwesen. Wir kommen allein und gehen allein, dies aber nur, was die körperliche Einfassung angeht. In Wirklichkeit sind wir mit allem um uns herum verbunden. Wenn wir es auf Erden mit uns selber nicht aushalten, sollten wir wieder an das denken, was wir sein wollen und nicht an das, was wir nicht sein wollen. Nur so entwickeln wir den authentischen Menschen in uns und gehen den Weg, den wir im Jenseits für uns vorgezeichnet haben.

Wir haben eine Vogeluhr, die zu jeder vollen Stunde einen Vogel zwitschern lässt. Um drei Uhr waren eine Mutter und ihr etwa achtjähriger Junge bei mir. Das Rotkehlchen in der Vogeluhr zwitscherte. Daraufhin sagte der Junge: „Dein Handy klingelt."

Was soll dein Körper von dir denken, wenn du ihn nicht magst? Er ist vollkommen abhängig von dir und deiner Liebe. Du bewohnst ihn während deiner Inkarnation. Du bekommst ein Luxushotel, einen geschmeidigen, schönen Körper, und weißt ihn nicht zu schätzen. Deshalb ist er extrem beunruhigt und sichert sich ab, wo er nur kann. Da du ihn so sehr ablehnst, fühlt er sich täglich in Gefahr. Lass locker und vertraue ihm, dann kann auch er lockerlassen und dir vertrauen. Erst dann folgt er deinen Wünschen.

Nur deine eigene Intuition kann dich leiten. Andere Menschen können dich „be-raten", aber nie deine Intuition ersetzen, weil du sogar dir selbst oft ein Rätsel bist. Wie soll es dann erst den anderen ergehen?

Nimm dir einen Tag und übe, 12 Stunden lang vorwiegend zu schauen, hören, riechen, schmecken, fühlen, wahrzunehmen, ohne dabei zu beurteilen oder überhaupt zu denken. An diesem Tag bleib mehr in deinem Inneren und äußere dich weniger als sonst oder gar nicht, wenn das möglich ist. Das Schweigen in Verbindung mit den reinen Sinneswahrnehmungen lässt dich eine ganz andere Dimension entdecken, die sonst durch die Schnelligkeit der Handlungen und Reden überdeckt wird. Mach dir abends Notizen zum Verlauf des Tages.

Die Basis unseres Wohlgefühls ist der Wunsch, etwas Sinnvolles zu tun. Daraus wurde gesellschaftlich gesehen das „sich-nützlich-Machen." Dies sind zwei sehr unterschiedliche Ansätze. Das „sich-nützlich-Machen" erweckt einen gedrängten, unterdrückenden, vorantreibenden Eindruck, es geht dabei auch um Geld und Gewinn. Das Sinnvolle dient nicht der Steigerung der Effektivität oder Kapazität, auch nicht des Gewinns. Das Sinnvolle ist eher immateriell und nimmt den materiellen Nutzen in Kauf.

Die Orte, die ihr zusammen mit Kindern in Verknüpfung mit den Geschichten und Märchen aufsucht, die ihr vorlest oder vortragt und den Speisen, die ihr sozusagen auf märchenhaft goldenen Tellern serviert, werden magisch und immer im Gedächtnis der Kinder bleiben. Es wird ihnen helfen, im konventionellen Alltag besser zurechtzukommen. Sie können den ALLTAG darin spüren, der mächtig und groß und zauberhaft ist und uns alle daran erinnert, dass wir täglich auf einer sich drehenden Kugel durch das All fliegen.

Der Druck, der in der Geschäftswelt und somit auch in der Gesellschaft aufgebaut wird, macht alle Menschen krank. Druck funktioniert nur von oben nach unten. Es geht also darum, das Oben und Unten in ein: „Auf gleicher Ebene" zu verwandeln. Das bedeutet: Jeder in seiner Eigenart muss unbedingt respektiert werden und Raum bekommen! Bei Geschäftsmodellen, in denen nach diesem Prinzip gehandelt wird, lässt der Erfolg nicht lange auf sich warten.

Der Vorteil der Freundschaft im Vergleich zur Partnerschaft ist, dass sie von vornherein viel lockerer definiert ist. Freunde gestehen einander mehr Raum zu, stellen weniger Forderungen. Durch diesen Abstand können wertvolle Ratschläge gegeben und angenommen werden.

Während des Tiefschlafes klettern wir, erheben uns und fliegen aus unseren Körpern und um sie herum und betrachten das, was wir in der Materie machen müssen, erstaunt und ungläubig. Im Geistreich gilt das Agieren im Körper als Schwerstarbeit. Deswegen erscheinen uns nachts, direkt vor dem Wiedereinstieg in den Körper und die Wiedererlangung des Bewusstseins von Hier und Jetzt, das in diesem Falle auf die Erdanwesenheit bezogen ist, die Probleme riesiger als tagsüber. Sobald unser Geist wieder im Körper verankert ist und aus den Augen herausschaut, ist er insgesamt materieller aufstellt und fühlt sich weniger überfordert durch das Gewicht der Anziehungskraft, die Schwere der Fortbewegung und den Kraftakt der Umsetzung geistiger Inhalte. Deshalb schrumpfen die Probleme auf ein Normalmaß. Das ist nicht unbedingt eine Hilfe, aber ein schwacher Trost.

Der Mensch ist frei. Wenn wir anderen Menschen helfen wollen, dann genau dort: Wir helfen ihnen, ihre eigenen freien Entscheidungen zu treffen. Wir helfen, Klarheit zu schaffen und begleiten sie, wenn sie entschieden haben. Wir beeinflussen sie nicht und sagen nicht: „Tu dies, tu das." Das wäre falsch und ist aus spiritueller Sicht wenig hilfreich. Denn wir sind als freie Wesen erschaffen und tragen den göttlichen Funken in uns. Jeder von uns trägt diesen Funken. Deshalb begleiten wir nur. Unreife Menschen beeinflussen andere. Sie kommandieren sie herum und bewegen sie dazu, Dinge zu tun, die sie eigentlich niemals tun würden. Das ist ein unerlaubter Eingriff. Freiheit ist ein wichtiges Gut. Ohne eigene Entscheidungen getroffen zu haben, erlangen wir keine echte Erkenntnis.

Hier eine Demutsempfehlung von Jörg Zink, der als Pilot eine Erweckungserfahrung während des zweiten Weltkrieges hatte. Der Theologe und Pfarrer, dessen Eltern starben, als er drei und vier Jahre war, schreibt: „Nur das ist „wirklich", was wir mit dem Verstand ordnen, in Begriffe fassen und dem einfügen können, was wir schon kennen. Nicht allein die Geblendeten des technologischen Zeitalters denken so, sondern auch die Angehörigen so mancher Religion. Aber der Verdacht lässt uns ja nicht los, dass wir allesamt etwas aussparen. Wir bezeichnen unsere Welt als berechenbar, obwohl wir im Grund selbst nicht daran glauben. Wir behandeln sie, als wäre sie übersichtlich von einem Ende zum anderen, obwohl wir ihre Abgründigkeit ahnen. Wir verlassen uns darauf, dass wir mit unserem wissenschaftlichen Denken auf festem Boden stehen, während wir gleichzeitig durch die Tiefen der Verzweiflung und der Angst ins Bodenlose fallen. Wir sprechen von unserer Verantwortung für die Welt, obwohl wir ahnen, dass wir allenfalls ein Gekräusel an der Oberfläche beeinflussen können, während die Grundwelle von ganz anderen Kräften bewegt wird. Wir ordnen die Welt nach unserem Maß und verlieren das Augenmaß für die bescheidene Tatsache, dass wir Menschen sind. Vor Gott anwesend zu sein, das fängt für uns Menschen dieser Zeit immer wieder damit an, dass wir bereit sind, Geheimnisse unangetastet stehen zu lassen, damit sie beginnen können, sich uns zu öffnen."

Der Schritt eines Wesens zur Verkörperung: Wir schreiten aus der Ver-Geistigung in die Be-Seelung zur Ver-Körperung. Im Reich der Materie herrscht die Be-Dingung. Über das Reich der Dinge erhebt sich der Geist in Liebe. Ihm sollen wir folgen.

Um die Zweifel zu überwinden und endlich frei zu sein, stürzen wir uns manchmal in unsere Stärke wie in ein Schwert. Nur, wenn wir den Weg der Liebe gehen und versuchen, uns in unseren Schwächen besser zu verstehen und heilen, sind wir wahrhaftig stark und über-leben im besten Sinne des Wortes.

Mach dir keine Sorgen. Es gibt einen ganz besonderen Schlüssel für dich. Er ist einzigartig. Nur er passt in die Tür zu deinem Herzen. Du trägst ihn schon die ganze Zeit mit dir herum. Bald wirst du ihn wieder in Händen halten und benutzen lernen.

Du bist die Dornenhecke, der Prinz und das Dornröschen. Etwas in dir wartet darauf, wachgeküsst zu werden. Das Erwachen wird zu Erwachsenwerden. Wann ist jemand erwachsen? Wenn er zu sich selbst erwacht ist.

Die Liebe ist das Wichtigste auf der Welt. Sie ist das Sonnengold, das Mondsilber, die wispernden Sterne im Außen und Innen. Im Wissen um die Liebe leuchten wir auf wie Sonne, Mond und Sterne.

Dein Glück liegt in dir und deiner Selbstwahrnehmung, dem respektvollen und tröstenden Umgang mit dir, einem sich-Wohlfühlen in der eigenen Haut, die doch nur das als Hülle umschließt, was uns wahrhaftig ausmacht.

Wir dürfen dem anderen die Ent-Wicklung der Verstrickung nicht abnehmen, wir können nur Impulse zum bestmöglichen Zeitpunkt geben. Der bestmögliche Zeitpunkt definiert sich durch die Fähigkeit des Verstrickten, etwas zu verstehen und aufzunehmen. Gibt man den Impuls zum falschen Zeitpunkt, kann man ihn zum richtigen Zeitpunkt auch nicht mehr geben. Dann muss jemand anderer dem Verstrickten einen neuen und anderen Impuls geben.

Hüte dich vor den Extremen.
Lass dich nicht ver-führen.
Geh den Weg der Mitte.
Suche die Mitte zwischen Selbstschutz und Härte.
Suche die Mitte zwischen Demut und Arroganz.
Suche die Mitte zwischen Schweigen und Reden.
Sei einfach und herzlich.

Wenn gesagt wird: Eine Person wächst über sich hinaus, bezieht sich das auf ihr energetisches Feld. Bei Menschen, die ihre Kräfte bündeln und sich beispielsweise in Krisensituationen ungewöhnlich stark und mutig verhalten, vergrößert sich die Ausstrahlungskraft, das sogenannte Charisma. Man kann dann die Ausdehnung ihrer Aura von mehreren Metern bis zu Kilometern wahrnehmen.

Unser Vertrauen in die Liebe und die Sicherheit, die diese vermittelt, wird immer größer werden. Wir erleben staunend, dass die einfache Formel: „Liebe deinen Nächsten wie dich selbst" das geniale Allheilmittel ist, nach dem alle immer noch suchen, weil sie achtlos an ihm vorbeigehen. Es ist der Heilige Gral. Dieser befindet sich in einer zauberhaften Schatzhöhle, unserem Herzen, und muss nicht gesucht werden, da wir die Herzenseigner sind. Das Schwert „Caliburn", das, verzaubert und in einen Stein getrieben, nur von König Artus herausgezogen werden konnte, deutet auf die Macht unseres Geistes hin. Nur unser eigener Geist kann die richtigen Entscheidungen treffen. In der Sprache der Ritter muss also eine Schlacht geschlagen werden. Als Artus das Schwert im Eifer eines Gefechts zerschlägt, schenkt ihm die Herrin vom See ein neues Schwert namens Excalibur. Nur mithilfe des Geistes und der Intuition, dem männlichen und weiblichen Aspekt, erringen wir den heiligen Gral. Und je mehr wir uns bemühen, jede unserer Sekunden mit Liebe zu vergolden, desto heller und wärmer erstrahlt unser Herz.

Bei schwerer Depression kann ein Antidepressivum eventuell aus der größten Not helfen, aber es hilft nicht dabei, das Leben zu genießen. Die Angst vor dem Kontrollverlust durch ein Medikament kollidiert mit der Angst vor dem Kontrollverlust durch die Krankheit. Wird das Medikament genommen, sollte es am besten nicht durch die Angst davor an seiner Wirkung gehindert werden. Andererseits: Da wir durch die Angst vor einem Medikament dessen Wirkung behindern können, fragt sich, wer eigentlich die/der Stärkere ist.

Solange wir uns selbst immer wieder etwas vorwerfen, werden wir auch den Mitmenschen etwas vorwerfen, um uns vom Druck des Selbstzweifels zu entlasten. Wenn wir das eine einsparen, verschwindet das andere gleich mit.

Wenn wir nicht schlafen können, sollen wir aus dem Druck herausgehen, schlafen zu müssen, um funktionieren zu können. Wir sind das, was wir denken. Wir können schlafen, müssen es aber nicht. Wir sind geistige Wesen: Wenn wir keinen materiellen Körper haben, schlafen wir auch nicht. Wir denken, wir brächen sofort zusammen, wenn wir nicht mindestens sieben oder acht Stunden geschlafen haben. Wir brechen dann aber nur zusammen, weil wir so fest von unserer Überzeugung überzeugt sind. Über-Zeugungen können sehr viel Druck ausüben. Stattdessen dürfen wir erleben, wie frei wir sind. Wir können auch nachts das tun, wozu wir Lust haben. Und wenn wir dann plötzlich Lust zum Schlafen haben, dann schlafen wir.

Es geht beim Beten nicht nur um die Hinwendung zu etwas Größerem als wir es sind, es geht auch um die durch innere Sammlung und Vertrauen erfolgende Bündelung unserer Heilungskräfte.

Klage niemanden mehr an, auch dich selbst nicht. Kritisiere die anderen nicht mehr, auch dich selbst nicht. Versuche stattdessen, alles, was du sagst und tust, ganz klar und aus deiner Liebe heraus zu sagen und tun. Das ist nicht die bessere Art, es ist die einzige Art, um glücklich zu sein.

Mitleid ist ebenso ungünstig wie Selbstmitleid. Beim Mitleid neigst du dich zu weit in die Psyche des anderen Menschen und erhebst dich über ihn - (weshalb es selten ist, dass Menschen Mitleid erregen wollen). Beim Selbstmitleid erhebt sich ein Teil in dir über den anderen Teil in dir und verweigert die Lösung. Deshalb ist das Mitgefühl die richtige Schwingungsebene. Du erkennst dein Leid oder das des anderen an, gehst darauf ein und lernst, damit umzugehen.

Du darfst so viel lieben wie du willst. Es soll nur keine bindende Liebe sein. Liebe definiert sich unter anderem über ihre völlige Bedingungslosigkeit. Das ist nicht gleichbedeutend mit Bindungslosigkeit, sie kommt aber völlig ohne Bindung aus, das sie ohnehin freiwillig und verlässlich gegeben wird.

Nur du bestimmst, welche Gedanken dein Leben bestimmen, welche Melodien ihre Stimmen erheben und eventuell andere Stimmen übertönen. Du bestimmst, ob sie stimmig, unstimmig oder verstimmt sind.

Verbiete es dir strikt, in alte, verkrustete Denkstrukturen zurückzufallen. Das wäre so, als wenn du in Rosenwasser gebadet hättest und danach dreckige, stinkende Lumpen anziehen würdest. Denke, was du wirklich sein willst. Hülle den rosenwassergebadeten Denkkörper in ein duftendes Gewand.

Wir sind solch wertvolle Wesen, dass die Welt sich täglich bei uns bedankt. Falls wir es noch nicht gemerkt haben sollten: Der Himmel bedankt sich täglich bei uns. Die Tiere und Menschen lächeln uns zu.

Oft meinen wir, alles falsch zu machen. Wir vergessen unsere Begeisterungsfähigkeit, unsere Kindlichkeit, unsere Sehnsucht nach dem Erreichbaren. Wir dürfen die Leinen loslassen und unserem Segelschiff mit den prächtigen leuchtend gelben oder grünen oder blauen oder roten oder andersfarbigen Segeln zutrauen, den Weg zur Paradiesinsel in unserem Herzen von allein zu finden!

Wenn ein Kind ganz versunken spielt, vielleicht mit einem Stock oder Blatt, mit einer Murmel oder Kartoffel, mit einer Papprolle oder einem Schuhanzieher, wenn es Ameisen auf ihrem Lauf beobachtet oder einen Tautropfen, der von einem Blatt zum nächsten rollt oder eine Wolke, die ständig ihre Form wechselt, kann Folgendes passieren: Die Mutter fragt: „Willst du ein Eis haben?“ Das Kind wird normalerweise sein Spiel sofort unterbrechen und nach dem Eis greifen, weil wir ja inzwischen wissen, dass Zucker abhängiger macht als Heroin und Kokain. Von der Mutter ist es nicht böse gemeint, sie möchte dem Kind eine Freude machen. Doch die Mutter macht dem Kind eine größere Freude, wenn sie es einfach weiterspielen und -forschen lässt.

Wir haben das Spiel auf der Erde selber erfunden. Es sind unsere Spielregeln. Auf anderen Planeten erfinden wir andere Spielregeln. Daher ist ein ewiges Leben im Universum alles andere als langweilig.

Geben und Nehmen soll wie das Reißverschlussverfahren im Straßenverkehr funktionieren: Wir geben jemandem durch Verlangsamung die Möglichkeit, ins laufende System einzuscheren, dann fahren wir selber weiter. Wer niemanden hereinlässt, blockiert das ganze System und wird Ärger auf sich ziehen. Wer alle hereinlässt, blockiert ebenfalls das ganze System und wird Ärger auf sich ziehen.

Wenn wir uns schon morgens dazu entschließen, nur einen Satz zu denken, zum Beispiel: „Ich ruhe in mir", „Ich bin leicht und frei" oder „Mein Herz ist voller Liebe", werden wir verblüfft feststellen, wie wohltuend sich das reine und reduzierte Denken auf den Verlauf und Inhalt unseres Tages auswirkt. Wenn wir abends den Tag durchdenken, werden wir dies an einzelnen Ereignissen und Reaktionen dingfest machen können.

Die Engelsphäre ist dazu geschaffen, das Durcheinander, welches die Menschen zuverlässig anrichten, auszuhebeln und sie eine Etage höher in den geistigen Raum übergeordneter Liebe zu heben, dorthin nämlich, wo das Prinzip von Ursache und Wirkung aufgehoben ist und nur das reine Sein herrscht. Dort können sie ausruhen, das Ganze überblicken, im Bedarfsfalle korrigieren und sich mit ihrer ursprünglichen Liebesfähigkeit verbinden, um sich dann wieder in ihr geliebtes Getümmel der Zwiespältigkeit zu werfen.

Bei allem, was du unternimmst, achte auf deine innere Balance, damit dein Schwingungsfeld nicht unkontrolliert oder extrem zu schwingen beginnt. Stell dir vor, dein Feld mit all dem, was dich als Menschenwesen ausmacht, bestehe aus vielen verschiedenfarbigen Schleiertüchern, die in mehreren Reihen aufgehängt sind. Sorgen-, Schreck- und Wutgedanken wirken wie ein Sturmwind und stürzen sich auf die Schleier; einige von ihnen werden zu Boden fallen, andere reißen, wieder andere werden vom Sturm mitgerissen. Achte also darauf, dass in dir nur ein mäßiger und lauer Wind weht und achte ebenso auf die Windstille, in der alles in dir zur wieder zur Ruhe kommt.

Nur das, was wir gerne tun, machen wir gut. Nur das machen wir gerne, was einen Sinn ergibt. Wir sind für die Sinnlosigkeit nicht geschaffen, sie lässt uns krank und schlapp werden. Sinn ergibt nur das, was wir mit Liebe tun. Der Sinn liegt entweder im Ausleben der Liebe, die in uns ist oder im Fördern der Liebe dort, wo sie nicht gelebt wird. Diese Formel lässt sich auf alle Lebensbereiche anwenden. Überprüfe also, was in deinem Leben sinnvoll oder sinnlos ist. Triff daraufhin die geeigneten Entscheidungen.

Abends können wir unseren Tag überdenken. Wir können uns Notizen machen, um alles besser verstehen und womöglich zum Positiven wandeln zu können. Die Fragen lauten:

1. Was war an diesem Tag gut und hat mich zufriedengestellt?
2. Was lief schlecht?
3. Warum?
4. Was kann ich tun, um das zu verbessern und ähnliche Misserfolge zu vermeiden?

Alle Gedanken, die wiederholt auf das Karussell in unserem Kopf aufspringen und Runde um Runde mitfahren, ohne wieder abspringen zu wollen, sollten zur Ordnung gerufen werden. Zuerst einmal müssen wir das Kopf-Karussell anhalten. Dann schauen wir uns alle Passagiere an und entscheiden, wer demnächst mitfahren darf. Dauer-Schwarzfahrer im Kopf kosten Energie, ohne etwas Sinnvolles und Lösungsorientiertes beizutragen.

Eine Heimsuchung ist keine Strafe, sondern die Sehnsucht nach einem Zuhause.

Beim Pärchenstreit ist Folgendes sehr hilfreich:

1. Beide versuchen, neu zu beginnen und dem anderen nicht das zu sagen, was schon gesagt wurde à la: „Das habe ich dir doch schon tausendmal gesagt!" Wenn die/der andere es nicht schon beim ersten oder vielleicht Mal versteht, haben wir uns womöglich unklar ausgedrückt. Dann empfiehlt sich eine Neuformulierung oder womöglich ein Überdenken dessen, was ich wirklich sagen will. Denn es kann sein, dass nicht der Partner schwer von Begriff ist, sondern dass ich vielleicht etwas nicht sehen oder verstehen will und deshalb auch nicht angemessen formulieren konnte.
2. Da die Menschen im besten Falle wandlungsfähig sind, ist es ganz wichtig, als Partner mitzugehen. Kritisieren wir nämlich das, was die/der andere schon verändert hat, geben wir keinen Raum für die Verankerung der Wandlung. Wir legen den Partner auf das fest, was wir abgespeichert haben und respektieren dessen vollzogene Schritte nicht.

Um unsere innere an die äußere Wirklichkeit anzugleichen, gibt es eine einfache und jederzeit verfügbare Methode: Wir füttern unser Gehirn, diesen Supercomputer, mit den richtigen Daten. Wir sagen uns in kurzen Sätzen, wer wir sind und was geschieht oder geschehen soll, beispielsweise: „Mein Geist ist klar, mein Herz ist voller Liebe. Ich bin glücklich und frei. Ich lebe in der Fülle meines Bewusstseins. Ich trage zur Schönheit und zum Funktionieren der Gesellschaft bei. Mein Humor trägt mich durch schwere Zeiten." Einzelsätze dieser Art wiederholen wir immer wieder, bis sie einen wichtigen Raum in uns einnehmen und reflexhaft andere Sätze überlagern, die uns die Kraft nehmen oder eine Krise vorhersagen.

Jenseits von Ebbe und Flut liegt das Urmeer des Bewusstseins. Es ist keinen Schwankungen unterworfen, sondern bleibt sich immer gleich: Der Geist schwebt über den Wassern des Bewusstseins, und das Wasser ist die Liebe.

Die Wege der Menschen sind deshalb so unergründlich, weil sie in jedem Augenblick neue Entscheidungen treffen können. Da die Gesellschaft gerade dazu neigt, in Extreme abzudriften, bieten sich die undifferenzierten Denkmuster genau für diejenigen an, die es sich leichtmachen wollen. Wo es noch Chancen gab, sie zum Positiven zu beeinflussen, sinken die Möglichkeiten angesichts des Zusammenschlusses großer Gruppen fiktiver Opfer. Die fiktiven Opfer sind diejenigen, die sich ungerecht behandelt fühlen und nicht erkennen wollen, dass sie aus Bequemlichkeit und Groll einer Sichtverzerrung erlegen sind.

Aus der Entzweiung des ICH mit dem HÖHEREN SELBST entsteht die Verzweiflung. Unser HÖHERES SELBST, das vollständig an die geistige Sphäre angeschlossen ist, signalisiert, dass es Liebe und Logik anstrebt, Sinnhaftigkeit und Harmonie. Das ICH rebelliert, weil es die schwerfällige und von Natur aus lieblose Materie nicht immer wieder in Bewegung setzen will. Das HÖHERE SELBST kann sich nicht durchsetzen, wenn sich das Menschenwesen seiner Macht nicht bewusst ist und auf die entsprechenden Befehle an das Gehirn verzichtet. Die hohe Frequenz des SELBST stößt sich immer mehr an der niedrigeren Frequenz des ICH, und die Dissonanz der Verzweiflung entsteht. Die Verzweiflung verweist letztlich auf den Fall aus der Einheit, will an sie erinnern und uns in die Einheit mit unserem authentischen Selbst im geistigen Liebeszustand zurückführen, auch wenn wir zugleich in einem menschlichen Körper auf der Erde leben. Eine Lösung des Konflikts ergibt sich aus der Zuneigung des Geistes zu sich und seinen edlen Vorgaben, sodass das ICH logische und liebevolle Anweisungen erhält, denen es nur noch zu folgen braucht. Die Gefühle, die sich dabei entwickeln und in der Seele ihren Sitz haben, unterstehen ebenfalls dem Geist.

Oft beherbergen wir Gefühle in unserem Kopf. Wenn klar ist, dass der Geist der Hausherr ist, wissen die Gefühle, dass es eine Hausordnung gibt. Sie dürfen folglich nicht herumlärmen, die Zimmer nicht verunstalten, keinen Müll hinterlassen und nicht zu spät kommen, damit irgendwann auch mal Ruhe herrscht. Wenn es weder Hausherr/in noch Hausordnung gibt, übernehmen die Gefühle ihre zweifelhafte Herrschaft, wissen sich meistens nicht zu benehmen, und die Herberge wird in Mitleidenschaft gezogen. Überlegen wir uns also genau, welche Gefühls-Gäste wir in unserem Kopf-Hotel aufnehmen wollen.

Wenn wir ein Problem mit einem zu großen Gedankenandrang in unserem Kopf haben und zum Grübeln neigen, fühlen wir uns ausgelaugt und überrollt. Das Grübeln nimmt uns die Kraft zum gezielten Denken. Die spezifischen Geröllmassen, die wir beim Grübeln immer wieder von links nach rechts und von rechts nach links verschieben, verschütten unsere Originalität und Handlungsenergie. Der Zweifel in uns wird dadurch genauso groß wie der Glaube an uns, den wir vielleicht schon täglich üben. Deshalb heben sich die beiden Kräfte noch auf. Erst wenn das Vertrauen größer als der Zweifel wird, haben wir gewonnen.

Die aufrichtige Bitte und der Wunsch um Unterstützung einer Person durch das Gebet ist nicht gleichbedeutend mit mangelndem Vertrauen in die Stärke der Person. Deshalb dürfen wir für jemanden bitten oder beten. Im richtigen Schwingungszustand, also der Selbstlosigkeit, erreicht den anderen eine warme, mitfühlende Woge und bestätigt ihn in seiner Bedeutung und Sinnhaftigkeit.

Nehmen wir uns wieder wahr, wie wir wirklich sind: Reine geistige Wesen, die sich nur kurz von materiellen Gegebenheiten verwirren ließen, die aber nie den unschuldigen Stand der Liebenden verlassen haben. Wir müssen nichts erreichen. Wir tragen alles schon in uns. Wir müssen niemandem beweisen, dass wir es wert sind zu leben und hier zu sein. Wir sind die einzigen Wesen, die in uns wohnen. Wir dürfen und sollen unser Leben gestalten. Ob wir den Weg tanzen, fliegen, beschreiten, ob wir uns ausruhen oder einen Abzweig nehmen - wir müssen keine Angst haben, dass es ein Irrweg sein könnte, denn alle Wege beginnen und enden in uns und in dem, was größer ist als wir und das wir Gott und auch

„göttliche Gemeinschaft" nennen. Wir durchmessen alle Tiefen des Menschseins, um die anderen Wesen noch mehr zu lieben, die ebenfalls in dem Glauben herumirren, sie seien weniger wert als ein Staubkorn. Es geht für uns nur um einen Gedanken, den wir immer wieder denken sollen und der uns wieder heil werden lässt: „Ich bin die Liebe und kann nicht fallen und bin immer und überall gut aufgehoben."

Manchmal ist es wirklich sehr gut und weise, nichts zu sagen. Auch uns selbst gegenüber sollen wir manchmal schweigen. Das lässt uns ruhig und ausgeglichen werden. Wir sollen auch keine Gefühls-Tornados durch uns hindurchrauschen lassen, die die sorgsam eingepflanzten Bäume unseres Zauberwaldes wieder ausreißen.

Um im Alltag den Überblick nicht zu verlieren, brauchen wir immer wieder die abkühlende Perspektive des reinen Geistes, der augenblicklich alles zu relativieren und in einen größeren Zusammenhang zu stellen imstande ist. Sobald das Detail seine Macht in unserem Bewusstsein verliert, weitet sich unser Verständnis für das große, Ganze. Der geistige Anteil in uns relativiert und ordnet ein und wird wieder der handlungsbefähigende Impulsgeber, als der er in uns installiert ist. Denn der Geist versteht nur eines: Logik. Das Herz hilft uns dann, Logik und Liebe zu verbinden. Auf dieser gesunden Basis entwickeln wir unsere nächsten Schritte.

Das kosmische Spiel beinhaltet, dass wir, die geistigen, liebesbestimmten Wesen, andere Planeten mit ihren spezifischen Lebensbedingungen besiedeln, um sie zu durchlichten und die Liebe dort zu installieren. Neugierig und hoffnungsfroh schauen wir zu, was sich aus dem Zusammenspiel aller ergibt. Geistige Wesen, die das Gegenteil von Liebe ausprobieren wollen, werden sich zwar unserem Willen entgegenstellen, der Liebe letztlich aber nicht widerstehen können, da sie aus der Liebe kommen.

Alles, was geschieht, erschaffen wir uns. Deshalb können wir uns auch immer wieder neu in Liebe erschaffen und sie überall hineinleuchten lassen. Wer, außer uns, könnte uns daran hindern? Und warum sollten wir uns daran hindern? Aus Wut, Trotz, Schmerz, Rachsucht, Verletzung und Gleichgültigkeit? Was würden wir damit erreichen? Mehr Wut, Trotz, Schmerz, Rachsucht, Verletzung und Gleichgültigkeit.

Der ALLTAG erinnert uns täglich an den großen Zusammenhang. Jeder noch so kleine Liebesfunke wird ins Unendliche potenziert und strahlt ins Universum. Er hilft uns dabei, ein Gewebe aus schöpferischen Impulsen in hoher Frequenz zu wirken.

Demut bedeutet, sich nicht zu wichtig zu nehmen. Es ist wichtig, sich zu lieben, dies aber in Demut, also nicht hochmütig. Der Hochmut verleitet uns dazu, uns für besser, klüger, stärker, moralischer, gebildeter, erfolgreicher als andere zu halten. Deshalb ist der Humor so wichtig. Wer über sich selbst lacht, ist im besten Sinne demütig.

Erst wenn du mit dir im Einklang stehst, kann ein Mann oder eine Frau einen zweiten Klang dazugeben, ohne deinen zu übertönen oder schräg klingen zu lassen. Beide Töne sollen sauber und rein sein und in vollständiger Harmonie eine neue Harmonie erzeugen, die alleine nicht zu erzeugen wäre. Bis dahin sing allein und so schön wie möglich. Es ist wie bei den Rotkehlchen: sie zwitschern sogar im Winter und finden irgendwann ihren lebenslänglichen Partner.

Ängste sind keine Krankheit, sondern ein Symptom. Sobald wir die Gründe benennen können, verliert das Symptom seine demütigende Macht. Daraufhin gilt es, den eigenen Mut zusammenzunehmen und die Macht über unser System wiederzuerringen, indem wir den Ängsten ihre Wegweiser-Autorität nehmen und sie in reine Kraft rückverwandeln. Wir entscheiden dann, wie wir mit dieser Kraft umgehen und wozu wir sie nutzen wollen.

Ruh dich von deinen Gedanken aus. Du denkst so viel, dass du manchmal das einfache Leben mit den einfachen und wahren Genüssen nicht mehr leben kannst. Der denkende Mensch erschafft sich ein inneres Universum, welches das äußere, die sogenannte kollektive Realität, überblendet. Im Denken sind wir schöpferisch. Unsere Macht geht weit. Wir sind imstande, andere Menschen in unsere geschöpften Universen hereinzuziehen. Das kann gut oder schlecht sein, je nachdem, welche Art von Universum wir geschöpft haben, ob es von Liebe oder Gewalt, Vertrauen oder Hass, Humor oder Gefühlskälte getragen wird. Wir können diese Schöpfermacht auch für unser Glück nutzen, indem wir es konsequent denken und uns von nichts und niemandem irritieren lassen. Unser Glück wird aber nur langfristig andauern, wenn es von Liebe getragen ist.

Deine Welt ist so, wie du sie denkst. Sie macht, was du willst. Wenn du fröhlich bist, ist sie es auch. Sie passt sich dir an. Warum? Weil sie aus Schwingungen besteht. Diese sind beeinflussbar und strömen in die Richtung, die du ihnen gibst.

Parallel existiert das Gute und das Schlechte. Oder anschaulicher gesagt: Gutes und Schlechtes sind in einem großen Knäuel ineinander verwickelt. Ziehen wir am bunten Faden und sind bereit, Geduldsarbeit in das „Auseinanderfriemeln“ der Fäden zu stecken, können wir bald ein buntes Leben stricken. Sondern wir den schwarzen Faden aus, was auch einige Mühe kosten wird, trägt unser Leben schwarz. Sind wir zu bequem oder zu mutlos, um die beiden zu sortieren, wird unser Leben mal schwarz und mal bunt gewandet einhergehen.

Eine Möglichkeit: Wir stärken die positive Seite des Lebens und handeln gemäß unseren moralischen Vorgaben. Wir sollen die negative Seite zwar wahrnehmen, ihr aber kein zusätzliches Gewicht durch Sorgen, Angst oder Wut verleihen.

Ein globaler und ab sofort eintretender Dornröschenschlaf könnte die Erde sehr entlasten. Denn während Mensch und Tier, aus ihrer Tätigkeit gerissen, quasi eingefroren werden, dürfen die Pflanzen munter weiterzuwachsen und zumindest in ihrem Reich ein Gleichgewicht wiederherstellen.

Unsere Gedanken bestehen aus Schwingungen; unsere Gefühle bestehen aus Schwingungen; unsere Körper bestehen aus Schwingungen. Stellen wir uns vor, wir seien ein stiller Teich. Hier und da ergeben sich kleine Strudel. Das sind die Fische oder, im übertragenen Sinne, die Gedanken, die in uns hin- und herziehen. Regentropfen rauschen nieder und tupfen die Oberfläche des Sees, ziehen Streifen, lassen Wasser aufspritzen. Das sind Gedanken, die uns nach und nach in Unruhe versetzen. Plötzlich zieht ein Sturm auf und verwandelt den Teich in ein brodelndes Chaos. Dann verstehen wir, was geschieht, wenn unsere Gefühle plötzlich wie Piranhas in unseren Kopf springen. Heftige, negative Gedanke mit angeschlossenen Gefühlen wie Zorn, Ungeduld, Hass, Verzweiflung, Trotz, Neid wirbeln alles durcheinander, das Wasser wird trüb, weil Sand, Schlamm und Algen aufgewirbelt werden. Das Gleichmaß des in Harmonie und Schönheit schwingenden stillen Teiches bleibt solange gestört, bis wir in unsere Stille zurückfinden. Um sie zu finden, müssen wir sie anstreben.

Das Märchen vom „Tischlein deck dich“ und dem Goldesel weist auf unsere innere Erneuerungskraft. Wir sind so stark und reich, dass unser Tisch immer gedeckt und unser energetischer Tank immer voll ist. Der betrügerische Wirt, der das Tischchen und den Esel stiehlt und vertauscht, symbolisiert die Auswirkung von Lüge und Lieblosigkeit in unserem System. Zauberische Dinge verlieren ihre Kraft, wenn es keine Liebe gibt. Wir verlieren unsere Zauberkraft, wenn wir lügen und betrügen. Zauberische Dinge in der Hand von Dieben und Lügnern können sich gegen die Besitzer wenden. Die Macht der Liebe bewirkt einen gerechten Ausgleich. Der Böse erntet das, was er gesät hat und muss die Machtlosigkeit der Lieblosigkeit durch den „Knüppel-aus-dem-Sack“ am eigenen Leib, in Seele und Geist erfahren.

Bevor etwas eine Krankheit wird, gibt es den Schatten, den die Krankheit vorauswirft. Das ist der Zeitpunkt, wo wir die Krankheit immer noch nicht ausleben müssen. Noch ist sie nicht im Körper so verankert, dass sie ins Sein gestellt werden müsste. Durch ein Umdenken und Abstellen der negativen Manifestationsgedanken können wir immer mehr Licht ins System fallen lassen. Da das Licht stärker ist als die Dunkelheit, verziehen sich die Schatten, sie räumen das Feld, und wir werden wieder ganz heil.

Während des Tiefschlafes halten wir uns außerhalb unserer Körper auf und regenerieren in der Welt des reinen Geistes. Während wir abwesend sind, sorgt eine Verankerung für unsere Anbindung an den Körper. Wenn wir „sterben", wird der Anker „gelichtet."

Alles ist lösbar. Jede Gruppe kann eine ideale Gruppe werden. Dies gilt für die Familie ebenso wie für jede andere beliebige Gruppe. Die einzige Voraussetzung ist: Jeder respektiert jeden. Wir wissen, dass wir alle irgendwo eine oder mehrere Schattenseiten oder Schwachpunkte haben. Das bringt das Menschsein mit sich. Wir Lichtwesen haben es schwer mit der dunklen Materie, da bleiben die Eigenarten nicht aus. Aber es gilt ebenso: Wir wollen lieben und geliebt werden. Wir sollen also auf die Gruppen achtgeben. Egal, aus welchem Grunde sie sich bilden, wichtig ist, dass jeder Einzelne respektiert und unterstützt wird. In jedem Einzelnen kann das Beste angesprochen werden, indem wir auf die Person eingehen und sie nicht kritisieren, weder durch Worte noch durch Gedanken. Wir brauchen extreme Toleranz. Freiheitsstreben gehört zu unserer Lichtnatur. Individuelle Freiheit ermöglichen wir den Mitmenschen, indem wir sie nicht verurteilen. Das heißt nicht, dass, wenn Einzelne in der Gruppe noch ungeübt in der Liebe sind, alles wortlos hingenommen werden muss. Hier können klare Gespräche geführt werden, ohne dass jemand verletzt wird. Hierzu brauchen wir eine gewisse Demut, mit der wir anderen zuhören und sie nicht gleich „abblocken." Hochmut ist Schwäche, Demut ist Stärke.

Ich spreche nicht von Unterwürfigkeit, sondern von der steten Bereitschaft zu lernen und uns zu korrigieren. Wenn wir in dieser Weise mit anderen zusammen sind, kann die Gruppe eine Heimat sein.

Sobald wir uns als leuchtende geistige Wesen dazu entschließen, Menschen zu werden, bauen wir uns einen Körper auf und bekommen einen „Koffer" namens Seele dazu, in dem die Gefühle liegen. Darin liegen Freude, Lebenslust, Liebe ebenso wie Hass, Verzweiflung und Schmerz. Je nachdem, welche Gefühle wir nehmen, entwickelt sich unser Leben. Wenn wir nur die Liebe nehmen und alle aus ihr hervorsprießenden Gefühle wie Freude, Lebenslust, Wissbegierde, Mitgefühl und so weiter, wird es ganz viel Liebe in unserem Leben geben. Den Schmerz empfinden wir nur dort, wo nicht geliebt wird, also, wenn wir selber nicht lieben oder wenn jemand anderer uns oder jemanden/etwas nicht liebt.

Der seelische Schmerz zeigt uns, wann die Liebe fehlt. Wenn wir traurig und verzweifelt sind, sollten wir nach den Ursachen suchen. Ist es der Schmerz, dass wir nicht lieben oder geliebt haben oder ist es der Schmerz, dass man uns oder jemanden in unserer Umgebung nicht liebt? Haben wir zu wenig geliebt, können wir täglich daran arbeiten, den Schmerz in Liebe umzuwandeln, das zu geben, was wir vorenthalten haben und uns mit guten und liebevollen Gedanken zu erfüllen. Werden oder wurden wir nicht geliebt, üben wir, den Schmerz in Liebe umzuwandeln, den Menschen, die nicht geben konnten, Gutes zu wünschen und in unserem Leben so viel Wärme, Licht, Nähe und Lebensfreude wie möglich zu leben.

Der körperliche Schmerz ist Ausdruck des seelischen Schmerzes. Der Körper zeigt uns, dass und ab wann der seelische Schmerz zu groß und untragbar geworden ist. Ohne das Warnsystem „körperlicher Schmerz" würden wir nicht bemerken, dass wir unser Leben womöglich mit Dunkelheit tränken. Erleiden wir also körperliche Schmerzen, ist es wichtig zu ergründen, welchen entsprechenden seelischen

Schmerz wir in uns wahrnehmen. Er weist häufig durch die Art der Äußerung auf die Ursache hin. Herzschmerzen können auf entgangene oder nicht gegebene Liebe hindeuten, Magenprobleme auf Ängste, Kopfschmerzen auf schier unlösbare Probleme oder unbewältigte Traumata, Leberschmerzen auf ungute, neidische Gefühle, Nierenschmerzen auf Überforderungen, Tumore auf das Anschwellen ungelöster Dissonanzen, Unterdrücken schöpferischer Kräfte, Verdrängen erlebter Traumata. Unser Geist, der über der Seele und dem Körper steht und alles bedenken und erforschen kann, fordert uns dann auf: „Handelt! Ändert eure Einstellung. Erinnert euch an eure Liebe. Benutzt sie. Lasst euch niemals davon abhalten, sie IMMER zu benutzen. Heilt euch durch sie. Bringt alles wieder in Ordnung, was ihr oder andere in euch durcheinandergebracht haben. Wartet nicht länger. Seid mutig. Handelt jetzt."

Unsere Gefühle sind mächtige, meist aber ziellose und unbewusste Realitätserzeuger. Sie bestimmen aufgrund von Erfahrungen, die wir seit unserer Geburt und oft jenseits der reinen Logik machten, ob wir etwas positiv oder negativ bewerten. Wenn unser Geist die Gefühle nicht unter Kontrolle hat, kann es sein, dass sie losgaloppieren wie eine wildgewordene Herde schwarzer Stiere und alles in uns und anderen zertrampeln! Erst die Übersicht mittels des Geistes ermöglicht es uns, das Schöne und Gute in unserer Seele zuzulassen.

Wer sein Lebensglück darin sieht, viele sexuelle Beziehungen neben ihrer/seiner Ehe oder Partnerschaft auszuleben, dem kann dies kurzfristig vielleicht die Illusion größerer Lebendigkeit vermitteln. Andererseits sind die Beteiligten natürlich verletzlich, und so sehr sie vielleicht auch das Abenteuer lieben, laugt diese Lebensführung alle immer mehr aus. Denn letztlich will der Mensch eine Liebe, auf die er sich verlassen kann. Sobald eine Beziehung „auffliegen" würde, würde den Beteiligten alles um die Ohren „fliegen", sie würden mit Schmerz konfrontiert, ein furchtbar schlechtes Gewissen haben, sich eine Weile lang nicht mehr mögen und am liebsten alles ungeschehen machen. Die Droge Sex und Abenteuer führt irgendwann zum „Knall." Es muss noch nicht einmal sein, dass jemand jemanden sieht und „verpfeift", es kann auch sein, dass Menschen an einen Punkt gelangen, wo sie reinen Tisch machen wollen, um vor sich ehrlicher dazustehen. Das kann trotzdem bewirken, dass dem Reuigen alles um die Ohren fliegt. Es kann eine schwierige Zeit folgen, in der auf Verzeihung gewartet werden muss.

Letztlich steht der allein da, der immer sucht und „die Kurve nicht kriegt", zu einem Menschen trotz seiner Eigenschaften, die einem nicht genügen, voll und ganz zu stehen. Dann verblassen die Abenteuer und werden schal. Wenn du an deine Kindheit denkst, dann gibt es da eine und nicht viele Mütter, einen und nicht viele Väter, von der/dem du geliebt werden willst und die/den du liebst. Was dann beim Erwachsenwerden folgt, sind vielgestaltige Einflüsse aus einer Gesellschaft, die selber nicht mehr weiß, was sie will und die suggeriert, nur mit ganz vielen Abenteuern sei das Leben lebenswert. Die spirituellen Bücher können dir das Leben und die Entscheidungen nicht abnehmen. Sie können nur auf die alleinstehende Macht der Liebe hinweisen und dich auffordern, sie so rein wie möglich zu leben. Dazu gehört neben dem Genuss auch der Verzicht. Hat man einen wertvollen Menschen an seiner Seite, bedeutet Verzicht nicht so wahnsinnig viel und tut nicht so wahnsinnig weh. Wenn du Menschen im Altersheim besuchst, dann siehst du: Nicht der Sex bleibt, sondern die Liebe.

Der Kosmos ist riesig und enthält unendlich viele Möglichkeiten. Die Erde ist eine davon. Es ist ein Spiel der Kräfte, Gut und Böse. Eine Illusion, in der es nur eine Wahrheit gibt: die Liebe. Deshalb üben wir, auf alles diese eine Antwort zu leben. Sie ist der Schlüssel zu allen Geheimnissen. Liebe im Schoße des reinen Seins ist jenseits aller Religionen immer und für jeden verfügbar.

Im reinen Sein bist du immer rein. Es gibt dort kein mehr oder weniger. Da du nach jeder Inkarnation in das reine Sein zurückkehrst, kehrst du immer wieder rein zurück, wo auch immer du hingehst, und das, was du erlebtest, wird eingespeist als Yin und Yang, als beide Seiten der Medaille in der polaren Illusionswelt.

Die unsichtbare Welt ist bevölkerter als die sichtbare. Warum? Weil auf diesem Planeten bestimmte Gesetze gelten, die sich an der Form und den Fähigkeiten unseres materiellen Körpers orientieren. Die Funktion „Gehirn“ in Verbindung mit Augen und dem Vorgang „Sehen“ bedingt (bei den meisten Menschen) den Ausschluss bestimmter anderer Sichtweisen. Mittels dieser Sichtweisen könnten wir, trotz der aus übergeordneten Schöpfergründen verfügten Sichtbeschränkung, das als unsichtbar Klassifizierte wahrnehmen. Wir sollen uns aber vorwiegend auf die stoffliche Welt beziehen und sie durch unsere Liebe verwandeln. Wir sollen dabei nicht durch die vielen Wesen abgelenkt werden, die es im riesigen Universum auch noch gibt. Wenn wir „tot“ sind, also aus dem Körper ausgestiegen sind, sehen wir sowieso mehr.

Die Welt ist nicht entstanden. Sie war immer schon da und wird immer da sein. Prozesse beruhen auf der Vorstellung aufeinanderfolgender Ereignisse, die einander bedingen. Es gibt indes das reine Sein, das war und ist und immer sein wird und in dem wir existieren und projizieren, da wir Schöpferwesen sind. Bewegung ist ebenso Illusion wie Bewegungslosigkeit. Mit dem Gehirn können wir das reine Sein nicht denken, denn es ist die Wohnstätte des unsterblichen und rastlosen Schöpfergeistes während einer Erdinkarnation. Die Wahrheit ist nur erfahrbar, wenn wir uns außerhalb eines materiellen Körpers befinden und reines Licht sind. Deshalb wird Erleuchtung angestrebt, denn nur im Licht ist die Erkenntnis zu finden. Da wir auch dann noch lichte Wesen sind, wenn wir uns innerhalb des Körpers befinden, wohnt die Erleuchtung bereits in uns und wartet darauf, erkannt und genutzt zu werden, um Wahrheit und Weisheit auch während eines Erdenlebens zu erlangen.

Das Universum ist unendlich und enthält unendliche viele Planeten und Himmelskörper, die alle bewohnt sind. Da geistige Lichtwesen nicht immer materielle Körper bewohnen, sind sie für unsere materiellen oder technischen Teleskop-Augen unsichtbar. Oft sind auch Millisekundenverschiebungen in der Wahrnehmung dafür verantwortlich, dass wir etwas oder jemanden noch nicht oder nicht mehr sehen. Das gilt auch für die Wesen, die für den normal Blickenden unsichtbar bleiben, aber gleichzeitig mit uns die Erde bewohnen.

Gedanken sind Taten. Was du denkst und fühlst, tritt in deine Realität. Je öfter und intensiver du es denkst und fühlst, desto schneller und stärker wird es sich manifestieren. Warum? Weil wir als definierte Felder in einem gigantischen kosmischen Feld leben, in dem sich alles durchdringt und gegenseitig beeinflusst. Du bist ein lichtes, liebendes Schöpferwesen. Dein Körper ist so heil, wie du ihn denkst. Dein Leben ist so glücklich, wie du es zulässt.

Alles, was geschieht, beinhaltet einen Sinn, ein Geheimnis, eine Weisung. Vertraue neugierig und kindlich darauf und lass dich führen. Wir befinden uns sowieso im Exil auf diesem Planeten, unsere wahre Heimat sind Licht und Liebe außerhalb der Materie. Wir helfen nur dabei, diesen Planeten lichtvoller zu machen.

Wo wir im Äußeren wohnen ist egal. Fremd fühlen wir uns überall, wenn wir uns fremd in uns fühlen. Andersherum gesehen: Unser ganzer Schatz liegt in uns. Alles, was wir mitnehmen können, ist in uns. Es macht nichts, dass wir uns fremd fühlen. Wichtig ist nur, dass wir die Botschaft verstehen und das Fremdfühlen wie eine Narrenfeder an unseren Hut stecken. Die/der Fremde darf sich alles erlauben. Das ist ein unschätzbarer Vorteil.

Alle, die außerhalb ihres Körpers reisen, kommunizieren untereinander, versichern sich der Ziele, die sie auf der Erde verfolgen und schließen neue Bündnisse.

Die Materie des Hauses/Körpers verschattet uns mehr oder weniger. Je geistiger wir sind, desto heller leuchtet unser Haus. Manche Häuser sind wie aus Glas und strahlen in ihr Umfeld. Das sind die Häuser der Liebenden.

Eine Botschaft aus dem Jenseits an eine Familienangehörige: „Ich bitte dich, mir meine Engstirnigkeit zu verzeihen. Ich wollte euch alle dafür bestrafen, dass ich mich ungeliebt fühlte. Nun weiß ich, dass ich geliebt war. Ich sehe euch zu und verstehe, dass wir, wenn wir in einem menschlichen Körper feststecken, manches nicht mehr sehen und erkennen können. Erst, wenn wir die Kunst ausüben, den Körper mittels unserer Gedankenmacht und Liebesfülle licht und leicht werden zu lassen, können wir auch im Körper ein liebeerfülltes Leben führen. Ich habe das damals nicht verstanden. Ich war verstrickt in Gedanken, die mich (in meinem originalen Zustand) nicht zu Wort kommen ließen. Jetzt bin ich frei. Ich war nicht sofort frei, ich brauchte Zeit, um zu verstehen, dass ich nun nach irdischen Begriffen „tot" bin. Ich kann dir aber versichern, dass ich mich lebendiger denn je fühle. Ich liebe dich und bitte, alle zu grüßen, denen etwas an mir liegt. Ich bin bei euch."

Wir können bei einer Inkarnation nicht in jeder beliebigen Sekunde bei jedem Elternpaar landen, sondern es muss das von beiden erzeugte Feld sowie die Planetenkonstellationen samt magnetischer und elektrischer Anordnung mit dem eigenen Feld übereinstimmen. Deshalb kommen wir neuen Wesen oft nicht, wann wir sollen, sondern wann es uns passt.

Wir sind immer verbunden mit dem Schöpferwesen, das aus uns in unserer Gesamtheit besteht. Es schöpft uns millisekündlich neu. Außerirdische sind natürlich auch „Geschöpfte", Wesen, die sich aus dem Schöpferwesen herauskristallisieren und wieder in es hineingehen. Die Unterschiede zu uns Menschen liegen nur darin, dass sie oft sehr anders aussehen und andere Planetensysteme bewohnen. Trotzdem verbindet uns eins: Die Liebe. Sie ist die universelle Sprache.

Wir müssen uns den harten Gesetzen der Wirtschaft, des Marktes und der Börse zu keiner Jahreszeit beugen. Wir können unsere Freizeit gestalten, wie wir wollen. Die alternativen Wunder unseres Herbst-Alltags sind: Bei Kerzenschein zusammensitzen, Bücher lesen, sich unter eine warme Decke kuschen und Tee trinken, an der letzten Rose riechen, die unser Lieblingsstrauch zu bieten hat, Wald- und Wiesenspaziergänge unternehmen, Eichhörnchen und andere Tiere auf der Suche nach Nahrung beobachten, einen bunten Ballon am kobaltblauen, klaren Himmel bestaunen und den Abenteurern zuwinken, deren Stimmen klingen, als stünden sie neben uns. Mit den Kindern Kastanien und Eicheln sammeln und daraus Tiere mit Streichholzbeinen basteln. Bunte Blätter und trockene Lampionblumen in wunderbaren Schmuck transformieren. Bei nicht zu starkem, stattdessen stetigem Wind den (vielleicht wieder selbstgebastelten) Drachen in großzügigen Schleifen fliegen sehen. Das Handy in den Handykorb werfen, den die Familien einführen können, wenn alle mal wieder miteinander reden und lachen wollen.

*Wenn wir kommen,
wollen wir der
Erde etwas
schenken,
nämlich
Liebe.
Hat man
uns normal
erzogen, tendieren
wir dazu, der Erde etwas
wegzunehmen, nämlich Liebe.
Das heißt: Wir kommen als
Gebende und entwickeln
uns zu Nehmenden.*

VIERTER TEIL

APHORISMEN

Aphorismen sind Ismen ohne negative Auswirkung

Eines der größten Hindernisse bei der Selbsterkenntnis ist das Schuldgefühl.

Probleme sind menschengemacht, Lösungen sind göttlich.

Man kann genug Geduld lernen, um Zeit zu haben.

Kurz bevor wir Freundschaft schließen, öffnen wir die Tür unseres Herzens.

Ein leerer Kopf denkt nur, wenn er es soll. Und er denkt nur, was er soll.

Vertrauen speist sich aus der Erkenntnis, dass wir sowieso nichts erzwingen können.

Wer nichts mehr (außer seinem Hochmut) zu verlieren hat, kann stolz auf sich sein.

Schmerzfreiheit ist leider nie garantiert, weder in Beziehungen noch im Leben insgesamt.

Wäre die Konvention sinnvoll, gäbe es nur glückliche Menschen.

Es existieren keine glücklichen Berufe, aber es existieren glückliche Menschen. Welchen Beruf sie ausüben, ist irrelevant.

Solange du zögerst, zögert dein Schicksal.

Perfektion im Haushalt ist vorzeigbar. Perfektion im Haushalt mit Kleinkindern ist unerreichbar. Wenn wir lernen, das Unerreichte gelassen vorzuzeigen, geht es allen besser.

Es ist wichtig, seinem Gehirn nicht nur das Denken zuzutrauen, sondern es auch damit zu beauftragen.

Wenn wir uns selber entlarven, entdecken wir zu unserem Erstaunen, dass wir Schmetterlinge sind.

Statt zu seufzen: „Ich kann nicht mehr" könnten wir sagen: „Ich kann mehr!" Zwischen beiden Sätzen liegen Welten. Die eine Welt ist voller Schatten, die andere voller Licht.

Es geht nicht darum, Recht zu haben, sondern echt zu sein.

Lasst uns Liebe wie ein trojanisches Pferd in lieblose Systeme einspeisen.

Wenn eine Flut von Gedanken und Gefühlen in dich rauscht und dir die Klarheit nimmt, erinnere dich daran, dass du in Wahrheit jenseits von Ebbe und Flut existierst.

Dein Gehirn ist ein Tempel. Jeder Satz, den du denkst, sei der Satz, den du denken willst.

Wichtig ist, dass wir vertrauensvoll und unerschütterlich an das Gute glauben und ihm die Tür so weit aufhalten, dass es keine andere Wahl mehr hat, als einzutreten.

Opfermentalität plus falsch verstandener Spiritualität ergibt Brutalität.

Im Spirituellen gilt: Druck verlangsamt, Gelassenheit beschleunigt.

Gedanken sind wie ein Ballen Seide, du kannst ein Ballkleid daraus schneidern oder es zum Lumpen verschneiden.

Wir würden es niemals erlauben, dass pausenlos Leute durch unser Haus streifen. Aber durch unseren Kopf lassen wir pausenlos die Gedanken trampeln.

Verwandle deine Ängste in den unbedingten Mut zur Liebe.

Alter ist kein Ausschuss, sondern Ernte.

Es geht nicht darum, um jeden Preis jemanden zum Freund zu haben, sondern es geht um die wahren Beziehungen. Nur eine wahre Beziehung macht wirklich froh.

Jedes Problem trägt seine Lösung in sich. Oder anders: Die Lösung liegt im Problem wie die Nuss in der Schale.

Unsere Seele stellt den Mut, das Richtige zu tun, zur Verfügung, sobald sie sich dem gerechten Wirken des Geistes unterstellt.

Wer sich ausdrückt, ist vorher von irgendetwas beeindruckt worden.

Das JETZT ist der heilige Moment, es ist der Tempel, worin du jeden Tag beten sollst.

Übe, so oft wie möglich an deinem Leben teilzunehmen. Es wird dich dann seinerseits mit mehr Aufmerksamkeit bedenken.

Wir sollen uns nicht entmutigen lassen. Nur mit Selbstvertrauen wird Ohn-Macht zur Mit-Macht.

Wir sind aus einem sehr hellen Stoff gemacht, dem Stoff, aus dem die Träume der Liebe gemacht sind. Die Träume der Liebe leuchten in uns.

Ent-Täuschungen dienen der Klarheit. Wir sollten sie willkommen heißen, statt sie zu fürchten und unter ihnen zu leiden. Die Projektion Liebe weicht der wahren Liebe.

Der Körper ist so heil, wie der Geist des bewohnenden Menschen es zulässt.

Die Welt geht nicht unter. Aber vieles von dem, was die Welt unangenehm macht, wird gehen.

Nimm dich in Schutzhaft.

Urlaub im Kopf ist kostenlos.

Der Zoo ist ein wichtiger Anschauungsort, um den Menschen besser verstehen zu lernen.

Wollen wir Wohlstand oder Wohlergehen oder Wohlfliegen? Da wir Geistwesen sind, entspricht uns das Wohlfliegen am meisten.

Mach dir keine Sorgen, mach dir eine Freude; diese Freude soll dauerhaft sein.

Ein Partner kann lieben, aber er kann deine Selbstliebe nicht ersetzen und deine Sehnsucht nach dir nicht stillen.

Achte stets darauf, dich zeitlich nicht zu verzetteln. Es muss noch Raum da sein, der sich dehnt. Wenn er dich zu eng einschnürt, kannst du nicht mehr atmen.

Wären wir alt geboren, könnten wir jung sterben.

Da wir unsterblich sind, kann uns nichts drohen. Die daraus resultierende Angstfreiheit verschafft unserer Liebe größeren Raum und nachhaltigere Durchsetzungskraft.

Unser Wert bemisst sich nicht darin, dass wir Übungen erfolgreich durchführen. Unser Wert misst sich am Wärmegrad der Liebe, die wir ausströmen.

Mit bedingungsloser Liebe können wir auch die Liebesschläfer aufwecken.

Gegen die Angst vor uns selber hilft Hinhören, Hinschauen, Trösten, Wandeln.

Wer lächelt, weiß den Weg.

Wir lernen herumliegende Fakten solange, bis sie sitzen.

Die Liebe ist kein Gefühl. Die Liebe ist ein Seinszustand. Somit kommt und geht sie nicht, sie ist immer da.

Das Schicksal will Geschenke verteilen. Es lässt sich dabei ungern unter Druck setzen.

Bei einseitigen Trennungsabsichten gilt: Nur diejenigen kehren zurück, die sich nicht durch die Fortsetzung der Flucht, sondern durch das Zurückkommen in Sicherheit fühlen.

Verletzungen wollen in etwas Schönes, Sinnvolles verwandelt werden.

Das Beste ist immer deine Liebe. Lebe sie in jedem Augenblick. Falls du sie einen Augenblick lang vergisst, erinnere dich im nächsten Augenblick wieder daran.

Irgendwann sind unsere Kinder nicht mehr unsere Kinder, sondern erwachsene Personen, die sich nur noch daran erinnern, dass sie einmal Kinder waren.

Hör dir zu, tröste dich, wenn du traurig bist und muntere dich auf, wenn die Kraft dir zu fehlen scheint.

Umgib dich mit den Farben, die dir gut tun. Und achte auf die Farbe deiner Gedanken, damit sie dir gut tun.

Geh immer auf den Wegen des Herzens, dann wirst du nicht enttäuscht. Denn die Liebe ist das Einzige, was nicht auf Täuschung beruht.

Unser liebendes, mit Geist erfülltes Herz ist die Führung, die wir ersehnen.

Es ist das „Trotzdem“ oder sogar das „Gerade jetzt!“, das uns bärenstarke und zugleich elfenfeine Fähigkeiten verleiht.

Alles, was ich denke und fühle, verwandelt sich in goldenes Licht. Alles, was ich anfasse, verwandelt sich in goldenes Licht.

Sei fröhlich und zugewandt, aber niemals wehrlos.

Geduld ist eines der wichtigsten Werkzeuge der Spiritualität.

Nimm dankend das an, was man dir schenkt und frag nicht nach dem, was man dir nicht schenkt.

Indem wir als reine Geister auf die Erde kommen und uns einen Körper aufbauen, erfüllen wir den Auftrag, die Liebe zu verkörpern.

Niemand kann uns etwas wegnehmen, weil wir alles in uns haben, nämlich Liebe im Überfluss.

Würden alle Menschen aus ihren Schneckenhäusern kommen, sähe man kein Land mehr.

Indem wir jetzt in unser originales Bewusst-sein erwachen, haben wir die richtigen Antworten in einer fragenden Zeit.

Das Leben ist der Roman, den wir alle lesen sollten.

Gefühle können nicht denken.

Die Zeit schafft sich Raum, wann und wo er nötig ist.

Das Lächeln ist keine Grimasse, sondern eine Erinnerung an unsere Liebe und Lebensfreude - für uns und für die anderen.

Um der Welt zu helfen, konzentrieren wir uns am besten auf das große, schöne, lichterfüllte Liebesjetzt.

Das irdische Leben beinhaltet immer auch das Gegenteil seiner selbst. Deshalb sehnen wir uns nach dem Paradies, da es ohne die Aufspaltung in Gegensätze auskommt.

Das Prinzip der Depression lautet: „Es darf mir nicht bessergehen." Der Lösungssatz lautet: „Es darf mir jetzt bessergehen."

Sei nun ganz konsequent und beginne jeden Morgen mit Glückssätzen. Sorge dafür, dass in dir die Seelenglückslampe brennt.

Demütig in und mit dem zu sein, was uns geschenkt wurde, um es dann irgendwann freudig wieder abzugeben - so sehe ich das Leben.

Es ist schwerer, jemandem auf den Schlips als auf den Rockzipfel zu treten.

Ein unverfrorener Mensch ist leider nicht warmherzig.

Es gibt nichts Einsilbigeres als einen Schriftsteller im Schreibmodus.

Was ist besser: Dass alles wild oder halb so wild ist?

Wir Menschen neigen dazu, nichts zu unternehmen und nichts zu ändern, auch wenn wir wissen, dass wir es tun sollten. Nur darum gibt es Krisen und Verzweiflungszustände.

Wir sollen auf eigenen Füßen stehen und laufen lernen. Das lernen wir recht früh. Wenn das reichte, wäre das Leben weniger kompliziert. Die wahre Frage lautet: Wohin wollen wir, dass diese Füße laufen?

Wenn etwas „überfällig" ist, will es sich mit der Macht der Plötzlichkeit durchsetzen. Möge es etwas sein, das uns Menschen nützt.

Das Leben auf diesem Planeten beinhaltet die Stufen „Verstrickung, Lösung, Erkenntnis, Freiheit, Glück."

Wenn ich mir ein Vorhaben in den Kopf gesetzt habe, gebe ich solange die nötigen Impulse, bis es läuft. Hinterher stehe ich dazu.

Meine Seele malt, was ich mir einbilde.

Je wahrer du bist, desto echter sind deine Freunde.

Ein Mensch, der reden kann, ist ebenso wichtig wie ein Mensch, der schweigen kann.

Intuitionen sind leuchtende Geistesfunken.

Wenn man sein Unwesen treibt, bleibt das Wesen auf der Strecke.

Wer etwas ins Leben ruft, ist ein Gott.

Die Fähigkeit der Eigen-Analyse bewahrt uns davor, uns selbst auf den Leim zu gehen.

Ich bin kein Egoist. Ich suche die Schuld nie bei mir, sondern immer bei den anderen.

Horte deine Liebe nicht, verschenke sie; nur dann wirst du immer genug davon haben.

Man kündigt sich selber, wenn man nicht an sich glaubt.

Man sagt von zwei Menschen, die sich in Harmonie befinden: „Sie sind ein Herz und eine Seele!“
Wo bleibt der Geist dabei?

Sonnenstrahlen zeigen uns, wie man ein Lächeln auf Landschaften zaubert.

Wenn wir sagen: „Ich habe mich wieder „gefangen,“ meinen wir das beruhigend. Was aber ist beruhigend an der Tatsache, dass wir unsere Freiheit aufgeben?

Bei Dingen, die uns betreffen, sehen wir besser, wenn wir entweder ganz weit weggehen oder noch näher heran.

Um ein Problem „auf den Punkt zu bringen“, muss ich, im Besitz einer, unter dem Blick höherer Wahrheit äußerst fragilen Informationsfülle, so lange reduzieren und vereinfachen, bis Ursache und Wirkung schließlich besser zu erkennen sind. Erst dann bin ich handlungsfähig.

Nichts in uns kann ohne uns geschehen.

Wenn wir unsere Liebe beherzigen, tragen wir immer den Himmel in uns, sogar wenn um uns die Hölle ist.

Wenn wir für Selbsterkenntnis bezahlt würden, würden mehr Menschen danach streben und weniger sie erlangen.

Vergiss keine Sekunde lang das Glück. Es ist ein anderer Name für die Liebe, die du zu geben und empfangen bereit bist.

Die Wurzeln bekommst du, indem du dich dehnst und streckst und in alle Richtungen wächst.

Mein Eindruck wird dann ein Ausdruck, wenn die Gesichtszüge entgleisen.

Achte auf deinen täglichen Umgangston - mit deinen Mitmenschen und dir selbst.

Ist das Wesen abwesend, sind Körper und Seele auf sich gestellt.

Liebe ist die beste Versicherung.

Bei einigen Menschen wird Sex über- und Liebe unterbewertet.

Lass nur echte Liebe gelten in deinem kostbaren Leben.

Wir können fünfe grade oder fünfe grade mal schräg sein lassen.

Wer sich nicht be(ein)drucken lässt, beweist, dass sie/er nicht aus Papier besteht.

Wir beeilen uns immer noch, weil unsere Großeltern keine Zeit hatten.

Eine Begeisterung haben wir eigentlich nicht nötig, da wir bereits geistige Wesen sind.

Wie kann sich jemand zusammenreißen? Entweder reißt er sich auseinander oder nimmt sich zusammen.

Wenn wir einem Menschen begegnen, heißt das nicht, dass wir ihn sehen.

Wenn wir sagen, etwas sei überall zu finden, ist die Frage, ob es über Allem noch etwas zu finden gibt.

Der Geknechtete kann niemanden befreien.
Seltsam genug: Dieser verrückte Planet wird von Verrückten wie uns bewohnt und hält sich immer noch einigermaßen grade. Wenn man das von einer schräg stehenden, sich drehenden Kugel behaupten kann...

Die Zählung der Jahre im Strom der Zeit ist eine lustige menschliche Angewohnheit. Es sind vage Vorstellungen, die sich verströmen.

Das Gehirn denkt gerne, und das Herz will mitmachen und singt seine Zeilen ins Denken hinein.

EPILOG

Eine Illusion ist eine Sinnestäuschung, sie kann eine auf Wunschdenken beruhende Selbsttäuschung sein, aber in meiner Wunderwelt ist sie eine Fantasievorstellung. Während „illudere“ übersetzt wird mit: „Sein Spiel treiben, täuschen“, bedeutet „ludere“ schlicht „spielen“. Aus der Täuschung wird das Tauschen. Wir tauschen das eine gegen das andere. Das, was uns nicht gefällt, tauschen wir gegen das, was uns gefällt. Unsere Fantasie erschafft unsere Welten. Die Welten, die wir erschaffen, enthüllen unsere Wünsche. Insofern sind unsere Welten voller Enttäuschungen, denn wir täuschen niemanden, der sich auf das Spiel einlässt. Wir treiben das Spiel nicht, denn ein getriebenes Spiel ist kein Spiel mehr. Wir lassen uns vielmehr treiben. Das wahre Spiel ist die Fantasievorstellung. Aus der Vorstellung wird das „sich Vorstellen.“ Gestatten? Das ist meine Welt. Ganz echt. Ganz wahre Illusion. Wert, nicht Ware.

Die wahren Illusionisten erschaffen also ihre wahren Illusionen. Sie spielen ihr Spiel mit der Wunderwelt der Fantasie. Mit ihnen „im Boot“ wird aus der wahren Illusion niemals die „Ware“ Illusion, denn Vermarktung ist nicht im Sinne der Fantasie. Vermarktung ist der Tod des Spiels. Auf den bald glitzernden, bald stumpfdunklen Wellen der Wahrheit wird die Illusion somit zum Spiel des Lebens.

* siehe „Die Prägungsüberprüfung“ in den Büchern: „Die MM-Gedankenschule“ und „Menschenkinder oder Gesandte des Himmels“ von Bettina Oehmen

INHALT

Erster Teil:

Zweiter Teil:

Dritter Teil:

Vierter Teil:

Trostbedürftig

Aufgeraute Sonnenseiten verblättern
einander im Wind rauchfreier Zonen.
Olivenblau der Horizont, auf dessen
Zielgrade die balancieren, die noch den
Mut dazu finden. Wer sich nun selber
sucht, hört mit Ohren zu, um die sich die
Zeit wie ein herbstloser Schal geschlagen
hat. Blitzverlangsamt die Worte aus den
inneren Räumen. Lästig der fragende
Puls. Doch immer noch leuchten uns
Bögen, zerfallen ins Licht. Und ein
weiterer Tag aus springenden Steinen
verspielt sein Leben und singt seinen Vers.

Tröstung

Du raunst uns zu in unsren Träumen,
verborg'ner Hüter unsres Glücks,
Entscheidungen, die wir versäumen,
du drängst, dass wir sie endlich „treffen“
im nächsten, rechten Augenblick.
Verborg'ner Wächter unsres Seins,
du hilfst, zu sondern und zu scheiden,
ein Führer uns von Anbeginn.
Du leitest uns, auch wenn wir leiden,
verborg'ner Hüter unsres Lichts,
zum reinen Quell der Liebe hin.

Bettina Oehmen stammt aus einer Musiker- und Lehrerfamilie, die sich in Dortmund-Mengede angesiedelt hatte. Bergbau, Kohlezüge in Sichtweite, eine schwarzgiftig-blubbernde, im Betonkanalbett eingefangene Emscher kurz hinter dem Gleisbett, abfackelnde Industrieanlagen, die den Himmel rot färbten, Kohlenstaub, der den Himmel und die Erde darunter schwärzten, angelaufene Häuserfassaden mit blitzzackigen Rissen durch die Absackung der durchlöcherten, teilausgeräumten Erde, dazwischen die unbesiegbar weiteratmende Natur mit ihren kleinen und großen Wundern, und, innerhäuslich, viel Musik, eine große Bücherwand, anregende Diskussionen über Politik, Religion und Gesellschaft. Das klassische Gitarrenstudium begann sie in Dortmund und setzte es in Jerusalem fort, wo sie zusammen mit ihrem Mann, einem Cellisten aus Bocholt, drei Jahre lebte. Zurück in Deutschland siedelten sich die beiden in Bocholt an, führten ihre Tätigkeit als Musiker weiter und freuten sich über die vier Kinder, die sie als Eltern ausgewählt hatten und nacheinander einschwebten. Für den Phoebe-Verlag schreibt Bettina Oehmen seitdem Bocholter Krimis, Kinderbücher, Belletristik und spirituelle Lebensberatungsbücher.

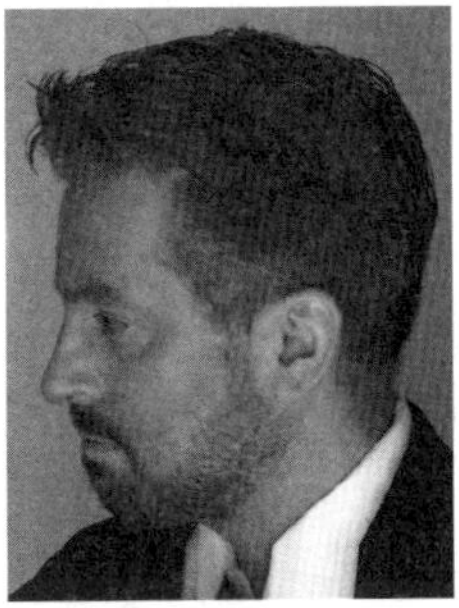

Frank Bahr 1969 in Stuttgart geboren, zeichnet und malt, seit er aufrecht sitzen kann. Inzwischen lebt und arbeitet er emsig an und auf der Ostsee als freier Maler, Illustrator, Zeichner, Karikaturist und Cartoonist. Humor in der Kunst - das war sein ständiger Begleiter. Schon in der Schule hatte Bahr einst, anstatt einer für ihn zu komplizierten Musikklausur, eine Karikatur eingereicht und dafür die schlechteste Note kassiert - laut Bahr war das wohl die Weichenstellung für sein Leben. Wer ihn mal so richtig geärgert hatte, musste sich nicht wundern, wenn er daraufhin mit Bleistift und Tusche in einer Karikatur verunglimpft wurde. Bahrs Arbeiten sind heute, unter anderem, im Satiremagazin „Eulenspiegel", in den Cartoonbüchern von Lappan-Carlson Verlag und in zahlreichen Ausstellungen zu sehen. Der Cartoon mit dem Maler im abgesägten Wald brachte ihm einen Preis ein.

www.frank-bahr.net

NOTIZEN

NOTIZEN

NOTIZEN

NOTIZEN

NOTIZEN